国家社科基金课题"历代柳宗元研究文献整理"（批准号：16BZW034）阶段成果

教育部人文社科规划课题"柳宗元年谱长编"（结题号：2017JXZO147）

柳宗元年谱长编

————————● 翟满桂◎著 ●————————

中国社会科学出版社

图书在版编目（CIP）数据

柳宗元年谱长编/翟满桂著．—北京：中国社会科学出版社，
2021.7

ISBN 978-7-5203-8592-3

Ⅰ.①柳…　Ⅱ.①翟…　Ⅲ.①柳宗元（773-819）—年谱
Ⅳ.①K825.6

中国版本图书馆 CIP 数据核字（2021）第 106921 号

出 版 人	赵剑英
责任编辑	郭晓鸿
特约编辑	张金涛
责任校对	闫 萃
责任印制	戴 宽

出　　版	中国社会科学出版社
社　　址	北京鼓楼西大街甲 158 号
邮　　编	100720
网　　址	http://www.csspw.cn
发 行 部	010-84083685
门 市 部	010-84029450
经　　销	新华书店及其他书店

印　　刷	北京明恒达印务有限公司
装　　订	廊坊市广阳区广增装订厂
版　　次	2021 年 7 月第 1 版
印　　次	2021 年 7 月第 1 次印刷

开　　本	710×1000　1/16
印　　张	23.25
插　　页	2
字　　数	310 千字
定　　价	128.00 元

序

　　"叙一人之道德、学问、事业，纤悉无遗而系以年月者，谓之年谱。"
（《中国历代名人年谱目录》之朱士嘉序）好的年谱是一种高水平的研究，
其基本特点是客观性、真实性、全面性，能对人们了解谱主发挥远超一
般论著的功用。大概正是缘于此，历代文人多重谱牒之学，而编纂年谱
之风于今尤盛。举凡历史上有名望的作家，目下大都有了或详或简的年
谱，柳宗元自不例外。

　　柳宗元是唐代首屈一指的思想家、文学家，也是一位积极参政而不
幸失败的政治改革家。其思想的超前度和深刻度，已得到后世的公认；
其文学创作成就，除人们熟知的"永州八记"在唐宋八大家作品中占据
显赫位置。还有大量优秀的诗、赋名篇；他的政治活动，因参与著名的
"永贞革新"，更在唐代历史上留下了浓墨重彩的印痕；至于他后半生的
命运，尤其显得苍凉沉重。作为同时被贬荒远之地的"二王八司马"中
的一员，他先后在永州、柳州度过了饱含屈辱、悲辛的十四年时光，终
于没能活着走出贬所，实现他"利安元元"的愿望。这样一位曾经活跃
于政坛，又半生沉沦的诗文大家，理应有一部全面记录、反映其一生行
迹和创作的优秀年谱。

柳宗元是有年谱的，而且数量还不算太少。早在宋代，即出现了文安礼编纂的《柳先生年谱》和张敦颐的《柳先生历官纪》；清代则有杨希闵、辉发的《柳柳州年谱》《柳先生年谱正误》。到了近现代，又有王韶生《柳柳州年谱补订》和李军的《柳柳州年谱》；至于当代，则分别有严薇青《柳宗元世系补正》（1957）、施子愉《柳宗元年谱》（1958）、罗联添《柳子厚年谱》（1958）、吴文治《柳宗元年谱》（1962）以及1974—1976年出版的几部同名简谱；20世纪80年代以来，柳谱续有编纂，如何书置《柳宗元永州十年纪略》（1981）、霍旭东《柳宗元柳州诗文谱》（1994）、霍旭东与谢汉强合编《柳宗元年表》（2004）、尹占华《柳宗元年表》（2013）等；除此之外，还有日本学人自江户时代至今编写的几部年谱，如斋藤正谦《柳柳州年谱》、久保天随《柳宗元年谱》（1900）以及下定雅弘《柳宗元简略年谱》（2011）。这些年谱，因编纂时期不同，编纂者国别、身份不同，故特点不同，关注重点也不同，无疑对了解谱主发挥了多方面的助益，但总体而言，或失之简略，或失之粗疏，或集中于某一时期，或缺乏深入辨析，并不能令人满意。虽然其中较具影响力的施子愉所撰年谱，在作品系年上下了不小的功夫，且不乏己见，但因其撰著时代较早，很多新的研究成果无法吸收，因而在准确度、深入度上存在若丁缺憾；尹占华的《年表》较为后出，且是作者在编撰《柳宗元集校注》基础上形成的成果，故其准确性较前有很大提高，但限于"年表"的体例，在整体上还是过于简略，于作品系年之全面性、背景资料之广博度有所不足。

正是针对这种情况，翟满桂教授着手编撰了这部《柳宗元年谱长编》（下简称"翟编"）。所谓"长编"，最早约始于宋人李焘所撰《续资治通鉴长编》，究其本意，约与其叙述时段之延伸、篇幅之扩大有关，同时，还表明难以与"博而得其要，简而周于事"之经典作品如《资治通鉴》

者相比，不过是一种"篇帙或相倍蓰"（《进续资治通鉴长编表》）、"广蒐博录以待后之作者"（《四库全书总目》卷四七《续资治通鉴长编提要》）的资料性汇编而已。发展到后来，各种年谱"长编"蜂拥而起，遂使得此一体式之研究对象由史而人，地位由偏而正，数量由少而多，其本意已或多或少发生了改变，但在重视资料之全备、论述之繁细方面，却仍然一以贯之，并由此逐渐形成自身的一大特点。这一特点，在翟编中也得到了很好的体现。

综览翟编，全书分为"前言""家族世系""柳宗元事迹系年"及"附录"几大部分，而作为主干的"事迹系年"则由四大板块构成，即"时事述要"——介绍每年之政局变化和重要事件；"文坛纪事"——勾勒一年内与谱主相关之文人活动；"宗元事迹"——详述谱主在当年的活动轨迹，包括人事交往、职务迁转、家庭变故、创作情由等；"诗文系年"——细考年内各类创作，在前人基础上或补或正，使相关系年信而有征，落于实处。在这四大板块中，作者用力最多的自然是谱主事迹和诗文系年二项，有时为了阐明谱主之一事，不惜调动众多材料细加分说，深入探究。如"贞元十四年"条谓二十六岁的柳宗元登博学宏词科，授集贤院正字，先引柳集《与杨诲之第二书》之"二十四求博学宏词科，二年乃得仕"以及韩愈《柳子厚墓志铭》等为证，继以按语形式引两《唐书》本传所载"授校书郎"一语，谓："考集贤殿正字与校书郎非一官。集贤殿仅有校书，职在正字下；而校书郎乃属于弘文馆内官职（见《新唐书》卷四十七《百官志》），疑两《唐书》本传以其同属修文之职而涉误。"为了证明此点，作者又以谱主所撰《柳常侍行状》后之《谥议》《与太学诸生喜诣阙留阳城司业书》皆于开端明署"集贤殿正字柳宗元"等为例，明确指出："尚未见宗元有以'校书郎'自署者。"如此，便将史书可能涉误的问题提供给了读者，启发人就此作更深入的思考。

又如，作者将柳氏名作《江雪》系于元和二年，理由如下：一是永州的地理位置虽近岭南，但仍属长江流域，冬雪恒有，大雪两三年一次；二是柳氏《答韦中立论师道书》有言："前六七年，仆来南，二年冬，幸大雪，逾岭南被南越中数州。"此信写于元和八年，其中的"前六七年"，说的还只是一个大概时间，而"二年冬"，则准确认定时间为元和二年冬天。由此得出结论："《江雪》一诗为元和二年冬柳宗元居于龙兴寺期间的诗作。"表面看来，此诗纯为写景之作，无任何时间背景的交代，但经作者细细寻绎内证，其作于元和二年冬便有了令人信服的依据。

以上所举，只是两个随手拈出的例证，实际上，类似较深细的考辨在翟谱中所在多有，读者阅读时自有感受，不待赘言。若从学术研究的角度说，要编出一部高质量的年谱又是颇为不易的。它一方面要求以编年的形式将谱主的生平事迹翔实、准确地展示出来，另一方面要求编者具有深厚的学术功力，在编纂过程中，尽可能地征引原始材料，对谱主的政治活动、人际交往、心路历程、作品系年进行深细的考察，对若干悬而未决的疑难问题做出辨析和判断，对历史的缺失环节予以最大限度的补充。本书作者深明其理，并通过努力，不断接近此一目标。以相关文献的收集和整理为例，翟谱即力求其全，举凡经史子集乃至海外论著，都尽可能拿来为己所用；而在具体论述中，也多大段征引柳氏诗文及相关史料，以充分展露事实之原委。就此而言，较之此前各种柳谱，翟谱有着长足的升进。不过，其所长有时也可能即是其所短，换言之，如何使材料的取舍更为精当，既能有针对性地阐明事实，又避免烦冗和前后重复；所用语言如何既省净准确，又能保持整体风格的一致，在这方面，似还有提升的空间；此外，如何尽量吸收今人的研究成果，并在其基础上予以更深入的推进，也是值得思考的一个问题。我读的是"花脸稿"，上面布满增删改订的痕迹，说明作者正在对这部书稿进行用心的打磨。

我相信，待全书正式出版后，一定会订正讹误，补苴罅漏，呈现出一幅新的面貌。

满桂教授是永州人，生于斯长于斯，对永州一地的地理形貌、文化源流极为熟稔；更重要的是，由于长期研究柳学，曾出版《一代宗师柳宗元》《柳宗元永州事迹与诗文考论》等论著，又兼任中国柳宗元研究会副会长，因而对柳宗元产生了由衷的爱戴和敬仰之情。此次编撰这部《柳宗元年谱长编》，既是学术研究的需要，某种意义上也未尝不是其作为永州人心香子厚而意欲弘扬柳学的一大宏愿！满桂书稿成，几次邀我在书前写几句话，却之未果，遂勉为小序，既简要介绍书的内容，也希望满桂在今后的学术研究特别是柳学研究中取得更大的成绩。

尚永亮

己亥初冬匆草于珞珈山麓

目　录

前　言

柳宗元（773—819）是唐代政治改革家、文学家、思想家。享年仅四十七岁，生平时间不长，但所参与的社会活动及与友朋的交往比较纷繁。他涉猎多种体裁创作的文学作品，关于哲学、历史、教育、政治、经济等问题探讨的论著，被历代学人尊为珍贵的文化遗产。

本题以柳宗元年谱文献为主要研究对象，深化谱主的研究深度与广度，放眼社会，系统全面了解他在政坛、文坛的成败进退、荣辱得失，探讨他的各段人生经历及其与诗文创作的关系，为学习研究者提供必备的基础资料。

今考，历代境内外柳宗元年谱主要有以下诸种。

1. （宋）文安礼《柳先生年谱》（以下简称《文谱》）。这是最早的一部年谱，其影响也最大。目前见到的版本，一种是在"粤雅堂丛书"之中的《韩柳二先生年谱》［影印清光绪元年（1875）刊本］；还有一种是民国元年（1912）上海商务印书馆影印的《新刊五百家注音辨唐柳先生文集》（《四库全书》文渊阁本），卷首有《柳先生年谱》，附文安礼序，两者内容基本相同。

"粤雅堂丛书"由粤人富商伍崇曜出资，请其同乡谭莹组织人员校勘编订，1850—1875 年在广州刊刻，汇辑魏至清代著述，凡 3 编 30 集 185 种 1347 卷，为清末名望很高的综合性大型丛书。《文谱》之所以与韩愈年谱合辑刊刻其中，根据"柳文年谱后序"陈景云的记叙，是由于"扬州二马"的发掘："《柳集》久逸《年谱》，独存其序。广陵马君嶰谷涉江购《韩谱》后未久，复收宋椠《柳集》残帙，其中年谱完好，乃诸本所无，因与《韩谱》同梓。"广陵，扬州是也。马君嶰谷，马曰琯（1687—1755），字秋玉，号嶰谷。其弟马曰璐（1701—1761），字佩兮，号南斋、半槎道人。两兄弟为安徽祁门人，侨居扬州，经营盐业，为当地徽商巨富。乾隆元年丙辰（1736），马曰琯与马曰璐并荐博学鸿词，不就，名重一时，人称"扬州二马"。经其兄弟广为收集，居然找到了柳集"诸本所无"的年谱，便与韩愈年谱合辑为《韩柳二先生年谱》，出版人马曰琯，"雍正庚戌春日长洲陈景云识"，1730 年春天，陈景云记叙了这件事情并刊刻付印。让"久逸"的《文谱》得以现身于世。一百余年后，包括《文谱》在内的《韩柳二先生年谱》，成为"粤雅堂丛书"的重要刊本。晚清重臣、藏书大家张之洞说："刻书必须不惜重费，延聘通人，甄择秘籍，详校精雕，其书终古不废，则刻书之人终古不泯，如歙之鲍，吴之黄，南海之伍，金山之钱，可决其五百年中必不泯灭。"其中将粤人伍崇曜与安徽歙县以辑刻"知不足斋丛书"而闻名的鲍廷博、江苏吴县以辑刻"士礼居丛书"而著称的黄丕烈以及江苏金山县以辑刻"守山阁丛书"而名世的钱熙祚并称，而伍氏以辑刻"粤雅堂丛书"传世。

又，从陈景云"《柳集》久逸《年谱》，独存其序"可知，经过马氏兄弟发掘的柳宗元年谱纳入韩愈年谱合并刊刻，陈景云经手编辑时出现了两个新情况，一个是谱主的年谱由过去的序而单独成篇，标题变成"柳先生年谱"；再一个是序篇的标题，改为"柳文年谱后序"，其内容除了文安礼的序文，还增加了陈景云介绍《文谱》发掘的说明，以及研读

《文谱》的一些见解。解读了这一过程，对于《文谱》序文何以成了相当于跋的"后序"，这一疑团也就冰释了。

宋人文安礼，正史无资讯可考，目前能够查证的唯有其本人自叙："绍兴五年六月甲子，知柳州军州事潞国文安礼序。"绍兴五年即1135年，知州事是从宋朝开始设立的官制。赵匡胤立宋初年，鉴于唐末五代之患，削州镇之权，实行中央王朝集权下的路、州、县管理体制，将隋唐以来州设刺史的官制改了，"令文臣知州事"。知是"知会，管理"的意思，"知州事"不是正式的官名，州的实际管理者是通判。派二品以上的官员充任一州的长官，实质上是牵制、监视州府通判的"监州"。宋朝重文轻武，往往委派文官担任知州事。文安礼就是南宋朝廷绍兴年间委派到柳州的"知军州事"。潞国，据《中国历史地名大辞典》载称，"西周时赤狄建，即今山西省黎城县南古城，春秋称潞氏国"。现为山西省长治市辖潞城市，属古人所称的河东地域。谱主自称柳河东，于柳州刺史任上辞世。三百多年后，文安礼"知柳州军州事"，与冥冥中的河东老乡柳宗元不期而遇，下决心为有宋以来名噪一时的老乡整修年谱，这是志士贤达的激越善举。《文谱》约五千字，虽然简略，文安礼能在当时柳州任上的有限条件而成书，实为不易。《文谱》的问世，成为对谱主研究具有开创意义的重大事件，影响后世深远。

2.（宋）张敦颐《柳先生历官纪》（以下简称《张纪》）。张敦颐，字养正，南宋绍兴八年（1138）进士，颇有才华学问，曾经写过《韩柳音释序》，为韩愈、柳宗元的著作文字读音作注释。严格地讲，《张纪》不能算是谱书，而是人物传志，前面为序，后面记叙柳宗元生平，共约一千八百字。《张纪》序自称作于乾道五年（1169）。《文谱》在清代中期以前六百年湮没不语，《张纪》对于柳宗元的生平记录较为完整，一直被收入柳集附录，成为学习研究柳集不可或缺的资料，今视同谱主年谱相待。

3.（清）杨希闵《柳柳州年谱》（以下简称《杨谱》）。杨希闵（1806—1882），字铁佣，号卧云，江西新城（今属湖北）人，著名年谱作家。道光十七年（1837）拔贡，候选内阁中书。崇奉宋代儒家朴学笃行之说，与龚自珍、梅曾亮等切磋学问，为乡人所敬佩。杨希闵传世之作中影响最大的当属《豫章先贤九家年谱》（十五卷）和《四朝先贤六家年谱》（七卷），内有王阳明、曾巩、欧阳修、李纲、韩琦、陆宣公、李泌、王安石、诸葛亮、黄庭坚、陆九渊、吴兴弼、胡居仁、徐稚、陶渊明十五家年谱，惜未见柳宗元年谱。本题仍存其名。

4.（清）辉发《柳先生年谱正误》（以下简称《辉谱》）。见于《柳文惠公全集》卷首。清同治七年（1868），永州知府廷桂补刊柳子祠堂本，并亲自题写《柳文惠公全集》书名。廷桂，字芳宇，号万石山人，满洲旗人，道光十九年（1839）举人，历官永州知府，著有《仿玉局黄楼诗稿》。廷桂刻的这部柳集，刻板选料极精，为了长久保存下去，不惜重金选优质香樟树材质为书板，可见其用心良苦，成就八厚册全套珍本《柳文惠公全集》。木刻版原存永州柳子庙戏楼上，大多毁于兵燹。新中国成立前夕尚存数十块，新中国成立初期全佚无存。廷桂于永州任上，寻访柳宗元后裔，重刻《荔子碑》，重刊《柳文惠公全集》，此二事时时为今人所不忘。《柳集》永州本目前国内仅武汉大学、山东大学等图书馆藏有该本，珍惜罕见，邵懿辰《四库简明目录标注》著录该本。刘禹锡以柳宗元遗稿"编次为三十通"，惜逸。据说日本静嘉堂文库藏有南宋宁宗嘉定元年（1208）永州刊本，嘉定永州知州汪楀补修刊本。2017 年 3 月，我们去日本静嘉堂文库查阅，也仅见《唐柳先生文集》残卷，卷二九，卷三二，宋末元初传到日本。据户崎哲彦称："2015 年 3 月，日本某书店出示其残本，共十一卷，学界惊喜观止。日藏残本有正集，大有助于恢复刘禹锡原编本，必在柳学上开新局面无疑。……至今年三月，ABAJ 创立 50 周年纪念国际稀靓本フェア（展销会）上由山本书店出售，共有二册：卷一四至卷一八，五卷为一册；卷二九至卷三二《外集》一卷及《后序》《跋》一卷，六卷为一册。……山本藏本，永州本以文体分类，每卷有类目及所收篇目。"①

从宋至清，柳宗元的年谱仅见四种。而韩愈年谱有九种：（宋）吕大防《韩吏部文公集年谱》、（宋）程俱《韩文公历官记》、（宋）洪兴祖《韩子年谱》、（宋）樊汝霖《韩文公年谱》、（宋）方崧卿《韩文年表》，民国元年（1912）上海商务印书馆影印《新刊五百家注音辨昌黎先生文集》收录了以上五种；还有（宋）林云铭《韩文公年谱》康熙三十二年（1693）晋安林氏挹奎楼刻《韩文起》本、（清）顾嗣立《昌黎先生年谱》康熙三十八年（1699）长洲顾氏秀野草堂刻《昌黎先生诗集注》本、（清）黄钺《昌黎先生年谱》咸丰七年（1857）四明鲍氏二客轩刻《昌黎先生诗增注证讹》本、（清）方成珪《昌黎先生诗文年谱》民国十五年（1926）瑞安陈氏淑潆斋铅印《韩集笺正》本。② 韩柳虽然并称，但与柳宗元年谱版本数量相差甚大。

5. 王韶生《柳柳州年谱补订》（以下简称《王谱》）。王韶生（1904—1998），广东省梅州市丰顺县人。北京大学毕业后，先在广东省一中任教，后任新加坡端蒙学校校长；在中山大学、岭南大学、广州大学、国民大学、文理学院等校任文学院教授兼中文系主任。1949 年迁居香港，在广大、广侨等书院任教，受聘于香港中文大学崇基学院。1971

① ［日］户崎哲彦：《刘禹锡编〈唐柳先生文集〉三十卷本新探——由南宋永州刊三十三卷本窥探刘禹锡"编次"及其用意》，《文学遗产》2017 年第 5 期。店主山本实，在东京，卖价含税 19440 万日元。

② 杨国安：《洪兴祖〈韩子年谱〉在宋代韩学中的地位和价值》，《河南教育学院学报》2006 年第 4 期。

年7月退休。同年9月又出任珠海书院文史研究所专任教授。1989年7月，86岁再度退休。1998年在香港逝世。他桃李满天下，学术研究、文艺创作、古文诗词著述颇丰。文海出版社1974年出版的《近代中国史料丛刊编辑》第30辑《怀冰室集》中收有《柳柳州年谱补订》，见于王韶生编《知用丛刊》第二集本。

6. 李军《柳柳州年谱》（以下简称《李谱》）。存于武汉大学图书馆。封面，右上方竖行题写国立武汉大学第十四届（民三四级）毕业论文，另有八十分的阅卷评分及署名；中下方竖行并列题写指导教授徐哲东，学生李军；左上方竖行题写柳柳州年谱，旁有馆藏圆形印章。扉页为序，上有1945—14印记，附小字号349690印记。全文三万一千余字，均为行楷毛笔字竖行工整书写。《李谱》序文最后称："予幼读柳子之文，深钦其为人。及就学武汉大学，侧闻徐先生之绪论，常称王叔文为一时兴才，宜为子厚所倾心，自辛幼时所见不谬。而昔人为柳子年谱者，仅有文安礼柳先生年谱（粤雅堂丛书）。窃病其语为不详，爰纂新谱，举凡当时之国政，子厚之家世，与夫为文之恉撰著之岁月，咸增辑而孜订为抑，以予之言正前人之失，人或不之信；以前人之言正前人之失，则庶可使览者厘然心服。故不敢自矜创获，而以搜录前贤之文，明是非之真为（伪），兢兢庶知人论世者，昭然可见柳子之志行，有以得其文章之本也。"《李谱》虽然是一篇毕业论文，按照其序文的设计，将柳宗元生平与其时代、家世、诗文创作主旨与时间等，做了考察与辩证的努力突破。

7. 施子愉《柳宗元年谱》（以下简称《施谱》）。施子愉，1946年清华大学文科研究所中国文学部研究生毕业。后在武汉大学任教。《施谱》最早刊发于《武汉大学学报》，1958年3月别印成书，复加增订，湖北人民出版社出版，全书123页，六万九千余字。《施谱》前言："柳宗元年谱，旧有宋文安礼所撰'其序作于绍兴五年（公元1135年）'及张敦颐

《柳先生历官纪》'其序作于乾道五年（公元1169年）'，轮廓虽具，简略殊甚。柳集旧注，辗转相承，舛误亦多。此篇考次宗元行事及集中诗文，皆取史传以为参证，于旧谱、旧注之疏失，不复一一举辨。稿成于十余年前，去年刊载于《武汉大学人文科学学报》（1957年第1期），以篇幅所限，颇有删节。此次别印成书，复加增订。年来旧业久弃，篇中纰缪难免，悦荷世之治唐史、唐文者指正其所不及，无任欣幸。一九五八年三月施子愉识。"

8. 严薇青《柳宗元世系补正》（以下简称《严文》）。严薇青（1911—1997），男，济南市人，山东师范大学中文系教授。《严文》首见于《山东师范大学学报》1957年第1期。这是一篇学术论文，全文17页，约一万七千字。严薇青于1957年12月整理旧稿并记："柳宗元世系，见宋·文安礼《柳先生年谱》，唯以体例所限，语焉不详。清·辉发撰《柳先生年谱正误》，亦仅条举疏失，殊欠祥备。最近施子愉先生刊布所撰《柳宗元年谱》，钩稽核研，极为精到；然其世系部分，似可仍加详赅。爰出旧据柳集诗文及有关史传所为小稿，重新理定，为作文氏柳谱世系之补正。另以柳谱原有世系表附缀篇末，借资比照。笔者虽志存补苴，而力实未逮。讹误之处，所在多有，指瑕纠缪，敬候通人。"

9. 罗联添（中国台湾）《柳子厚年谱》（以下简称《罗谱》）。罗联添（1927—2015），福建永安人。1948—1952年就读于台湾大学中国文学系，随后即在台湾大学中文系执教，任台湾大学中文系与台湾大学中国文学研究所教授，台湾学生书局刊行的《书目季刊》的主编（8卷4期至15卷4期，1975.9—1982.3），又被推选为台湾的唐代研究学者联谊会会长，台湾的唐代研究学会常务监事。民国四十七年（1958），《学术季刊》六卷四期刊载《罗谱》，全文二万一千余字。《罗谱》分为两个部分，第一部分是柳子厚家世，从九世祖以降，至父母姊弟妻室子女。第二部分是柳子厚年谱，从唐代宗大历八年子厚出生，历经德宗建中、兴元、贞元，顺宗永贞，宪宗元和年间子厚逝世，附有一百三十余注。

10. 吴文治《柳宗元年谱》（以下简称《吴谱》）。吴文治（1925—2009），江苏江阴人，1949 年毕业于东吴大学国文系，1952 年中国人民大学国文教研室中国文学史专业研究生毕业，历任中国人民大学新闻系中国古代文学史教研组长、中文系中国文学批评史教研组长及古代文学教研室主任、教授，江苏教育学院教授，南京师范大学兼职教授，中国柳宗元研究会会长，中国韩愈研究会副会长。中华书局 1962 年出版《柳宗元评传》261—272 页，附录其整理的年谱，约四千五百字，增加了与谱主关系密切的人员资讯。

11. 山西师范大学中文系 7207 班工农兵学员编写《柳宗元年谱》（四千八百余字），《山西师院学报》1974 年 3 期刊载。

12. 柳州拖拉机厂工人理论小组、柳州市博物馆写作小组合编的《唐代杰出法家柳宗元》一书，广西人民出版社 1975 年出版，书后附有《柳宗元年谱》（四千八百余字）。

13. 山西大学历史系编写组编写《柳宗元》一书，人民出版社 1976 年出版，书后附有《柳宗元生平大事纪要》（四千余字）。

14. 何书置《柳宗元永州十年纪略》（以下简称《何谱》）。何书置（1934—2000），湖南永州道县人，零陵师专柳（宗元）何（绍基）研究室主任、图书馆馆长、教授。何书置与陈雁谷、龙震球等人，是零陵师专最早一代柳宗元研究者。1981 年秋季，零陵师专发起召开全国首届柳宗元学术研讨会，上海苏渊雷、山西姚奠中、北京吴文治、天津孙昌武、山东霍旭东、湖南羊春秋和马积高等一大批著名学者云集湖南零陵永州，实现了国内学术界单个作家研讨破冰之旅的零突破。何书置著作有《何绍基诗文集》校点本、《柳宗元研究》《何绍基年谱》《柳宗元诗研究》

《朝阳岩志》等传世。《何谱》刊载于《零陵师专学报》1981年第2期，约六千九百字，分年纪略，主要记录谱主在永州期间活动，以及诗文创作系年。

15. 霍旭东《柳宗元柳州诗文谱》（以下简称《霍谱》）。霍旭东（1933—　），江苏丰县人，1958年从山东大学中国文学史专业研究生毕业后，为支援大西北建设，先后在甘肃教育学院、西北师范学院任教。1983—1991年调任山东大学古籍整理研究所副所长、教授，中国古代文学和中国古典文献学双专业硕士研究生导师，并主持全国高教古委会重点科研规划项目《柳宗元集校注》。1992年起任西北师范大学古籍整理研究所教授、硕士研究生导师。1993年8月，广西柳州召开柳宗元国际学术讨论会。这是继1981年湖南零陵召开全国柳宗元学术研讨会之后的又一次盛会，而且将柳宗元研究的学术活动从国内推向了国际。在这次柳州会议上，霍旭东提交了关于柳州诗文的《霍谱》（见于梁超然、谢汉强主编的《国际柳宗元研究撷英》，广西人民出版社1994年版），全文五千五百字，并称："柳宗元为柳州刺史五年，善施惠政，诗文亦丰。兹据施子愉《柳宗元年谱》所录，参证史料，略予补充和订正，成《柳宗元柳州诗文谱》一文。"

16. 霍旭东、谢汉强《柳宗元年表》（以下简称《霍谢表》）。见于吴文治、谢汉强主编《柳宗元大辞典》。编纂这部辞典是研究中国古代作家史无前例的创举。2002年中国·永州第二届柳宗元国际学术研讨会上，新当选的中国柳宗元研究会会长吴文治倡导编纂柳宗元辞典，发动全国各地会员参与撰写词条内容，谢汉强副会长积极联络推进。这一首开先例的学术活动，经过两年努力得以结集，黄山书社2004年出版。谢汉强（1930—2008），广西柳江县人，长期从事新闻工作，曾任《柳州日报》社总编辑兼党委书记，主任编辑。中国柳宗元研究会副会长、柳州市柳宗元学术研究会会长。与吴文治合作主编《柳宗元大辞典》。《霍谢表》刊载于《柳宗元大辞典》第544—555页，全文12页，约一万字，主要记载谱主生平事迹和诗文创作，行文简便。附记增加柳宗元故世后的迁葬、后世对他的缅怀纪念，以及宗元子告进士及第等情况。

17.（日本）斋藤正谦《柳柳州年谱》（以下简称《斋谱》）。斋藤正谦（1797—1865），字有终，通称德藏，号拙堂、铁研、拙翁，生于日本江户（今日本东京都），幕末时期朱子学者。《斋谱》见于《日本学者中国文章学论著选》之卷四《拙堂续文话》，全文约三千四百字，按照编年体记载谱主事迹。文后附言："余既为柳州造年谱。后见宋文安礼《柳文年谱后序》，而谱阙不传。或人谓，明清间人，盖尝补作之。亦不牢记其名。余以为果如或人之言，他日得之，以校异同，亦是考据之一乐，未必为徒劳。故弗肯删。"这段话表明，斋藤正谦当时只见到宋文安礼的谱序，"谱阙不传"，没有见到年谱。

18.（日本）久保天随《柳宗元年谱》（以下简称《久谱》）。久保得二（1875—1934），号天随，又号默龙、青琴。与明治时期大多数汉学家一样，久保天随毕业于被称为"日本汉学家摇篮"的东京大学汉学科。精通汉语、英语和德语，著有汉诗集、汉文汉诗评议、纪行文集、西欧作品翻译集等共约一百四十部作品。《久谱》见于久保天随《柳宗元》一书，明治三十三年（1900）新声社出版。久保天随在后记中称："柳宗元年谱中，最为人所熟知、值得推荐的是斋藤拙堂选编并载于《续文话》（第三卷）的（那篇）。拙堂说，昌黎诸公都有年谱，唯独柳宗元没有。他曾根据其全集及新旧唐书，几乎按其年月顺序依次进行记述，使之有利于考察研究。"由此得见，《斋谱》是日本人编撰最早的一部年谱，而且是在编者未见到文谱的情况下，根据柳集和新旧唐书的资料编集，影响是很大的。到了久保天随的年代，他有幸见到了"粤雅堂丛书"中与韩愈年谱同时印刷的柳宗元年谱。根据陈景云关于柳宗元年谱发掘整理的情况介绍，他认为拙堂所说的有人补作之的年谱就是此书，也就没有什么特别可以添加的了。久保天随将《斋谱》与"粤雅堂丛书"中《文谱》两相对照，"本着简明、避免繁杂的原则，存其要点载于本卷最前头以飨读者"，重新编辑柳宗元年谱（《久谱》），约一千七百字，载于《柳宗元》一书的最前面，为读者提供阅读与检索的方便。

19.（日本）下定雅弘《柳宗元简略年谱》（以下简称《下谱》）。下定雅弘（1947—　　），京都大学文学部毕业，文学博士，教授，冈山大学名誉教授。下定雅弘专攻中国六朝文学和唐诗，他的《白乐天的世界》被译成中文，2017 年 4 月凤凰出版社出版。《下谱》出自下定雅弘编译的《柳宗元诗选》，日本岩波文库 2011 年 5 月出版，见于该书第 331—337 页，约二千四百字。《下谱》采用表格方式，设计四个大项，分别为天子·年号（西历）、年龄、有关柳宗元事项、其他等，然后以编年体时序载入相关内容。《下谱》整体来看，记录的文字资料不多，的确简略，但信息量很大，查阅起来一目了然，十分方便。篇末还对柳宗元在元和元年构筑法华西亭、元和十年柳宗元二女出生的事项作了说明。

20 世纪初至 80 年代以后，国内对谱主的生平研究大致经历了四个时期。

第一个时期为 20 世纪上半叶，其成果有《王谱》和《李谱》。前者是对清人杨希闵《柳柳州年谱》的订补。其序文言"昔在燕京，闲散无事，掇拾陈编，成《柳柳州年谱补订》一卷"，也仅"著其大概"。后者借鉴《文谱》简略之失，开展了谱主生平时代与家世、诗文创作时间的考辨探索。因其没有公开出版，学术成果影响不大。

第二个时期是五六十年代，先后出现了《施谱》《严文》《罗谱》和《吴谱》等相关成果，柳宗元年谱研究取得较大进展。《施谱》是在这个时期出现的一部最为重要的年谱，不仅详细考证柳宗元的家世与行事，增补旧谱的遗漏和舛误，而且对柳宗元诗文进行编年，将柳宗元诗文系于各年之下，对于年代不可考者，则根据诗文内容与风格分别系之于长安、永州、柳州之后，是较早对柳宗元诗文进行系年研究的著作。《严文》着重于柳宗元世系的补正，对年谱着墨不多。罗联添另有《柳宗元事迹系年暨资料汇编》作为《罗谱》的补充，论述较为详备，阙漏讹误有待补正者不少。《吴谱》拓展了谱主的交往关系，在吴文治担纲校点的《柳宗元集》（中华书局 1979 年版），第四册 1415—1427 页收录《文谱》，并做了 18 处校勘。

第三个时期是"文化大革命"期间，柳宗元一度被推至法家代表人物的政治神坛，70 年代相继出现山西、广西等地以学校、企业、博物馆等单位集体写作《柳宗元年谱》或柳宗元传记附录年谱、生平大事记要等，这类年谱均无甚学术进步。

第四个时期是 80 年代以后，柳宗元年谱编纂以地域化为重要特征。先有《何谱》出现，何书置以传记方式记叙、勾勒柳宗元永州十年事迹。再有《霍谱》表现，霍旭东依据《施谱》，参证史料，略予补充和订正，成就柳州诗文谱。至于《霍谢表》则以查阅便捷做了一番年表的探索。

考索在日本出现的三种柳宗元年谱，各有特色。《斋谱》按照编年体记载谱主事迹，独立撰写，是日本人最早为柳宗元编撰的年谱。久保天随将《斋谱》与《文谱》两相对照，存其要点重新编辑柳宗元简明年谱（《久谱》）。《下谱》采用表格方式，设计项目，以编年体时序载入相关内容，让人一目了然。

年谱是时代对谱主关注的重要风向标。谱主作为历代的关注焦点，在人们研习其作品的过程中，自然要联系其生平际遇、宦海沉浮、创作价值、学术成就乃至此前的家世渊源、此后的传承影响等多维度进行思考与探访。在不同的时代，人们对谱主的观照有不同的索求，年谱的撰写就是这样一种直射的结果。

寻访考察历代境内外柳宗元年谱，实质上，我们是在走近和认识这样一代又一代的柳学传承者。他们为什么那样注重谱主的生平事迹，又为什么这样重视诗文创作的系年，有的还偏重于谱主世系的考究甚至于后代繁衍状况的铺叙，还有的将目光着眼于后人对谱主的褒奖或揶揄，凡此种种，都是耐人咀嚼和细加品味的事情。

学习借鉴历代境内外柳宗元年谱，既是为了接续前人传递过来的文化接力棒，绝不能停滞不前，要努力跑得更快更远，更为企盼的是，古为今用、洋为中用，构造我们这个时代应有的一个学术平台，为今人以及后来者打造一部研读柳文、参修柳学的应用工具书，果有疑惑，两相参照，辩明事理，助汝升腾，无论于学术还是普及，均有裨益。

凡 例

一、卷首首列谱主祖籍，次列家族世系，再次则按年谱次序编列柳宗元一生之事迹行状，其中包括官职、仕历、作品系年及历代对谱主诗文的主要评论，或与谱主交游甚厚以及对谱主有影响的人物的资料。

二、按柳宗元一生编年顺序，广为收辑诸书所载与谱主柳宗元有关事迹，依序排列，大体列为四类：时事述要；文坛纪事；宗元事迹；诗文系年。

三、时事纪要着重在提供当时的社会、政治背景及与谱主有关的人事，俾与谱主的仕历变迁、交游动态、创作活动等互相参证。

四、生平事迹及所据资料力求详尽。如遇笔者不敢苟同的论说和记载，则进行必要的辨证和考订。

五、古代参与文学活动、从事文学创作和评论的人物，多数并非专业的文学家，故本书对他们的创作、评论和有关活动的资料，亦一并收录。

六、诗文系年，针对今存主要年谱十九种，从谱主文本研究入手，结合相关史料以及谱主当时创作心态、地理环境等方面考辨，力求柳宗元诗文创作系年更加切合实际。

七、本书所引柳宗元诗文，均以中华书局 1975 年排印吴文治等点校本《柳宗元集》为依据。

一　柳宗元祖籍

柳宗元，字子厚。祖籍在今山西省永济市虞乡镇。他在所作《亡友故秘书省校书郎独孤君墓碣》中，自称是"河东解人"，在《杨氏子承之哀辞》中，也自称是"解人"；但他在为叔父所作的《故殿中侍御史柳公墓表》中，又明言他的家族"邑居于虞乡"。为此之故，后人在认定柳宗元祖籍的问题上，存在两种不同的说法。其实，柳宗元在文章中自言"河东解人"和"邑居于虞乡"是统一的："解"是指汉晋时的"大解县"，并非唐时的"小解县"，为古蒲州所辖。蒲州在秦朝以后隶属河东郡。所以《旧唐书》卷七十七《柳亨传》，谓亨"蒲州解人"，这说明唐时柳宗元的五世祖柳亨已在隶属蒲州的解县居住。关于"邑居于虞乡"之说，《柳宗元集》百家注本在此句下注引宋人孙汝听注，明言："虞乡，县名，属蒲州。"又《元和郡县志》卷十二云："虞乡县〔原注：西至府（河东）七十里〕本汉解县地。"又："解县（原注：西北至府四十五里）本汉旧县也，属河东郡。……武德元年改虞乡县为解县，属虞州，因汉旧名也。"由此可见，"解县"与"虞乡县"实为一地。据《元和姓纂》卷七记载："柳氏鲁灭仕楚，秦并天下，柳氏遂迁河东。"又"河东解县"条："秦末有柳安，（柳下）惠裔孙也，始居解县。"由于蒲州在秦朝以后隶属河东郡，所以后来人们根据柳宗元的祖籍称为"河东柳宗元"，其著作也被称为《柳河东集》或《河东先生集》。

关于柳宗元的祖先曾迁居江苏吴县之说，清人全祖望曾作过一些考证，全祖望《鲒埼亭集》外编卷四十《河东柳氏迁吴考》："柳柳州为吴人，见于本集及本传，而苏之志人物者鲜及焉。"又云："柳宗元其先盖河东人，后徙于吴。此明文也。"宗元作《先侍御史府君神道表》云："天宝末"，"遇乱"，奉德清君、夫人（原注：德清君，侍御父察躬也；夫人，侍御母也。旧人皆误连读之。故本传亦止云奉母避乱。考柳州逮事王父，是时岂得奉母遗父。）载家书"隐王屋山间，间行求食"，"乱有间，举族如吴"，"居德清君之丧"，服除，"常吏部命为太傅，先君固曰：'有尊老孤弱在吴，愿为宣城令，三辞而后获'。是侍御已定居于吴。"宗元生于大历九年，当在侍御为朔方推官晋州参军之时。其家于吴久矣。且不特家于吴，并婚于吴。宗元为杨詹事凭之婿，其作《杨郎中凝墓志》云：君"与季弟凌同日生，不周月而孤，伯兄凭剪发为童，家居于吴"。是杨氏称弘农，犹柳氏称河东，皆推原其族望，而实则皆吴人也。宗元作《亡妻弘农杨氏墓志》云：夫人三岁，"依于外族"，"间在他国"，"凡十有三年，而二姓克合"。盖柳与杨同居吴下，而宗元之妇鞠于外家，故有"间在他国"之语。尝疑宗元再世居吴，而《柳宗元集》中未尝有一语及于洞庭林屋之胜，韩愈《柳子厚墓志铭》，刘禹锡《祭柳员外文》，亦不及焉。及夷考之，乃知宗元虽居吴，而在吴之日甚浅。大抵唐人之世宦者，多居京师。盖当时不特有里第，兼有家庙，枝附叶连，久而重去，柳氏自河东之虞乡，迁京兆之万年，已累世矣。其少陵原之大墓，则高祖兰州府君而下，皆在焉。侍御虽挈家南辕，而宗元作《先太夫人河东县太君归祔志》云："始四岁，居京西田庐中，先君在吴，家无书，太夫人教古赋十四首。"是宗元少日在吴固多居长安。侍御之总三司，自夔州再入朝，则又随侍在长安。已而登进士，历官至尚书郎，则又在长安。且宗元享年四十七岁，其自序曰：长京师三十三年。合之南窜十四年之数，已自相符。则中间不过偶一至吴。其《游朝阳岩西亭诗》云："羁贯去江介，世仕尚函崤。"是明言居吴未久，而以世仕不能忘情于秦。南窜而后，诗文酬答，总倦倦于鄂、杜之间，使其得再入朝，殆有挈其群从西归之意焉。然自宗元南窜，其子弟无复有居万年者。其《答许京兆孟容书》，言"先墓所在城南"，更无子弟，善和里宅"已三易主"。则其后宗元虽归葬万年县，而子弟已即安于吴矣。不然，则柳氏在吴，只可以言寓公，本传不得竟断之曰徙吴也。唐人最重旧籍，故虽数世之后，必行归葬之礼，不得以此而疑柳氏之非吴产也。宋人作柳州年谱，于其居吴颠末不详，而苏人亦莫之考，吾故表而出之。（全祖望《鲒埼亭集》外编卷四十）

二 柳宗元家族世系

始祖展禽

展禽（柳下惠），食采于柳，遂姓柳氏。又，展禽因家有柳树，身行德惠，因号柳下惠之说，始见于《淮南子》。

《新唐书·世系》卷七十三上："柳氏出自姬姓，鲁孝公子夷伯展，孙无骇生禽，字季，为鲁士师，谥曰惠，食采于柳氏，遂姓柳氏。"《柳宗元集》卷十二《故叔父殿中侍御史府君墓版文》云："柳氏之先自黄帝历周鲁，其著者无骇，以字为展氏，禽以食采，为柳姓，厥后昌大，世家河东。"《柳宗元集》（五百家注本）引宋韩醇曰："鲁孝公之子，字子展……子展孙无骇，以王父字为氏，无骇生禽，字季，为鲁士师，谥曰惠，食采于师，遂姓柳氏。"秦并天下，柳氏迁河东，秦末柳安始居解县。后柳氏遂为河东解县。

岑仲勉《元和姓纂》卷七云："柳氏鲁灭仕楚，秦并天下，柳氏遂迁河东。"又河东解县条："秦末有柳安，惠裔孙也，始居解县。"

十三世祖耆，东晋汝南太守

《柳宗元集》卷十一《故大理评事柳君墓志》云："晋之乱，柳氏始分，曰耆，为汝南守，居河东。"《元和姓纂》卷七云："〔安〕曾孙隗，汉齐相。六代孙礼，（六代孙，清孙星衍校注，谓当作十二世孙，岑仲勉《元和姓纂》卷四校记谓'依新表计算，僧习惯为礼十三世孙。'）后魏尚书右丞。"《新唐书·世系》卷："安孙隗，汉齐相。六世孙礼，后汉光禄勋。六世孙轨，晋吏部尚书。生景猷，晋侍中。二子：耆、纯。耆太守，号西眷。"

十二世祖恭，后赵为河东太守

《新唐书·世系》卷七十三上："耆二子：恭、璩。恭，后魏河东郡守，南徙汝颖，遂仕江表。"《周书》卷二十二《柳庆传》："五世祖恭，仕后赵为河东郡守，后以秦赵丧乱，乃率民南徙，居于汝颖之间，故世仕江表。"

八世祖僧习，后魏尚书右丞

《元和姓纂》卷七："丰六代孙（当作十三世孙）僧习，后魏尚书右丞。"《新唐书·世系》卷七十三上表："（缉）生僧习，与豫州刺史裴叔业据州归于后魏，为扬州大中正，尚书右丞，方舆公。"

按：《魏书》卷七十一《裴叔业传附柳僧习传》："僧习善隶书，敏于当世。景明（后魏宣武帝年号）初，为裴植征虏府司马，稍迁北地太守。为政宽平，氐羌悦爱。肃宗时至大中大夫加前将军，出为颖川太守，卒官。"又《周书》卷二十二《柳庆传》："父僧习，齐奉朝请。魏景明中，与豫州刺史裴叔业据州归魏，历北地、颖川二郡守，守扬州大中正。"皆不言其尝任右丞，《元和姓纂》《新唐书》可疑。

七世祖柳庆，后魏尚书左仆射

柳宗元曾自谓"自庆以下四世为相封侯"[《柳宗元集》（百家注本）

"世相重侯"句下引孙汝听注〕。柳庆是柳僧习的少子，曾任后魏尚书左仆射，封济阴公。《柳宗元集》卷十二《先侍御史府君神道表》："六代祖讳庆，后魏侍中平齐公。"《元和姓纂》卷七："庆字更兴，解人也。……幼聪敏，有器量，博涉群书，不治章句，好饮酒，闲于占对。……魏孝武将西迁，除庆散骑常侍。魏恭帝初，进位骠骑大将军，开府仪同三司，尚书右仆射转左仆射。……孝闵帝践祚，赐姓宇文氏，进爵平齐县公。……天和元年十二月薨，时年五十。"（《北史》卷六四略同）《新唐书·世系》卷七三上："庆字更兴，后魏侍中、左仆射、平齐景公。"文安礼《柳先生年谱》："庆，后魏侍中、左仆射、平齐公，于子厚为七代祖。"

按：韩愈《柳子厚墓志铭》："七世祖庆，为拓跋魏侍中，封济阴公。"封爵与《元和姓纂》《周书》《北史》相异，墓志似误。

柳庆兄弟四人：鸷、虬、桧、鸳。按：《元和姓纂》卷七："〔僧习〕生鸷、庆、虬、鸳。"《新唐书·世系》七十三上表："〔僧习〕五子：鸷、庆、虬、桧、鸳。"庆排行第二，然《北史》六十四《柳虬传》云："僧习四子：虬、桧、鸳、庆。"庆排行为第四。又《周书》三十八《柳虬传》云："虬字仲蟠，司会庆之兄也。"庆排行亦在虬之后。文安礼：《柳先生年谱》"（僧习）五子：鸷、庆、虬、桧、鸳。"此处取文安礼说。

六世祖旦，仕隋为黄门侍郎

柳旦为北周中书侍郎，隋统一南北朝后，为隋黄门侍郎。《柳宗元集》卷十二《先侍御史府君神道表》："五代祖讳旦，周中书侍郎，济阴公。"文安礼《柳先生年谱》："旦，隋黄门侍郎、新城男。于子厚为六代祖。"

按：《北史》卷六十四《柳虬传》附《旦传》："旦字匡德，工骑射，颇涉书籍。仕周位兵部下大夫。以行军长史从梁睿讨王谦，以攻授仪同三司。开皇元年加开府，封新城县男。授掌设骠骑，历罗浙鲁三州刺史，并有能名。大业初拜龙川太守。郡人居山洞，好相攻击，旦为开设学校，大变其风，帝闻下诏褒美之。征为太常少卿，摄判黄门侍郎卒。宦年六十一。"（《隋书》卷四十七《柳机传》附旦传同）。又《柳宗元集》卷十一《故大理评事柳君墓志》："旦，仕隋为黄门侍郎。"《元和姓纂》卷七："旦，黄门侍郎。"《新唐书·世系》："旦，字匡德，隋黄门侍郎，新城男。"旦在周时名位尚轻，入隋始渐显达。

柳旦兄：机、弘。弟：肃。《北史》卷六十四《柳庆传》："庆四子：长曰机，字匡时。弟弘，字匡道。弘弟旦，字匡德。旦弟肃，字匡仁。"

五世祖楷，隋刺济、房、兰、廓四州

柳宗元《先侍御史府君神道表》："高祖讳楷，隋刺济、房、兰、廓四州。"《元和姓纂》七："楷，济州刺史。"《新唐书》卷七十三上世系表："楷，济、房、兰、廓四州刺史。"柳楷，曾为隋的济州、房州、兰州、廓州等四州的刺史。

楷兄弟五人："变、则、绰、楷、亨。"《新唐书》卷七十三上世系表列旦五子："变、则、绰、楷、亨。"

补正：《元和姓纂》卷七："旦……生变、则、绰、楷、融、亨。"岑仲勉《元和姓纂》四校记卷七云："融为衍文"，盖是。文安礼《柳先生年谱》："旦五子：燮、则、绰、楷、亨。则，隋左卫骑曹参军。生奭，唐中书令。"《柳宗元集》卷十二《先侍御史府君神道表》（五百家）注引孙汝听曰："旦三子：变、则、楷。"则漏略绰与亨二人，当补正。

高伯祖奭（则之子），唐中书令，得罪武后死高宗朝

韩愈《柳子厚墓志铭》："曾伯祖奭，为唐宰相，与褚遂良、韩瑗俱得罪武后死高宗朝。"《柳宗元集》卷十二《先侍御史府君神道表》云：

"曾祖讳奭，字子燕，唐中书令。"句下引孙汝听曰："则子奭，高宗永徽三年三月为中书令。"又引韩醇曰："奭为侍御曾伯祖，则当为公高伯祖矣。"《新唐书·柳宗元传》及韩愈《柳子厚墓志铭》，皆云曾伯祖，若有误焉。按：柳宗元《先侍御史府君神道表》"曾"下脱"伯"，当增补。（见岑仲勉《唐集质疑》柳宗元世系条辩证）奭于柳镇为曾伯祖，于宗元当为高伯祖。韩愈《柳子厚墓志铭》称谓非是。《新唐书》柳宗元传又袭韩文而误。柳宗元集《伯祖妣赵郡李夫人墓志铭》"为宰相四世"句下引孙汝听曰："奭父则，则父旦，旦父庆，凡四世为相。"韩愈《柳子厚墓志铭》："曾伯祖奭，为唐宰相，与褚遂良、韩瑗俱得罪武后，死高宗朝。"《新唐书》卷七十三上《宰相世系表》："奭字子燕，相高宗。"《新唐书》卷一百一十二《柳泽传》附《柳奭传》："奭字子邵。……贞观中累迁中书舍人。外孙为皇后，迁中书侍郎进中书令。"按：奭之字，《先侍御史府君神道表》《宰相世系表》皆谓"字子燕"，然《新唐书》附《柳奭传》谓"字子邵"，疑误，当以《宰相世系表》为正。《旧唐书》卷七十七《柳亨传》附《柳奭传》："奭父则，隋左卫骑曹。因使，卒于高丽。奭入蕃迎丧枢，哀号逾礼，深为夷人所慕，贞观中累迁中书舍人。后以外生（生当作孙）女为皇太子妃，擢拜兵部侍郎；妃为皇后，奭又迁中书侍郎。永徽三年，代褚遂良为中书令，仍监修国史。俄而后渐见疏忌，奭尤惧；频上疏请辞枢密之任，转为吏部尚书。及后废，累贬爱州刺史。寻为许敬宗、李义府所构，云：奭潜通宫掖，谋行鸩毒。又与褚遂良等朋党构扇，罪当大逆。高宗遣使就爱州杀之，籍没其家。奭既死非其罪，甚为当时之所伤痛。神龙初，则天遗制与褚遂良、韩瑗等，并还官爵，子孙亲属当时缘坐者，咸从旷荡。"

高祖子夏，唐徐州长史

《柳宗元集》卷十二《先侍御史府君神道表》："曾祖讳子夏，徐州长史。"句下引孙汝听注曰："楷二子：长曰子夏，次曰绎。"文安礼《柳先生年谱》："（楷）三子：融、子敬、子夏。子夏，徐州长史。"句下小字注："于子厚为高祖。"《新唐书·世系表》："子夏，徐州长史。"《旧唐书》云："子夏，徐州长史。"子夏兄弟三人：融、子敬、子夏。《元和姓纂》卷七："（楷）生……融、子敬、子夏。"《旧唐书·世系表》亦云："〔楷〕三子：融、子敬、子夏"。

曾祖从裕，沧州清池令

柳宗元的曾祖父柳从裕，曾为沧州清池令。《柳宗元集》卷十二《先侍御史府君神道表》："祖讳从裕，沧州清池令。"《元和姓纂》卷七："子夏生从心、从裕。"《新唐书》卷七十三上《世系表》："从裕，清池令。"

祖察躬，湖州德清令

《柳宗元集》卷十二《先侍御史府君神道表》："皇考讳察躬，湖州德清令，世德廉孝，飏于河浒，士之称家风者归焉。"《新唐书》卷七十三上世系表："察躬，德清令。"《柳宗元集》卷三十九《让监察御史状》："臣祖名察躬。"

察躬兄某，为临邛令

《柳宗元集》卷十三《伯祖妣赵郡李夫人墓志铭》："我伯祖临邛令府君讳某。……临邛府君之先曰：我曾王父清池府君讳某。"句下五百家注引韩醇云："此志不载临邛君讳。"《新史·年表》："亦止载曰某为临邛令，它无所考，盖察躬兄也。"

按：《新唐书》世系表列从裕二子："某，临邛令。""察躬，德清令。"是兄是弟待考。

补正：柳宗元的祖父柳察躬，做过二任湖州德清令，后来便一直退居在江苏吴县。察躬有五个儿子：柳镇、柳×、柳缮、柳综、柳续。柳镇便是柳宗元的父亲。四个叔父虽也有官职，但都并不显贵。

父柳镇，以文章垂声当时

天宝末，柳镇明经科高第，遇乱，奉母隐王屋山；后徙于吴。乱平，上书言事，擢右卫率府兵曹参军，佐朔方节度使郭子仪，授左金吾卫仓曹参军，为节度推官，专掌书奏，进大理评事。累官殿中侍御史，为鄂岳沔都团练判官，后因事触怒宰相窦参，出为夔州司马，参败，还，复侍御史，卒官。镇为人刚直，疾恶不惧，所交皆当世名人。

《柳宗元集》卷十二《先侍御史府君神道表》："先君之道，得《诗》之群。《书》之政，《易》之直方大，《春秋》之惩劝，以植于内而文于外，垂声当时。天宝末，经术高第。遇乱，奉德清君、夫人载家书隐王屋山。间行以求食，深处以修业，作《避暑赋》。合群从弟子姓，讲《春秋左氏》、《易王氏》，衎衎无倦，以忘其忧。德清君喜曰：'兹谓遁世无闷矣。'乱有间，举族如吴，无以为食。先君独乘驴无僮御以出，求仁者，冀以给食。尝经山涧，水卒至，流抵大壑，得以无苦。被濡涂以行无愠容，观者哀悼而致礼加焉。季王父六合君忤贵臣，死于吏舍，犹鞠其状。先君改服徒行，逾四千里，告于上，由是贷其问。既而以为天子平大难，发大号，且致太平。人罢兵戎，农去耒耜，宜以时兴太学，劝耦耕，作《三老五更议》、《籍田书》，斋沐以献。道不果用。授左卫率府兵曹参军。尚父汾阳王居朔方，备礼延望，授左金吾卫仓曹参军，为节度推官，专掌书奏，进大理评事。以为刑法者军旅之桢干，斥候者边鄙之视听，不可以不具。作《晋文公三罪议》《守边论》，议事确直，世不能容。表为晋州录事参军。晋之守，故将也，少文而悍，酗嗜杀戮，吏莫敢与之争。先君独抗以理，无辜将死，常以身扞笞棰，拒不受命。守大怒，投几折簀，而无以夺焉。以为自下绳上，其势将殆，作《泉竭木摧诗》。终秉直以免于耻，调长安主簿。居德清君之丧，哀有过而礼不逾，为士者咸服。服既除，常吏部命为太常博士。先君固曰：'有尊老孤弱在吴，愿为宣城令。'三辞而后获，徙为宣城。四年，作阌乡令，考绩皆最。吏人怀思，立石颂德。迁殿中侍御史，为鄂岳沔都团练判官。元戎大攘狄虏，增地进律，作《夏口破虏颂》。后数年，登朝为真，会宰相与宪府比周，诬陷正士，以校私雠。有击登闻鼓以闻于上，上命先君总三司以听理，至则平反之。为相者不敢恃威以济欲，为长者不敢怀私以请闲，群冤获宥，邪党侧目，封章密献，归命天子，遂莫敢言。逾年，卒中以他事，贬夔州司马。作《鹰鹯诗》。居三年，丑类就殛，拜侍御史。制书曰：'守正为心，疾恶不惧。'先君捧以流涕，曰：'吾唯一子，爱甚，方谪去至蓝田，诀曰："吾目无涕。"今而不知衣之濡也，抑有当我哉！'作《喜霁之歌》。副职持宪，以正经纪。贞元九年，宗元得进士第。上问有司曰：'得无以朝士子冒进者乎？'有司以闻。上曰：'是故抗奸臣窦参者耶！吾知其不为子求举矣。'是岁五月十七日，终于亲仁里第，享年五十有五。七月某日，葬于万年县栖凤原。后十一年，宗元由御史为尚书郎。天子行庆于下，申命崇赠，而有司草创颇缓。会宗元得罪，遂寝不行。"

韩愈《柳子厚墓志铭》："皇考讳镇，以事母弃太常博士，求为县令江南。其后，以不能媚权贵，失御史。权贵人死，乃复拜侍御史，号为刚直，所与游皆当世名人。"

清全祖望《鲒埼亭集》外编卷四十《河东柳氏迁吴考》："柳州作《先侍御史府君神道表》云'天宝末','遇乱','奉德清君、夫人（原注：德清君，侍御父察躬也，夫人，侍御母也，旧人皆误连读之。故本传亦止云奉母避乱，考柳州逮事王父，是时岂得奉母遗父。）载家书隐王屋山，间行求食','乱有间，举族如吴','居德清君之丧'，服除，'常吏部命为太傅，先君固曰：有尊老孤弱在吴，愿为宣城令。三辞而后获'。是侍御史已定居于吴。"

柳宗元的父亲柳镇，对柳宗元影响很深，考察柳镇行事，对于深入了解柳宗元早期经历，有所裨益。附柳镇简谱。

开元二十七年　己卯（739）　柳镇1岁

父：柳察躬，湖州德清令。

柳镇，郡望河东，家于京兆万年县。《柳宗元集》卷十二《先侍御史府君神道表》："贞元九年，终于亲仁里，享年五十五岁。"柳镇去世后，"葬于万年县栖凤原"。李益称其为"柳吴兴"（《九月十日雨中过张伯佳期柳镇未至以诗招之》），因其曾家于吴兴。

妻：涿郡卢氏，与柳镇同岁。

子女：二女，长女适博陵崔简，次适裴墐；独子柳宗元。

弟：四人：大弟柳缜，曾任朔方营田使参谋，后迁殿中侍御史、度支营田副使，夫人吴郡陆氏则，字内仪；二弟柳缋，曾任华阴主簿；三弟柳综；四弟柳续。

天宝六年　丁亥（747）　柳镇9岁

大弟柳缜出生。《故殿中侍御史柳公墓表》《柳宗元集》卷十二："唐贞元十二年二月庚寅，葬我殿中侍御史河东柳公于万年县之少陵原"，

"以其年正月九日遇疾，终于私馆，享年五十"。柳缜逝年五十岁，依此前推，即为大宝六年。

天宝十四年　乙未（755）　柳镇 17 岁

十一月丙寅，安禄山起兵南下，十二月丁酉，安禄山攻占东京洛阳，"安史之乱"全面爆发。

明经及第。叶树发《柳宗元传》称柳镇"十七岁明经及第"，不知所据。《柳宗元集》卷十二《先侍御史府君神道表》称"天宝末，经术高第。遇乱，奉德清君夫人，载家书隐王屋山"。这里提到了柳镇获取功名。也就在这一年冬或次年春，安禄山叛军攻占长安之前，柳镇奉父母自京归隐王屋山。

至德元年　丙申（756）　柳镇 18 岁

隐王屋山，约于是年夏作《避暑赋》。

至德二年　丁酉（757）　柳镇 19 岁

柳镇举族入吴。《柳宗元集》卷十二《先侍御史府君神道表》："乱有间，举族入吴。"至德二年，安禄山在洛阳被其子安庆绪所杀，郭子仪等将领收复长安、洛阳，史思明归降，唐王朝暂时结束了平叛。

不久，史思明复反，发兵支持安庆绪。乾元二年（759），在相州大败郭子仪等九节度使，并出兵攻占洛阳。因此，"乱有间，举族入吴"当在此时，或略后，但不能迟于乾元二年，洛阳失守之时。

广德元年　癸卯（763）　柳镇 25 岁

柳镇到长安献书求官，任左卫率府兵曹参军。《柳宗元集》卷十二

《先侍御史府君神道表》："既而以为天子平大难，发大号，且致太平……作《三老五更议》、《籍田书》，斋沐以献，道不果用。授左卫率府兵曹参军。"柳镇献书求职在此时或稍后。左卫率府兵曹参军，东宫官，"掌府内卫士以上名帐、差科及公私马、驴等"，从八品。

大历四年　己酉（769）　柳镇 31 岁

柳镇居朔方，为郭子仪节度推官，任左金吾卫仓曹参军。

《柳宗元集》卷十二《先侍御史府君神道表》："尚父汾阳王居朔方，备礼延望，授左金吾卫仓曹参军，为节度推官，专掌书奏。"《旧唐书·肃宗纪》：（上元二年八月）"辛巳，以殿中监李若幽为户部尚书，充朔方镇西北庭陈郑等州节度使，镇绛州。"此后不久，郭子仪即节度朔方、河中等镇十多年，一直驻扎在河中，奉诏方才回京，即使出镇其他地方，不久即"复镇河中""还河中"。同时，郭子仪在任朔方节度使时，常设有朔方留后，如路嗣恭，也可佐证郭子仪没有驻扎朔方。直到本年，方才由河中移节朔方。《旧唐书》卷一百二十《郭子仪传》："时议者以西蕃侵寇，京师不安，马璘虽在邠州，力不能拒，乃以子仪兼邠宁庆节度，自河中移镇邠州。"《资治通鉴》卷二百二十四注引《汾阳家传》："四年五月，诏集兵于邠郊。六月，公自河中遣一万兵。二十八日，公入邠州。"自此以后，一直到德宗继位，郭子仪皆驻兵朔方。则柳镇入郭子仪幕当于此时。在郭子仪幕中，进大理评事。

严郢为郭子仪行军司马，留守河中。《新唐书》卷一百四十五《严郢传》："子仪镇邠州，檄郢主留务。河中士卒不乐成邠，多逃还。郢取渠首尸之，乃定。"《资治通鉴》卷二百二十四："辛酉，郭子仪自河中迁于邠州，其精兵皆自随，余兵使裨将将之，分守河中、灵州。军士久家河中，颇不乐徙，往往自邠逃归；行军司马严郢领留府，悉捕得，诛其渠帅，众心乃定。"另，郢在此时或稍后，于郭子仪幕中结识柳镇。

虞当、高郢约于此时亦在郭子仪幕府。《柳宗元集》卷十二《先君石表阴先友记》："虞当，会稽人，为郭尚父从事，终沔州刺史。"《旧唐书》卷一百四十七《高郢传》："郭子仪节制朔方，辟为掌书记。"

大历五年　庚戌（770）　柳镇 32 岁

约于是年任晋州录事参事。《柳宗元集》卷十二《先侍御史府君神道表》：（在郭子仪幕府中）"作《晋文公三罪议》、《守边论》，议事确直，势不能容。表为晋州录事参军。晋之守，故将也。少文而悍。酣嗜杀戮，吏莫敢与之争。"《唐刺史考全编》卷八十一载：高武光约大历元年至五年冬为晋州刺史，且高氏亦是行伍出身，曾得郭子仪荐拔。此三点与《先侍御史府君神道表》所述皆暗合。

大历六年　辛亥（771）　柳镇 33 岁

约于是年春调长安主簿。《唐刺史考全编》卷八十一：高武光约大历五年冬罢去晋州刺史。

次女出生。柳宗元《亡姊前京兆府参军裴君夫人墓志》："年始三十，不克至于寿……以贞元十六年三月十三日甲子，终于光德里第。"据此，往上推算，次女当生于是年。

大历八年　癸丑（773）　柳镇 35 岁

柳宗元出生于长安。韩愈《柳子厚墓志铭》："子厚以元和十四年十一月八日卒，年四十七。"《柳宗元集》卷二十五《送贾山人南游序》："吾长京师三十三年"，柳宗元贬谪永州时恰三十三岁，则其出生于长安。

大历九年　甲寅（774）　柳镇36岁

杨凭、张苈、杨瑀进士及第。杨凭与穆质、许孟容、李墉友善，时号"杨、穆、许、李"。

大历十年　乙卯（775）　柳镇37岁

杨凭、杨凝兄弟在湖州，与耿㳽、刺史颜真卿等联句。耿㳽自湖州归京，经常州，作诗留别，梁肃作《送耿拾遗归朝廷序》送别。

大历十一年　丙辰（776）　柳镇38岁

柳镇约于是年任宣城令。柳宗元四岁，卢氏携子迁居长安城西田庐中。《柳宗元集》卷十二《先君石表阴先友记》："常吏部命为太常博士。"《柳宗元集》卷十二《先侍御史府君神道表》："'有尊老孤弱在吴，愿为宣城令。'三辞而后获，徙为宣城令。"《柳宗元集》卷十三《先太夫人河东县太君归祔志》："先君在吴，家无书……"柳镇在婉拒太常博士的任职时，曾经托词"有尊老孤弱在吴"，服除，出任宣城令之前，卢氏及柳宗元方才到长安。

许孟容、崔损、王纾进士及第，礼部侍郎常衮知贡举。李舟随崔昭至浙东。

大历十二年　丁巳（777）　柳镇39岁

四月癸未，起居舍人韩会坐元载党贬韶州刺史，韩愈随韩会到岭南。

独孤及卒于常州，梁肃作《祭独孤常州文》，编《独孤常州集》二十卷，为序。

大历十四年　己未（779）　柳镇 41 岁

柳宗元妻杨氏母亲去世，杨氏依于外王父李兼。

李舟为崔昭作《为崔大夫请入奏表》。

韶州刺史韩会去世，年四十二。

建中元年　庚申（780）　柳镇 42 岁

约于是年或稍前柳镇任阌乡令。《柳宗元集》卷十二《先侍御史府君神道表》："徙为宣城令。四年，作阌乡令。考绩皆最，吏人怀思，立石颂德。迁殿中侍御史，为鄂岳沔都团练判官。"

柳冕为黜陟使、袁滋试校书郎、许孟容为赵赞判官、房启入卫晏幕。《旧唐书》卷十二《德宗纪》："二月丙申，命黜陟使十一人分巡天下"。李舟为金部员外郎。四月，李舟使泾州，后又奉使山南东道。《旧唐书》卷一百二十一《梁崇义传》："建中元年……流人郭昔告其为变，崇义闻知，请罪昔，坐决杖配流，命金部员外郎李舟谕旨以安之。……及舟至，又劝其入觐，言迫切直，崇义益不悦。"

兴元元年　甲子（784）　柳镇 46 岁

柳镇居夏口，任殿中侍御史、鄂岳沔都团练判官。《柳宗元集》卷十二《先侍御史府君神道表》："迁殿中侍御史，为鄂岳沔都团练判官，元戎大攮狡虏，增地进律，作《夏口破虏颂》。"

《资治通鉴》卷二百二十九记载，兴元元年正月，李希烈派其骁将董侍招募死士七千多人进袭鄂州，攻取上游要地夏口。刺史李兼打败董侍。"上以兼为鄂岳沔都团练使。"李兼为都团练使，招揽幕僚，柳镇才得以充任都团练判官，表为殿中侍御史。

贞元元年　乙丑（785）　柳镇 47 岁

柳镇随李兼到江西任职。本年四月，李兼调任洪州刺史、江西都团练观察使。《送萧链登第后南归序》："始余幼时，拜兄于九江郡。"柳镇在九江，柳宗元随父柳镇亦在九江。

柳宗元与杨氏订婚。

穆质、郑利用、韦执谊、柳公绰等中贤登贤良方正，能言极谏科，穆质授左补阙。李益有《中桥北送穆质兄弟应制戏赠萧二策》诗。

柳冕为太常博士。《旧唐书》卷一百四十九《柳冕传》："贞元初，为太常博士。"《旧唐书》卷二十一《礼仪志》一："贞元元年十一月十一日，德宗亲祀南郊。有司进图，敕付礼官详酌。博士柳冕奏曰……"

贞元四年　戊辰（788）　柳镇 50 岁

在本年前后，柳镇离开幕府，到中央任职殿中侍御史。《柳宗元集》卷十二《先侍御史府君神道表》："后数年，登朝为真。"

御史大夫、陕虢观察使卢岳去世。卢岳妻子在分割家产时，并没有分给庶出。卢岳的妾到御史中丞门下告状，御史中丞卢佋计划重治妾之罪，而侍御史穆赞不同意。于是卢佋与窦参共同诬告穆赞受贿，并将其逮捕下狱。穆赞的弟弟穆赏击鼓鸣冤。皇帝诏命柳镇与刑部员外郎李巽、大理卿杨瑀共同审理此案，经过一番审理，终使群冤获宥。由此，也得罪了窦参。唐次转礼部员外郎。《柳宗元集》卷十二《先侍御史府君神道表》："会宰相与宪府比周，诬陷正士，以校私仇。有击登闻鼓以闻于上，上命先君总三司以听理，至则平反之。"可知，柳镇任职殿中侍御史时，守正不阿。

贞元五年　己巳（789）　柳镇 51 岁

二月庚子，以御史中丞窦参为中书侍郎、平章事，兼转运使。

贞元六年　庚午（790）　柳镇 52 岁

柳镇被贬为夔州司马。在夔州时作《鹰鹯诗》。

柳宗元应试不第，作《省试观庆云图诗》。

贞元七年　辛未（791）　柳镇 53 岁

礼部侍郎杜黄裳知贡举，是年，令狐楚、萧俛等及第，韩愈不第。

五月戊子，齐映由衡州刺史授桂管观察使。

梁肃加翰林学士，领东宫诵读。《全唐文》卷五百一十七梁肃《述初赋》："会明诏以观察御史征，俄转右补阙。……闲一岁，加东宫诵读之事。"

房启随裴胄到江西观察使任。

贞元八年　壬申（792）　柳镇 54 岁

柳镇自夔州归京，任侍御史，从六品。《柳宗元集》卷十二《先侍御史府君神道表》："居三年，丑类就殛，拜侍御史。"制书曰"守正为心，疾恶不惧"。作《喜霁之歌》。

柳宗元入京应举，秋天，行卷于权德舆，有《上权德舆补阙温卷决进退启》。

崔群进士及第。柳宗元《送崔群序》作于是年。

韩愈进士及第。

穆赞为刑部郎中。《旧唐书》卷一百五十五《穆赞传》："（窦）参败，征拜刑部郎中。"

贞元九年　癸酉（793）　柳镇55岁

二月，柳宗元进士及第。见《登科记考》卷十三。柳宗元、韩愈、孟郊等登慈恩寺塔并题名。

五月十七日，柳镇终于亲仁里第，享年五十五岁。七月，葬于万年县栖凤原。约于是年柳冕为婺州刺史。约于是年后，穆赞获罪裴延龄，贬饶州别驾。

母卢氏，涿郡范阳人，封河东县太君。

《柳宗元集》卷十二《先侍御史府君神道表》："太夫人范阳卢氏。某官某之女，实有全德，为九族宗师。用柔明勤俭以行其志，用图史箴诫以施其教，故二女之归他姓，咸为表式。太夫人既授封河东县太君，会册太上皇后于兴庆宫。"

《柳宗元集》卷十三《先太夫人河东县太君归祔志》："先夫人姓卢氏，讳某，世家涿郡。……七岁通《毛诗》及刘氏《列女传》……既事舅姑，周睦姻族，柳氏之孝仁益闻。岁恶少食，不自足而饱孤幼，是良难也。又尝侍先君，且曰：吾所读旧史及诸子书，夫人闻而尽知之无遗者。某始四岁，居京城西田庐中，先君在吴，家无书，太夫人教古赋十四首，皆讽传之。以诗礼图史及剪制缕结授诸女，及长，皆为名妇。先君之仕也，伯母、叔母、姑姊妹、子侄，皆远在数千里之外，必奉迎以来。太夫人之承之也：尊己者，敬之如臣事君；下己者，慈之如母畜子；敌己者，友之如兄弟，无不得志者也。诸姑之有归，必废寝食，礼既备，尝有劳疾。先君将改葬王父母，太夫人泣以莅事。事既具，而大故及焉，不得成礼。既得命于朝，祗奉教曰：'汝忘大事乎？吾冢妇也，今也宜老，而唯是则不敢暇，抑将任焉。若有日，吾其行也。及命为邵州，又喜曰：吾愿得矣。'竟不至官而及于罪。是岁之初，天子嘉恩群臣，以宗元任御史尚书郎，封太夫人河东县太君。"

按：五百家注本"天子嘉恩群臣"句下引孙汝听云："贞元二十一年正月，顺宗即位。二月大赦，嘉恩群臣。"

《柳宗元集》卷二十四《送内弟卢遵游桂州序》云："外氏之世德，存乎古史，扬乎人言，其敦大朴厚尤异乎他族。由遵而上，五世为大儒，兄弟三人，咸为帝者师。其风之流者，皆好学而质重。"可见宗元母亲祖上亦为簪缨世族。

又据《柳宗元集》百家注本"咸为帝者师"句下引宋人孙汝听注云："卢植，涿人，后汉时为尚书。植子毓，魏司空。毓子珽，晋侍中。珽子志，中书监。志子谌，司空从事中郎。四代有传。谌子偃。偃子昭。昭曾孙靖。靖三子：景裕、辩、光，皆为帝者师，号帝师房。景裕，魏国子博士，齐文襄帝师。辩，西魏侍中尚书令，周武帝师。光，西魏侍中、将作大匠，恭帝师。"

据《元和姓纂》卷三《参近人岑仲勉姓纂四校记》，后汉时有卢植为尚书，植子毓，魏司空；毓子珽，晋侍中；珽子志，晋中书监；志子谌为司空从事中郎，即序所谓"五世大儒"。谌子偃，偃子昭，昭会孙靖。靖三子：景裕、辩、光。景裕，魏国博士，齐文襄帝师。辩，西魏侍中尚书令，周武帝师。光，西魏侍中将作大匠，恭帝师。"兄弟三人咸为帝者师"，即指此。

按：宗元母卢氏之父祖，其名字宦历均不详，然范阳卢氏，为唐世五甲姓之一。刘𫗧《隋唐嘉话》卷中有云："高宗朝，以太原王、范阳卢、荥阳郑、清河博陵二崔、陇西赵郡二李等七姓，恃其族望，耻与他姓为婚。"

钱易《南部新书》己卷云："范阳卢氏，自兴元元年癸亥，至乾符二年乙未，凡九十二年，登进士者一百十六人，而字皆连于子。然世称卢家不出座主，唯景云二年，卢逸以考功员外郎知举，后莫有之。"

《柳宗元集》卷十二《先侍御史府君神道表》："太夫人范阳卢氏……既乃宗元贬秩，为永州司马，奉侍温清，未尝见忧。元和元年五月十五日，终于州之佛寺，享年六十八。"

《柳宗元集》卷十二《故叔父殿中侍御史府君墓版文》："夫人吴郡陆氏，洎仲弟综、季弟续、冢侄某等，抱孤即位，牵率备礼。祗奉裳帷，归于京师。其年二月十八日庚寅，安厝于万年县之少陵原，礼也。"《柳宗元集》"百家注本"注引宋孙汝听注云："察躬子：镇、某、纁、综、续。冢侄某，即公也。"

《柳宗元集》卷十二《故殿中侍御史柳公墓表》："惟公敦柔峻清，恪慎端庄。进止威仪，动有恒常。英风超伦，孤厉贞方。居室孝悌，与人信让。当职强毅，游刃立断。自少耽学，颇工为文。既穷日力，又继以夜。乡里推择，敦迫上道。乃与计偕，来游京师。观艺灵台，贡文有司。射策合程，遂冠首科。休有令问，群士羡慕。居数年，授河南府文学。教励生徒，选择贡士。儒党相贺，庶人观礼。秩满，渭北节度使，延为参佐，总齐军政，甚获能称，加太常寺协律郎。既丧主帅，罢归私室。方将脱遗纷埃，退与道俱。冲漠保神，优柔隶儒。四方闻风，交驰鹄书。载笔乘轺，乃作参谋。出入朔方，陪佐戎车。迁大理评事，又加章绶。朱裳银印，宗党有耀。权略密勿，潜机理照。完彼亭堡，时其讲教。实从我谋，邻国是效。改度支判官，转大理司直。出纳府库，颁给军食。下无雠敛，黔首休息。月校岁会，莫不如画。库丰财羡，制成计得。又迁殿中侍御史、度支营田副使。分阃之寄，参制其半。柔以仁抚，刚以义断。戎臣坐啸，公堂无事。朝端延首，方待以位。既而禄不及伐冰，政不获专达，以其年正月九日遇疾，终于私馆，享年五十。"

陈景云《柳集点勘》卷二云："侍御弟纁、综、续三人，唐史世系表皆详载其名，而侍御独阙者，盖三人名有《侍御墓版》兼《代祭伯母文》可据，而侍御版表二作既不书名，且集中它文亦别无可考故耳。案侍御名缜，孟郊有《呈柳评事缜诗》，评事乃侍御初为朔方从事时所授官，唐史盖未考及此耳。"按：孟郊诗全题为《抒情因上郎中二十二叔监察十五叔兼呈李益端公柳缜评事》（见四部丛刊本《孟东野诗集》卷六），唯陈氏之说别无旁证，姑附记于此。又，岑仲勉《元和姓纂四校记》卷七："李益有期柳镇（一作雄）未至诗。……孟郊有兼呈李益端公柳镇评事诗，余以为缜即镇之讹。"认为孟郊诗题中之"缜"字，乃"镇"字之讹。《柳宗元集》卷十二《先君石表阴先友记》列李益为柳镇"先友"，称其"风流有文词"。岑说是否据此而来没有明说。或者，李益与柳镇兄弟均系好友，孟郊诗题之李缜即为柳镇大弟。吴文治在考察柳宗元年谱时，采取默认陈景云说，称柳缜为柳宗元大叔。姑从吴文治说。

无兄弟

《柳宗元集》卷十二《先侍御史府君神道表》："制书曰：'守正为心，疾恶不惧。'先君捧以流涕，曰：'吾唯一子，爱甚。'"《柳宗元集》卷十二《故叔父殿中侍御史府君墓版文》："小子（柳宗元自称）常以无兄弟，移其睦于朋友；少孤，移其孝于叔父。"

从兄弟多人，宗元在从兄弟中排行第八

见于《柳宗元集》者有宗直、宗一、宗玄、谋、澥、偁、登、宽等。宗元在诸从兄弟中排行第八。其实以上所列从兄弟，仅宗直、宗一、宗玄为宗元近亲兄弟，余皆为远族兄弟。

从弟宗直

《柳宗元集》卷四十一《祭弟宗直文》："八哥以清酌之奠，祭于亡弟十郎之灵。吾门凋丧，岁月已久，但见祸谪，未闻昌延。使尔有志，不得存立。延陵已上，四房子姓，各为单子，憷憷早夭，汝又继终，两房祭祀，今已无主。吾又未有男子，尔曹则虽有如无。一门嗣续，不绝如线。仁义正直，天竟不知，理极道乖，无所告诉。汝生有志气，好善嫉邪，勤学成癖，攻文致病，年才三十，不禄命尽。苍天苍天，岂有真宰？如汝德业，尚早合出身，由吾被谤年深，使汝负才自弃。志愿不就，罪非他人，死丧之中，益复为愧。汝墨法绝代，知者尚稀，及所著文，不令沉没，吾皆收录，以授知音。《文类》之功，更亦广布，使传于世人，以慰汝灵。知在永州，私有孕妇，吾专优恤，以俟其期。男为小宗，女亦当爱，延子长大，必使有归。抚育教示，使如己子，吾身未死，如汝存焉。炎荒万里，毒瘴充塞，汝已久病，来此伴吾。到未数日，自云小差，雷塘灵泉，言笑如故。一寐不觉，便为古人。茫茫上天，岂知此痛！郡城之隅，佛寺之北，饰以殡纼，寄于高原。死生同归，誓不相弃，庶几有灵，知我哀恳。"

《柳宗元集》卷十二《志从父弟宗直殡》："从父弟宗直，生刚健好气，自字曰正夫。闻人善，立以为己师；闻恶，若己仇；见佞色谄笑者，不忍与坐语。善操觚牍，得师法甚备。融液屈折，奇峭博丽，知之者以为工。作文辞，淡泊尚古，谨声律，切事类。撰汉书文章为四十卷，歌谣言议，纤悉备具，连累贯统，好文者以为工。读书不废蚤夜，以专故，得上气病。胪胀奔逆，每作，害寝食，难俯仰。时少闲，又执业以兴，呻痛咏言，杂莫能知。兄宗元得谤于朝，力能累兄弟为进士。凡业成十一年，年三十三不举。艺益工，病益牢。元和十年，宗元始得召为柳州刺史。七月，南来从余。道加疟寒，数日良已。又从谒雨雷塘神所，还戏灵泉上，洋洋而归，卧至旦，呼之无闻，就视，形神离矣。呜呼！天实析余之形，残余之生，使是子也能无成！是月二十四日，出殡城西北若干尺，死七日矣。俟吾归，与之俱，志其殡。"

从弟宗玄

《柳宗元集》卷二十九《至小丘西小石潭记》："同游者，吴武陵、龚古，余弟宗玄；隶而从者，崔氏二小生，曰恕己，曰奉壹。"按：宗元近亲兄弟见于集者唯有宗直、宗一、宗玄，施子瑜《柳宗元年谱》漏列宗玄。

从弟谋

《柳宗元集》卷二十四《送从弟谋归江陵序》："吾与谋，由高祖王父而异。谋少吾二岁，往时在长安，居相迩也。与谋皆甚少，独见谋在众少言，好经书，心异之。其后吾为京兆从事，谋来举进士，复相得，益知谋盛为文词，通外家书。一再不胜，惧禄养之缓，弃去，为广州从事。复佐邕州，连得荐举至御史。后以智免，归家江陵。有宅一区，环之以桑，有僮指三百，有田五百亩，树之谷，艺之麻，养有牲，出有车，无求于人。日率诸弟具滑甘丰柔，视寒燠之宜，其隙则读书，讲古人所谓求其道之至者以相励也。过永州，为吾留信次，具道其所为者。"

从弟澥

《柳宗元集》卷二十四《送澥序》："永贞年，吾与族兄登，并为礼部属。吾黜，而季父公绰更为刑部郎，则加稠焉。又观宗中为文雅者，炳炳然以十数，仁义固其素也。意者其复兴乎？自吾为僇人，居南乡，后之颖然出者，吾不见之也。其在道路幸而过余者，独得澥。澥质厚不谄，敦朴有裕，若器焉，必隆然大而后可以有受，择所以入之者而已矣。其文蓄积甚富，好慕甚正，若墙焉，必基之广而后可以有蔽，择其所以出之者而已矣。勤圣人之道，辅以孝悌，复向时之美，吾于瀚焉是望。汝往哉，见诸宗人，为我谢而勉焉。无若太山之麓，止而不得升也，其唯川之不已乎！吾去子，终老于夷矣！"

从兄宽

《柳宗元集》卷四十一《祭从兄文》"百家注本"题下注引宋人孙汝听注："公从兄名宽，字存谅。唐济、房、兰、廓四州刺史楷，生夏县令绎，绎生司议郎遗爱，遗爱生御史开。开葬邓州。生宽。"《祭从兄文》："呜呼！我姓婵嫣，由古而蕃，钟鼎世绍，圭茅并分。至于有国，爵列加尊，联事尚书，十有八人。中遭诸武，抑压仇冤，踏弊不振，数逾百年。近者纷纷，稍出能贤，族属旅耀，期复于前。君修其辞，楚、越犹传。从事诸侯，假乎郡藩。人谣吏畏，威惠咸宣。神乎我欺，命返不延，兴起之望，是越是愆。岁首去我，将滨海堰，留游欢娱，涉月弥旬。夜爇膏炬，昼凌风烟，理策岖嵚，縻舟潺湲。将辞又醉，既往而旋。今者之来，徒御凄然，垂帏襜襜，飞旐翻翻。升拜无形，合哭谁闻？逝归从衬，于邓之原。铭墓有词，发我狂言，祗陈其悲，匪暇于文。觞有旨酒，豆有狄肩，伊奠之菲，而诚孔繁。灵耶罔邪？有涕涟涟。""君修其辞，楚、越犹传"句下注引宋孙汝听注："宽读其世书，扬于文词。南方之人，多讽其什。"祭文"从事诸侯"句下注引宋孙汝听注："宽从事岭南，其地多货，其民轻乱，宽以简惠和柔匡弼所奉。""假乎郡藩"句下引孙汝听注："宽假守支郡，海隅以宁，斗狠仇怨，敦谕克顺。从迁于荆，绥戎永安，仍专郡治，致用休阜。邦人疮痍，怀宽之泽，咸忘其痛。""神乎我欺，命返不延"句下引孙汝听注："荆南府罢，为游士，出桂阳，下广

州，中厉气呕泄，卒于公馆，元和六年八月七日也，年四十七。并见
《墓志》。"

从兄偁

《柳宗元集》卷二十四《送从兄偁罢选归江淮诗序》："伯氏自淮阳
从调，抵于京师。冬十月，牒计不至，摄袪而退，顾谓宗元曰：'昔吾祖
士师，生于衰周，与道同波，为世仪表。故直道而仕，三黜不去，孔氏
称之。遗佚而不怨，厄穷而不悯，孟子赞之。今吾遑遑末路，寡偶希合，
进不知向，退不知守，所不敢折其志，戚其心，遵祖训也。然而阙瀡灪
之养，乏庾釜之畜，逼迫无成，东辕淮湖。虽欲脱细故于胸中，味道腴
于舌端。勉修厥志，惧不恒久。子当慰我穷局之怀，袪我行役之愤，博
之以文，发于咏歌。吾非子之望将谁望焉？'宗元再拜曰：'夫闻善不慕，
与聋聩同；见善不敬，与昏瞽同；知善不言，与嚚瘖同，则闻之先达久
矣。矧吾兄有柔儒之茂质，恢旷之弘量，敢无敬乎？有述祖之美谈，安
道之贞节，敢无慕乎？睹徽容而敬，闻嘉话而慕，敢无言乎？言不称德，
文不尽志，适为累而已矣！'于是赋而序之，继其声者列于左，凡五十七
首。遂命从侄立，编为后序终篇。"按："百家注本"题下注引宋人孙汝
听注曰："史传《年表》，公从兄偁无见焉。其曰'从侄立'，贞元十一
年中进士者也。"

姊二人

大姊嫁博陵崔简，二姊比宗元大三岁，嫁开元时宰相裴光庭的后裔
京兆府参军绛州人裴墐。

大姊崔氏夫人

《柳宗元集》卷十三《亡姊崔氏夫人墓志盖石文》："我伯姊之葬，良人博陵崔氏为之志，凡归于夫家，为妇为妻为母之道，我之知不若崔之悉也。然而自笄而上以至于幼孩，崔固不若我之知也，又乌可以已。今之制，凡志于墓者，琢密石，加盖于其上，用敢附碑阴之义，假兹石而书焉。呜呼！夫人天命之性，固有以异于人。孩而声和，幼而气柔。以吾族之大，尊长之多，夫人自能言，而未尝误举其讳。与其类戏于家，游弄之具，未尝有争。先公自鄂如京师，其时事会世难，告教罕至，夫人忧劳逾月，默泣不食，又惧贻太夫人之忧虑，绐以疾告，书至而愈，人乃知之。善隶书，为雅琴，以自娱乐，隐而不耀。工足以致美于服而不为异，言足以发扬于礼而不为辨。孝之至，敬之备，仁之大，又以配君子。然而不克会于贵寿，以至于斯，孰谓之天有知者耶？太夫人生二女，幼曰裴氏妇，如夫人之懿。在二族咸以令德闻，而皆早世。""幼曰裴氏妇"句下注引宋人孙汝听注："幼适裴瑾，字封叔。"

《柳宗元集》卷九《故永州刺史流配驩州崔君权厝志》："博陵崔君，由进士入山南西道节度府，始掌书记，至府留后，凡五徙职，六增官，至刑部员外郎，出刺连、永两州，未至永，而连之人愬君，御史按章具狱，坐流驩州，幼弟讼诸朝，天子黜连帅，罢御史，小吏咸死，投之荒外，而君不克复。元和七年正月二十六卒。……崔氏世嗣文章，君又益工，博知古今事，给数敏辩，善谋画，南败蜀虏，西遏戎师，其虑皆君之自出，后饵五石，病疡且乱，故不承于初，今尚有五丈夫子，夫人河东柳氏，德硕行淑，先崔君十年卒。"

次姊裴君夫人

《柳宗元集》卷九《唐故万年令裴府君墓碣》："公讳瑾，字封叔，河东闻喜人。太尉公讳行俭，实高祖。侍中公讳光庭，实曾祖。刑部员外郎府君讳积，实祖。大理卿府君讳儆，实父。公由进士上第，校书崇文馆，饬馆事，修整左春坊，由是立署局。后参京兆军事，按覆校巡，大尹恒得以取直。为太常主簿，搜逖疑互，探抉遁隐，宿工老师，不得伏匿，皆来会堂下。耆股肱，役喉噏，以集乐事。作坐立二部伎图。卿奇其绩，奏超以为丞。司空杜公联奉崇陵、丰陵礼仪，再以为佐。离纷厖，导滞塞，关百执事，条直显遂，司空拱手以成。自开元制礼，讳去《国恤》章，累圣陵寝，皆因事揽缀，取一切乃已，有司卒无所征。公乃撰《二陵集礼》，藏之南阁。转殿中侍御史，仍拜尚书比部员外郎，会校成要，期岁毕具。刺金州，决高弛隙，去人水祸，渚菱原茅，辟成稻粱。陟万年令，丛剧辨肃，谈宴终日，人视之若居冗官然。会金州猾吏来，扬言恐喝，以烦亵事，曰：'不得三十万，吾能为祸。'公大怒，召骂之，恣所为。吏巧以闻，御史按章具狱，再谪道州、循州为佐掾。会赦，量移吉州长史。元和十二年秋七月日，病痁泄卒。"

《柳宗元集》卷二十一《裴瑾崇丰二陵集礼后序》："瑾字封叔，其伯仲咸以文学显于世。大理之兄正平节公，以仪范成家道，以文雅经邦政，今相国郇公，其宗子也。郇公以孝友勤劳，扬于家邦，游其门若闻《韶》、《濩》，入其庙如至邹、鲁。恩溢乎九族，礼仪乎他门。则封叔之习礼也，其出于孝悌欤？成书也，其本于忠敬欤？由于家而达于邦国，其取荣于史氏也果矣！"

《柳宗元集》卷十三《亡姊前京兆府参军裴君夫人墓志》："其为子道也，孝以和，恭以惠，取与承顺，必称所欲。先君与太夫人恩遇尤厚，故夫人侍侧，无威怒之教焉。……以夫人之德行，宜贵寿，宜康宁，然而年始三十，不克至于寿。良人官为参军事，不及偕其贵。骨髓之疾，实于身，以贞元十六年三月十三日甲子，终于光德里第。痛矣夫！"

妻，杨氏，弘农杨凭女，早逝

《柳宗元集》卷十三《亡妻弘农杨氏志》："亡妻弘农杨氏，讳某。高祖皇司勋郎中讳某，司勋生殿中侍御史讳某。殿中生醴泉县尉讳某。醴泉生今礼部郎中凝。代济仁孝，号为德门。郎中娶于陇西李氏，生夫人。夫人生三年而皇妣即世，外王父兼，居方伯连帅之任，历刺南部。夫人自幼及笄，依于外族，所以抚爱视遇者，殆过厚焉。夫人小心敬顺，居宠益畏，终始无骄盈之色，亲党难之。五岁，属先妣之忌，饭僧于仁祠，就问其故，娣傅以告，遂号泣不食。后每及是日，必遑遑涕慕，抱终身之戚焉。及许嫁于我，柔日既卜，乃归于柳氏。恭惟先府君重崇友道，于郎中最深。髫稚好言，始于善谑，虽间在他国，终无异辞。凡十有三岁，而二姓克合，奉初言也。夫人既归，事太夫人，备敬养之道，敦睦夫党，致肃雍之美。主中馈，佐蒸尝，怵惕之义，表于宗门。太夫人尝曰：'自吾得新妇，增一孝女。'况又通家，爱之如己子，崔氏、裴氏姊视之如兄弟。故二族之好，异于他门。然以素被足疾，不能良行。未三岁，孕而不育，厥疾增甚。明年，以谒医救药之便，来归女氏永宁里之私第，八月一日甲子，至于大疾，年始二十有三。""百家注本"志文"醴泉生今礼部郎中凝"句下引孙汝听注："成名三子：凭字虚受，凝字懋功，凌字恭履。"句下韩醇注："'凝'当作'凭'。凭尝为礼部郎中，集又有《祭杨凭詹事文》可见。"按：施子愉《柳宗元年谱》云："按《亡妻弘农杨氏志》谓其夫人父为杨凝；惟集有《祭杨凭詹事文》，称凭曰'丈人'，自称曰'子婿'、；《与杨京兆凭书》亦如是。'丈人'虽非专称岳父之辞（如杜甫《赠韦左丞丈》：'丈人试静听，贱子请具陈。'本集有《柳州寄丈人周韶州》亦云：'丈人本自忘机事，为想年来憔悴容'），然观其历次如此称道，非偶然也。《亡妻弘农杨氏志》又谓其岳父为礼部郎中。考《新唐书》卷一百六十《杨凝传》，凝固未尝为礼部郎中；为礼部郎中者，乃凭也（《旧唐书》卷二百四十六《杨凭传》）。
是《亡妻弘农杨氏志》中之'凝'当系'凭'之误。"可以证明柳宗元
的岳父是杨凭而非杨凝的佐证材料甚多，这里不妨再列举数例。

（一）宋代韩醇诂训本《柳宗元集》所载《亡妻弘农杨氏志》中正
文便是"醴泉生今礼部郎中凭"，不作"凝"。且此后凡有作"凝"的
《柳宗元集》，如音辨本、世绿堂本以及其他一些带注文的版本，几乎全
在这句正文下有一条注文，明确注明："'凝'当作'凭'。凭尝为礼部
郎中。今作'凝'，非是。"何焯批校《王荆石先生批评柳文》，亦谓
"'凝'当作'凭'。"章士钊先生在《柳文指要》中还列举了七条考证材
料，来证明柳《亡妻弘农杨氏志》中"今礼部郎中凝"之"凝"字，
"乃'凭'之误植，应见厘正"。

（二）《柳宗元集》卷十三《亡妻弘农杨氏志》称其岳父为礼部郎
中，考《新唐书》一百六十《杨凝传》及有关史传，均未见凝曾为礼
部郎中；而《旧唐书》一百四十六《杨凭传》，则明言杨凭曾为"礼
部、兵部郎中"。

（三）柳宗元在《祭杨凭詹事文》中自称"子婿"，"昭祭于丈人之
灵"；而在为杨凝所作《故兵部郎中杨君墓碣》中则称"宗元以姻旧获
爱"，若宗元为凝之婿，不应仅承姻旧。且柳在前文中对凭尊之为"公"，
而后文对凝则以"君"称之。两相对照，柳宗元对凭与对凝的亲情之谊，
亦显有不同。

（四）《柳宗元集》卷十三《亡妻弘农杨氏志》又云："明年，以谒
医求药之便，来归女氏永宁里之私第。"据《旧唐书·杨凭传》载："凭
归朝，修第于永宁里。"而杨凝未见有永宁里私第。柳妻杨氏因病重回娘
家杨凭处求医，后来又殁于凭第，可见"来归女氏"为杨凭之女，而非
凝女。

（五）《柳宗元集》卷十三《亡妻弘农杨氏志》称："先府君重崇友道，于郎中最深，髫稚好言，始于善谑。"此指宗元父柳镇任鄂岳沔都团练判官与任江西观察使的杨凭同在江西相处时事。宗元童稚，随父在江西，以善言辞为凭所激赏，因而有戏谑订姻之事。盖杨凭曾任江西观察使，能有机会与当时正任岳沔都团练判官的柳镇频繁交往，并直接见到"髫稚好言"的柳宗元；而杨凝则未曾有机会与柳镇同地任职并接触柳宗元。

续娶某氏，生女和娘，早卒

施子愉《柳宗元年谱》云："集有《下殇女子墓砖记》云：下殇女子生长安善和里。其始名和娘，既得病，乃曰：'佛我依也，愿以为殁。'更名佛婢。既病，求去发为尼，号之为初心。元和五年四月三日死永州，凡十岁。其母微也，故为父子晚。"按：《记》中"其母微也，故为父子晚"之语，疑和娘非婚生之女，其母或亦未尝与宗元正式结合。宗元谪永州后，作《寄许京兆孟容书》云："茕茕孤立，未有子息。荒隅中少士人子女，无与为婚，世亦不肯与罪人亲眤。"柳宗元又作《与李翰林建书》云："今仆……唯欲为量移官，差轻罪累，即便耕田艺麻，取老农女为妻，生男育孙，以供力役。"二书均作于元和四年，则是时宗元当犹孑然一身，和娘之母或已先死，或与宗元非正式配偶，未尝随宗元至永州也。和娘于元和五年十岁，当生于贞元十七年，即宗元妻杨氏卒后之二年（杨氏卒于贞元十五年）。

《柳宗元集》卷三十《寄许京兆孟容书》云："家有赐书三千卷，尚在善和里旧宅。"可知善和里为宗元在长安所居之地。《柳宗元集》卷十三《下殇女子墓砖记》既云，和娘"生长安善和里"，则和娘必为宗元之女无疑。称"其母微"者，盖其母或为宗元家中的婢女之类也。

又续娶某氏

《柳宗元集》卷十三有《马室女雷五葬志》，谓"马室女雷五，父曰师儒，业进士。雷五生巧慧异甚，凡事丝纩文绣，不类人所为者，余睹之甚骇。家贫，岁不易衣，而天姿洁清修严，恒若簪珠玑，衣纨縠，寥然不易为尘垢杂。年十五，病死；后二日，葬永州东郭东里。以其姨母为妓于余也，将死，曰：'吾闻柳公尝巧我慧我，今不幸死矣，安得公之文志我于墓？'"文中言"以其姨母为妓于余"，又证以柳宗元《与许京孟容书》中"荒陬中少士人子女，无与为婚"之语，则宗元续娶者抑或非正式之妻室，其人或即马雷五之姨母也。施子愉《柳宗元年谱》云：据上引《寄许京兆孟容书》及《与李翰林建书》，宗元在元和四年作此二书时，犹为孑然一身，则其续娶当不会早于此。宗元于元和十年七月作《祭弟宗直文》云：两房祭祀，今已无主。吾又未有男子；尔曹则虽有如无。"《新唐书》卷二百零三《吴武陵传》亦云："初，柳宗元谪永州，而武陵亦坐事流永州，宗元贤其人。及为柳州刺史，武陵北还，大为裴度器遇。每言宗元无子，说度曰：'西原蛮未平，柳州与贼犬牙，宜用武人以代宗元，使得优游江湖。'又遗工部侍郎孟简书曰：'古称一世三十年，子厚之斥十二年，殆半世矣。霆砰电射，天怒也，不能终朝。圣人在上，安有毕世而怒人臣耶？且程、刘、二韩皆已拔拭，或处大州剧职，独子厚与猿鸟为伍。诚恐雾露所婴，则柳氏无后矣。'"据两文之意，当是宗元是时已续娶，唯尚无子耳。《柳宗元集》卷四十二有《殷贤戏批书后寄刘连州并示孟仑二童·叠前》诗："小学新翻墨沼波，羡君琼树散枝柯。在家弄土惟娇女，空觉庭前鸟迹多。"明是有女无子之意。按刘禹锡答诗云："日日临池弄小雏，还思写论付官奴。柳家新样元和脚，且尽姜芽敛手徒。"又一首云："小儿弄笔不能嗔，涴壁书窗且赏勤。闻彼梦熊犹未兆，女中谁是卫夫人？"（《刘梦得文集》外集卷七）官奴用王羲之之女之典，其时宗元之女当已能识字学书。宗元之女和娘死于元和五年，《叠前》诗作于元和十年（说详后），是诗中所云之"娇女"，当为在永州所生之另一女。此女在元和十年已能识字学书，或当生于元和五、六年，宗元续娶或在元和四、五年欤？（杨氏夫人无子女，见《亡妻弘农杨氏志》）《祭杨凭詹事文》云："家无主妇，身迁万里。"

子二人

长子周六，在柳州时生，名告，字用益，咸通初登进士第。次子周七，遗腹子，宗元卒后生。

女三人

长女和娘，因病更名佛婢，号初心，元和五年卒于永州，年十岁。次女、三女名与事迹不详，当是宗元在永州续娶后所生之女。

《韩昌黎集》卷三十二《柳子厚墓志铭》："子厚有子男二人：长曰周六，始四岁；季曰周七，子厚卒乃生。女二人，皆幼。"句下引宋任子渊注云："咸通四年，右常侍萧仿知举，试谦光赋、澄心如水诗。中等者二十五人，柳告第三人，韩缩第八人，告即子厚之子，字用益，缩即退之孙。"告当为周六或周七之学名。子厚长子周六生于元和十一年丙申（816），次子周七生于元和十五年庚子（820）。咸通四年岁次癸未（863），告如为周六，登第年已四十八岁；如为周七，登第年为四十四岁。知举者萧仿，是宰相萧俛之从父弟。萧俛为宗元之友，柳宗元有《与萧翰林俛书》。信中称兄道弟，看来情笃意厚，尚不一般。《全唐文》卷七百四十七有萧俛所作《与浙东郑商绰大雪门生薛扶状》，谓"柳告乃柳州之子，凤毛殊有，而名字陆沉。"颇有为名父之子柳告登第过晚而抱屈之意。韩愈作《柳子厚墓志铭》是在元和十五年，其时和娘已死，《柳子厚墓志铭》所谓"女二人"，当是指宗元在永州再次续娶后所生之女，连同已故的和娘当为三人。按子厚原配杨氏夫人早卒无子，有《亡妻弘农杨氏志》及《与杨京兆凭书》可以力理为证。《柳子厚墓志铭》所云子女均为宗元继室所生。

　　按：考察柳氏家族列祖列宗仕宦的史迹，其中确有好多代是相当辉煌和显赫的。早在南北朝时期，柳宗元的祖先——河东柳氏家族，是我国北方一支势力很强的门阀士族，柳、薛、裴被并称为"河东三著姓"（元稹《赠左散骑常侍薛公神道碑》）。柳宗元也自豪地说："柳族之分，在北为高。充于史氏，世相重侯"（《故大理评事柳君墓志》）。隋末农民战争虽然沉重地打击了士族地主，但柳宗元的家乡河东属于以大贵族李渊、李世民为首的所谓"关陇集团"地区。李渊父子建立唐王朝以后，柳氏作为"关陇集团"一个有势力的家族，在新王朝中又取得了显赫的地位。宗元的高祖柳子夏，唐初任徐州长史；柳楷的兄弟柳亨，隋末附于李密，密败归唐，累授驾部郎中，受到李渊的爱重，娶李渊的外孙女为妻，三迁至左卫中郎将，后拜太常卿，检校岐州刺史。唐太宗李世民曾对柳亨说过"与卿旧亲，情素兼宿"（《旧唐书·柳亨传》）。柳子夏的叔伯兄弟柳奭，贞观时为中书舍人，高宗李治朝做过宰相。他的外甥女王氏，就是李治的皇后。当时的柳氏一族，是与皇族有着亲密关系的权臣贵戚。仅高宗一朝，柳氏家族同时居官尚书省的就有二十多人。然而，高宗一朝恰恰是封建王朝宫闱内廷之纷争前无古人、后无来者的特殊年代。由于高宗王皇后无子，柳奭与元老重臣褚遂良、韩瑗、长孙无忌、于志宁等多方设法为王皇后固位，最终还是让武则天得宠，王皇后被疏忌至废。武则天一经立为皇后，便严厉打击政敌，柳奭与诸位元老重臣均遭贬黜，柳氏一族损失惨重。"人咸言吾宗宜硕大，有积德焉。在高宗朝，并居尚书省二十二人。遭诸武，以故衰耗。武氏败，犹不能兴。为尚书吏者，间十数岁乃一人"（《送濉序》）。自此之后，柳氏一族中道衰落，从皇亲国戚的特权地位降到普通士族官僚阶层。柳宗元的曾祖父柳从裕、祖父柳察躬，都只做过一般的县令。其父柳镇，虽然是明经及第，颇有政能文才，因没有门荫特权的倚仗，只能由府县僚佐这样的低级官吏地位逐步迁升，到晚年才靠军功到长安受任正七品京衔。因此，柳宗元经常带着自豪而惋惜的心情，去追溯河东柳氏的陈年往事，赞美为"士林盛族"。这种强烈的宗族观念和光耀门庭意识，也成为他奋发有为的重要动机。到宗元出世的时候，柳氏一门的境况早已今非昔比。他家既没有卿大夫的封地那样的巨额财富，又不能凭借先人之功而循例得官。这些特权原是士族所有的，现在他家一概失去了，当然，在长安西郊还有良田数顷和果树数百株，长安城里有房产两处。他家尽管在社会上有令人看重的士族声望，但家庭经济情况一般，属于下层的官宦人家。

柳宗元的父亲柳镇。他祖父柳察躬做过湖州德清（今浙江德清县）令，有五个儿子，柳镇是长子。爆发安史之乱时，柳镇只有十七岁，刚刚明经及第。叛军攻占长安，柳镇护送母亲带领这个大家庭从长安逃难，在兵荒马乱中长途跋涉，先到山西避难，接着又逃到安徽宣城，历尽艰辛。安史之乱平定后，当时有许多北方人逃难到南方后定居下来了。柳镇因战乱之前就已取得功名，便很快回到长安，并向朝廷献《三老五更议》和《籍田书》，但未被重用，仅在朝廷禁卫军中安排了个左卫率府兵曹参军的低级官佐。后来，柳镇把家室安顿在长安，自己长期到外地做官，大体是在幕府僚佐和县令之间盘桓。柳宗元来到人间时，柳镇已经三十四岁。从家庭情况看，这个家庭中已经有了两个年龄不大的姐姐。他始终未能有兄弟，是家中的独子。曾经作为士族的河东柳氏已经衰落。但由于柳氏家风清正淳厚，在社会上有多方面的联系，这对柳宗元本人的成长来说是有利的因素。特别是父亲柳镇刚正不阿的品格，使柳宗元受益一生。

　　柳镇其实是个书生。他对儒家经典无不精通，能诗会文，又是明经出身。所以，在安史之乱时，柳家有一个时期在山西王屋山躲避战乱，他为柳家子弟讲过学，传授《左传》和《周易》。安史之乱过后，他曾立即向朝廷上了两份建议书：一份建议劝人耕种，恢复生产；另一份主张兴办太学，恢复教育事业。他既关心国家又十分重视文化，本人学识渊博，因而能结交一代名流，如中唐著名文人梁肃和韩会、诗人李益。政界的许多要人，也都与他有来往。柳宗元生活在这样的家庭中，从小受到学术文化熏陶，在耳濡目染中增长知识，又有机会了解社会情况，接触实际，开阔眼界。

　　官场上的柳镇，一生为仕途而奔波，不过大多是做参军、县令之类府县僚佐的小官。直到去世前五年，才到朝廷做殿中侍御史，官阶从七品上。柳镇在仕途上始终很不顺畅的原因，在于他为人正直。他三十来岁时，在晋州（今山西临汾）做录事参军，顶头上司是晋州刺史。此人是武将出身，脾气粗暴，任意打人杀人，府衙里没有人敢同他讲理。有一次，一个无辜者将要被刺史打死，柳镇看不过去，挺身而出，用自己的身体去挡住棍棒，反对暴行。这个刺史因此暴跳如雷，掀掉了桌子，折断了座席，却没能镇住柳镇。得罪了刺史，他的晋州录事参军自然是做不下去了，于是改任长安县主簿。五十岁时，柳镇从地方调到朝廷做殿中侍御史。这是御史台府的官员，担任监察工作。一上任，便遇到了复杂而棘手的卢岳遗产案。

　　陕虢观察使卢岳死后，妾裴氏生有儿子，应该得到一份遗产继承权，但卢妻想独吞遗产，妾裴氏因而上诉告状。本来这是件很寻常的官司，但朝廷中有两个权势很大的人袒护卢妻，一个是御史中丞卢佋，这是柳镇的顶头上司；一个是宰相窦参，这是唐德宗李适手下的红人。该案原来已由殿中侍御史穆赞主持审理，穆不肯袒护卢妻，就被卢伵和窦参捏造其接受了裴氏贿赂的罪名，逮捕入狱。穆赞的弟弟到公堂上为哥哥击鼓鸣冤，朝廷决定重新审理此案，派新上任的殿中侍御史柳镇主持，会同刑部和大理寺的官员办案。尽管此案是个背景复杂的案中案，而且弄不好又会成为第二个穆赞，但柳镇大义凛然，不为官场权势所左右。他密奏皇帝，秉公处理了卢岳遗产，平反了穆赞的冤案。权臣窦参因此对柳镇大为不满。过了一年，就找个借口，把柳镇贬到长江三峡旁边的夔州（今四川奉节），去做小小的司马。已是十六七岁的柳宗元，对于这次父亲遭遇中的是非曲直，自然能看得一清二楚。父亲要离家远行，柳宗元送父亲出长安城外将近百里，一直到蓝田县城。这是一条通往荆、襄的古驿道，再向东南走，过秦岭是商洛山区，一片茫茫大山，父子两人在此依依分手。五十二岁的柳镇对儿子说了这样一句话："吾目无涕。"受屈而决不掉泪，父亲如此刚强的性格，对宗元产生了强烈的震撼。

三年以后，名臣陆贽出任宰相，原宰相窦参贬官，因而召柳镇回朝廷任侍御史。侍御史比他原任殿中侍御史的官阶要高一点，朝廷诏书上这样称赞他："守正为心，疾恶不惧。"意思是坚守正直是你的心愿，反对邪恶从不畏惧。五十四岁的柳镇看见这八个字，想到虽然仕途坎坷，但自己光明磊落的为人，终于被人们理解。原先贬官没有使他落泪，这时竟高兴得老泪纵横。

柳镇五十五岁那年春天，即贞元九年（793），二十一岁的柳宗元在长安中了进士。由于科举考试常有营私舞弊，所以这次考试一结束，唐德宗就查询官僚子弟中有没有通过不正当手段录取的。当有人讲到，新科进士柳宗元是柳镇的儿子时，皇帝说道："是故抗奸臣窦参者耶！吾知其不为子求举矣。"可以说，柳镇的刚直品格不仅朝野闻名，就连皇帝也十分赞许。柳子为父亲写的《先侍御史府君神道表》中，详细地记载着柳镇的这些事迹。柳镇"得《诗》之群，《书》之政，《易》之直、方、大，《春秋》之惩劝，以植于内而文于外"（《先侍御史府君神道表》）。他渊博的学识和正直的人格精神，对柳宗元产生了很大影响。

母亲卢氏对柳宗元的童年启蒙教育，影响很大。卢氏也生于士族家庭。当时的士族，政治上虽往往趋于保守，但对于传统文化的掌握又是较多的。士族家庭大多有家学，通经读史是士族子弟的一种风尚。卢氏在家里，从七岁开始读《诗经》《孝女传》一类书籍。兄弟们所读的历史典籍和诸子百家，也成为她的读物，因而很有一定文化根底。"某始四岁，居京城西田庐中，先君在吴，家无书，太夫人教古赋十四首，皆讽传之"（《先太夫人河东县太君归祔志》）。柳子四岁那年，父亲柳镇去了江苏的吴县为祖父守丧三年，全家暂住长安西郊乡下。在家里没有书籍的情况下，就靠母亲口授，他跟着默记。他从小用功，这一年仅母亲教读背诵的辞赋就有十四篇。卢氏对幼子的启蒙教育，及早地开发了其智力，为他今后的学业奠定了良好的基础。同时，贤惠豁达的卢氏，与姑嫂能很好相处，对儿女善于管教，又慈爱勤恳。柳宗元的两个姐姐在家里学女红，也学文化。他的大姐写得一手隶书，还善操琴。这是一个生活中充满了文化气氛的家庭。①

①　参见翟满桂《一代宗师柳宗元》，岳麓书社 2002 年版。

三 柳宗元事迹系年

唐代宗大历八年 癸丑（773） 宗元生

【时事述要】

正月，诏京官三品以上及郎官、御史，每年各举一人堪为刺史、县令者。敕全国青苗地头钱每亩一律十五文。

二月，幽州节度使朱泚加检校户部尚书，封怀宁郡王。永平军节度使、检校右仆射。滑州刺史令狐彰卒，遗表荐刘晏、李勉代己。

三月，以工部尚书李勉兼御史大夫、滑州刺史，充永平军节度、滑亳观察等使。

七月，回纥使者归，载赐遗及互市马价缣千余车。

八月，吐蕃扰灵武，践禾稼而去。废华州屯田给贫民。诏吏部尚书刘晏知三铨选事。

九月，循州刺史哥舒晃反，杀岭南节度使吕崇贲。

十月，魏博节度使田承嗣求为相；为安、史父子立祠堂，称四圣。代宗诏加承嗣同平章事，遣使劝令毁祠堂。

吐蕃十万众扰泾分。郭子仪遣朔方兵马使浑瑊拒之，双方互有胜负。

【文坛纪事】

正月，颜真卿为湖州刺史，到任。

二月，御史大夫李栖筠弹吏部侍郎徐浩典选石工，停知选事。

五月三日，白居易祖父白锽卒于长安，年六十八。权厝于下部县下邑里。是月，吏部侍郎徐浩坐典选事，被贬为明州别驾。

六月，户部侍郎、判度支韩滉奏安邑盐池生乳盐。

七月，颜真卿在湖州追建《放生池碑铭》。

秋，淮西鄂岳转运留后刘长卿被贬为睦州司马。沿长江赴睦州贬所。

此次长卿被贬乃被郭子仪婿鄂岳观察使吴仲孺诬陷。原贬荒远之地，后经监察御史苗丕从中疏通，改贬睦州，故长卿作《按覆后归睦州赠苗侍御》诗表谢意。

耿沣充括图书使赴江淮及其还朝，约在是年至大历十一年（776）。卢纶作《送耿拾遗沣充括图书使往江淮》诗，当在此年。颜真卿作《送耿拾遗联句》、刘长卿作《耿拾遗归上都》诗，也当在此数年间。

是年，礼部侍郎张谓知贡举，陆贽、严绶举进士。钱起作《送陆贽擢第还苏州》诗。

吴德光约于此年前后在世。事迹不详，《文献通考》著录其文集十卷，柳宗元为之序。是年，礼部侍郎张谓知贡举，陆贽、严绶举进士。钱起作《送陆贽擢第还苏州》诗。

韦处厚生（　—828）。

韦辞生（　—830）。

段文昌生（　—835）。

孟郊二十二岁。

白居易二岁。

刘禹锡二岁。

【宗元事迹】

韩愈《柳子厚墓志铭》："子厚以元和十四年十一月八日卒，年四十七。"按自元和十四年上推四十六年，故宗元当生于代宗大历八年。施子愉《柳宗元年谱》云："宗元生日已无考。生地或在长安。"柳宗元《先侍御史府君神道表》记述其父宦历甚详，然不及年月，故无从稽考。

柳宗元《先太夫人河东县太君归祔志》云："某始四岁，居京城西田庐中，先君在吴，家无书，太夫人教古赋十四首，皆讽传之。"以柳宗元《先侍御史府君神道表》所载，宗元父其时正居吴守其祖父之丧也。如上所推不谬，则宗元生时，其父当为长安主簿也。柳宗元《送贾山人南游序》云："吾长京师三十三年。"盖宗元谪永以前，除在其父为鄂岳沔都团练判官时一度南游去过江西外，皆在长安。柳宗元《寄许京兆孟容书》云："先墓所在城南……城西有数顷田，树果数百株，多先人手自封植，今已荒秽，恐便斩伐，无复爱惜。家有赐书三千卷，尚在善和里旧宅。宅今已三易主，书存亡不可知……"可见其田舍庐宅，皆在长安。至于故乡河东，则迄未一至。其柳宗元《送独孤申叔侍亲往河东序》有云："河东，古吾土也。家世迁徙，莫能就绪。闻其问有……吾固翘翘褰裳，奋怀旧都，日以滋甚。"是年宗元父镇、母卢氏皆三十五岁（据《先侍御史府君神道表》及《先太夫人河东县太君归祔志》）。家居长安西郊乡下，后迁城内亲仁里。其大姊年岁无考，二姊三岁（据《亡姊裴君夫人墓志》）。

补正：是年宗元生于长安西郊。代宗之十一年也（大历八年，癸丑773年），父柳镇、母卢氏皆34岁。柳宗元出生于长安。韩愈《柳子厚墓志铭》："子厚以元和十四年十一月八日卒，年四十七。"柳宗元《送贾山人南游序》中"吾长京师三十三年"，柳宗元贬谪永州时恰三十三岁，则其出生于长安，应该是可信的。小韩愈五岁。施子愉《柳宗元年谱》谓宗元出生时"宗元父母均三十四岁"，疑推算有误。

大历九年　甲寅（774）　二岁

【时事述要】

二月，徐州兵乱，逐其刺史梁乘。谏议大夫吴损使于吐蕃。后被留之累年，病死于外。（《资治通鉴》卷二百二十五）

三月，禁畿内渔猎采捕，自正月至五月晦，永为例程。

四月，诏郭子仪等大阅兵师，以备吐蕃。

华阳公主卒，代宗悲惜之，累日不听朝，宰臣抗疏陈请。

九月，回纥于长安白昼杀人，有司擒之，释不问。九月，幽州节度使朱泚入朝。（《资治通鉴》卷二百二十五）

十二月，中书舍人常衮为礼部侍郎。以中书舍人杨炎、秘书少监韦肇并为吏部侍郎。

是年，代宗欲团结魏博节度使田承嗣之心，以皇女永乐公主许其子华为妻，承嗣更骄慢。诱昭义将吏作乱。

【文坛纪事】

正月，颜真卿在湖州刺史任，作《干禄字书序》，书于刺史宅东厅院。

春，皎然、颜真卿、皇甫曾、陆羽、李萼等均在湖州，时相聚集，赋诗作文，极一时之盛。皎然有《春日陪颜使君真卿皇甫曾西亭重会韵海诸生》诗，颜真卿有《喜皇甫曾侍御见过南楼玩月联句》诗。

《皎然集》中《建元寺集皇甫侍御书阁》《建元寺皇甫侍御院寄李员外纵联句》《建安寺夜会对雨怀皇甫侍御曾联句》等诗，作于此年前后。

礼部侍郎张谓典贡举，阎济美下第，将出关，作献座主张谓诗六韵。史延、韩浚、郑辕、王濯进士及第。四人都有《清明日赐百僚新火》诗，疑即为是年试进士试题。按：唐时已有寒日禁焚火三日之俗。

四月，中书舍人常衮率两省官十八人诣阁请论事，诏三人各尽所怀。

十二月，中书舍人常衮为礼部侍郎。

是年，韦应物三十八岁，在长安，经京兆尹黎幹荐举，任京兆府功曹，又摄高陵宰。

韩愈七岁，随兄韩会至长安，始读书。韩愈《祭郑夫人文》："未龀年，兄宦王官，提携负任，去洛居秦。念寒而衣，念饥而歹食，疾疢水火，无灾及身，劬劳闵闵，保此愚庸。"（《韩昌黎全集》卷二十三）《国语·郑语》："府之童妾，未及而遭之。"注："毁齿曰龀，……女七岁而毁齿。"《后汉书·皇后纪下》之《阎皇后》载："（后兄弟）显、景诸子年童龀，并为黄门侍郎。"后世因指童幼。《韩昌黎全集》卷一八《与凤翔邢尚书书》："愈生七岁而读书，十三而能文。"《韩昌黎全集》卷一《感二鸟赋序》："承先人之遗业，不识干戈，攻守耕获之勤，读书著文，自七岁至今，凡二十二年……"《韩昌黎全集》卷十六《上宰相书》："今有人生七年而学圣人之道以修其身，积二十年，不得已一朝而毁之。"《皇甫湜集》卷六《韩文公墓铭》："先生七岁好学，言出成文。"《皇甫湜集》卷六《韩文公神道碑》："七岁属文，意语天出。"方成圭《诗文年谱》："愈七岁，时兄宦王官，公从居秦。又公读书著文自此年始。"钱基博《韩愈志》卷二："愈七岁好学，能记他生之所习，言出成文。"

独孤及任常州刺史。

鲍防赴太原军营任职，钱起作《送鲍中丞赴太原军营》诗。

颜真卿撰《韵海镜源》成。按：此书天宝中真卿守平原时与他人合撰，因"安史之乱"中辍；及刺抚州，与左辅元等增广文，凡古今文字该于理者，撷笔撮要，为三百六十卷，惜原书已逸，今仅存清人黄爽所辑一卷。是年颜真卿所作，尚有《妙善寺碑》《赠僧皎然诗》等。

【宗元事迹】

宗元随母抚养居长安西郊。

大历十年 乙卯（775） 三岁

【时事述要】

正月，昭义兵马使裴志清逐留后薛崿，率众归田承嗣，田承嗣遂引兵袭相州，取之。代宗命内侍魏知古赴魏州说谕田承嗣，使各守封疆。承嗣不听，并遣大将卢子期取洺州，杨光朝攻卫州。三月，陕州军乱，逐兵马使赵令珍，观察使李国清不能禁。军士大掠库物。后淮西节度使李忠臣人朝，过陕，平之。四月，下制贬田承嗣为永州刺史，命河东、成德、幽州、淄青、淮西、永平、汴宋、河阳、泽潞诸道发兵进讨。十一月，岭南节度使路嗣恭击斩哥舒晃，岭南平。（《新唐书·代宗纪》《资治通鉴》卷二百二十五）

正月，昭义军兵马使裴志清逐其节度使留后薛萼，叛附于田承嗣；田承嗣反，陷洺州，拒朝命。卢龙节度使朱泚请留长安，以其弟朱滔知卢龙留后。

剑南西川节度使崔宁破吐蕃于西山。

二月，田承嗣陷卫州，刺史薛雄死之。河阳军乱，逐三城使常休明，拥兵马使王惟恭为帅，大掠数日。

三月，陕州军乱，逐观察使李国清，纵兵大掠。

四月，命河东等八道兵讨田承嗣，混战百余日。

五月，罢两都贡举，都集上都，停童子科。田承嗣部将霍荣国以磁州归。

七月，杭州大风，海水翻潮，溺州民五千家，船千艘。

八月，田承嗣上表请束身归朝。

九月，回纥白昼杀人于长安，吏捕之，拘于万年狱。其首领率兵劫囚而去，斫伤狱吏。

吐蕃扰临泾、陇州，大掠而去。

十月，昭义军节度使李承昭与田承嗣、卢子期战于清水，败之。

十一月，田承嗣所署瀛洲刺史吴希光以瀛洲降。

岭南节度使路嗣恭克广州，擒哥舒晃，斩首以献。岭南平。

十二月，回纥扰夏州，败走。

是年，日本遣小野石根等入唐，中途船坏，石根溺死。是为第十五次遣唐使。

【文坛纪事】

十月，颜真卿撰并书《元次山表墓碑铭》《欧阳领军碑铭》。

是年，张谓知东都洛阳贡举试，阎济美又自江东继荐，就试东都。

王建中进士。

礼部侍郎常衮建言，诸祠寺写经造像，焚币埋玉，岁巨万计，不若易刍粟，减贫民之赋。

皇甫曾《寄刘员外长卿》诗作于此年前后，时刘长卿为睦州司马。

姚合生（ —854?）。

杜元颖约生于此年（ —832）。

卢仝生（ —835）。

韩愈八岁，仍居长安。

补正：齐映入马燧幕为判官，奏为殿中侍御史。《旧唐书》卷一百三十六《齐映传》："彰卒后兵乱，映脱身归东都，河阳三城使马燧辟为判官。"《旧唐书》卷一百三十四《马燧传》："大历十年，河阳三城兵乱……以燧检校左散骑常侍、御史大夫、河阳三城使。"

皇甫政知福建留后。皇甫政为李琦判官，《全唐文》卷三百九十独孤及《福州都督府新学碑铭》："大历十年，岁在甲寅，秋九月，公（李琦）薨于位。……判官、膳部员外郎、兼侍御史安定皇甫政率……门人、部从事、州佐、县尹相与议，以公之功绩，明示后世。"李琦死后，皇甫政知留后。

杨凭、杨凝兄弟在湖州，与充括图书使耿沛、刺史颜真卿等联句。耿沛自湖州归京，经常州，作诗留别，梁肃作《送耿拾遗归朝廷序》送别。柳中庸卒于洪州。《全唐文补遗》第四辑《大唐王屋山上清大洞三景女道士柳尊师真宫志铭》："尊师生三岁而失怙恃，见育于祖母。"柳尊师开成五年卒，年六十八。

【宗元事迹】

祖父察躬或于是年卒于吴，父镇罢长安主簿，奔丧赴吴。

《柳宗元集》卷十二《先侍御史府君神道表》："调长安主簿，居德清君之丧。"按《先太夫人河东县太君归祔志》云："某始四岁，居京城西田庐中，先君在吴，家无书，太夫人教古赋十四首，皆讽传之。"所云柳镇在吴，当以丁父忧之故。宗元四岁（大历十一年），柳镇已在吴，则祖父察躬之卒，当在是年或稍前。

大历十一年　丙辰（776）　四岁

【时事述要】

正月，田承嗣上表请罪。壬辰，遣谏议大夫杜亚使魏州宣慰。二月，庚辰，田承嗣复遣使上表，请入朝。代宗下诏赦其罪，复其官爵，听与家属入朝，其所部拒朝命者，一切不问。（《旧唐书·代宗纪》、《资治通鉴》卷二百二十五）

正月，田承嗣降，上表请罪。

二月，赦田承嗣。

三月，河阳军乱，大掠三日，监军使冉廷兰率军斩其乱首，始平息。

五月，汴宋留后田神玉卒、都虞侯李灵曜起兵作乱，北结田承嗣。诏以灵曜为濮州刺史，不受，乃以为汴宗留后，灵曜盖加骄慢，悉以其党为管内八州刺史、县令。

七月，田承嗣兵扰滑州。

八月，幽州节度使朱泚加同中书门下平章事。

十二月，以泾原节度副使殷秀实权知河东节度留后。

【文坛纪事】

四月，颜真卿作《崔孝公陋室铭记》，后又作《康使君碑铭》。

五月，田神玉死，李忠臣为汴州刺史，韩翃留汴州，在李忠臣幕。

七月，充括图书使耿沨归朝，梁肃作《送耿拾遗归朝廷序》，颜真卿作《送耿沨拾遗联句》。

是年，韦应物在京兆府任功曹、摄高陵宰。有诗《高陵书情寄三原卢少府》。

刘长卿仍为睦州司马。

白居易五岁，开始学作诗。

白居易之弟白行简生（ —826）。

独孤及之子独郁生（ —815）。

郑瀚生（ —839）。

许孟容、崔损、王纾等进士及第，礼部侍郎常衮知贡举。卢景亮入荆南节度使张延赏幕。四月，张延赏为荆南节度使。李舟随崔昭至浙东。《嘉泰会稽志》：七月，崔昭自宣州为浙东。

【宗元事迹】

祖父察躬卒。

柳宗元《先太夫人河东县太君归祔志》："某始四岁，居京城西田庐中，先君在吴，家无书，太夫人教古赋十四首，皆讽传之。"考《先侍御史府君神道表》，宗元父虽尝徙于吴，唯自安史之乱平后，即在外宦游；则除丁忧外，无他事可解释其父之"在吴"。《先侍御史府君神道表》亦言其父为长安主簿，以丁父忧罢，当在是年。

补正：是年宗元始读书。柳宗元《先太夫人河东县太君归祔志》：

"先君在吴，家无书……"柳镇在婉拒太常博士的任职时，曾经托词"有

尊老孤弱在吴"，则此时，卢氏及柳宗元姊妹亦当在吴；柳镇守丧三年，

亦不应该让卢氏与弱子独居长安，而应陪同柳镇在吴守制。服除，出任

宣城令之前，卢氏及柳宗元方才到长安。

大历十二年　丁巳（777）　五岁

【时事述要】

正月，以四镇北庭泾原节度副使、知节度使事、张掖郡王段秀实为

泾州刺史、兼御史大夫，充本州岛团练使。

京师旱。

三月，宰相元载因贪污骄横赐自尽，妻、子皆死。

四月，吏部侍郎杨炎以坐元载党被贬为道州司马；其余因坐元载党

被贬者，尚有韩洄、赵纵、裴翼等十余人。

吐蕃扰黎、雅二州，崔宁率兵破之。加京官俸，岁加十五万六千贯。

复位节度使至主簿、县尉俸禄。

六月，元载党卓英倩杖死。其弟卓英璘据险作乱，发禁军及金州兵

平之。

九月，吐蕃扰坊州。

十月，西川兵破吐蕃于望汉城。

吐蕃扰盐州、夏州、长武，郭子仪击却之。

十一月，山南西道兵破吐蕃于岷州。

十二月，西川兵破吐蕃兵十余万。

补正：常衮于大历九年十二月为礼部侍郎，十二年四月，常衮以尚

书礼部侍郎、集贤院学士为门下侍郎，同中书门下平章事。柳宗元《先

侍御史府君神道表》所云"常吏部",疑"吏部"乃"礼部"之误。据《大唐六典》四与十四记载,礼部侍郎属尚书省,太常博士属太常寺,二者并不相隶属。罗联添《柳宗元事迹系年》,谓"礼部尚书侍郎之职,掌天下礼仪祠祭燕飨贡举之政令";"太常博士掌辨五礼之仪式。奉先王之法则"。或以二者职掌近似,礼部侍郎得以任命太常博士。作为大唐朝政命官之制,似应职责分明,不应以推测作论断。

【文坛纪事】

韩愈兄韩会为起居舍人,坐元载党被贬。

白居易祖母薛氏殁于新郑县私第,年七十。

韦应物在京兆府功曹任上,出使云阳视察水灾灾情,作诗《使云阳寄府曹》记其事。

独孤及卒(725—)。

张谓约卒于此年以后(711—?),年约六十七。

补正:柳宗元妻杨氏生。郑馀庆、杨凌进士及第。礼部侍郎常衮知贡举,试《通天台赋》《小苑春望宫池柳色》诗。李益本年前后罢郑县主簿,有《罢秩后入华山采茯苓逢道者》诗。四月癸未,起居舍人韩会坐元载党贬韶州刺史,韩愈随韩会到岭南。王绍为常州刺史萧复从事。《旧唐书》卷一百二十三《王绍传》:"萧复为常州刺史,辟为从事。"《新唐书》卷一四九《王绍传》:"再佐萧复幕。"《唐刺史考》萧复十二年至十四年任常州刺史。《全唐文》卷六百四十六李绛《兵部尚书王绍神道碑》:"相国萧徐公察守冯翊,并随府授檄。"独孤及卒于常州,梁肃作《祭独孤常州文》,编《独孤常州集》卷二十,为后序,李舟为序。

【宗元事迹】

从祖柳浑为袁州刺史。《柳宗元集》卷八载柳宗元所作《柳常侍行状》。

宗元与姊仍随母居京城西田庐中，读书之暇便练习操琴。

父镇在吴守丧服满。礼部侍郎常衮命为太常博士，镇以有尊老孤弱在吴，求为宣城令。

《柳宗元集》卷十二《先侍御史府君神道表》云："既除，常吏部命为太常博士。先君固曰：'有尊老孤弱在吴，愿为宣城令。'三辞而后获，徙为宣城。"

大历十三年　戊午（778）　六岁

【时事述要】

正月，回纥攻太原，河东留后鲍防与战，大败。回纥纵兵大掠。代州刺史张光晟破回纥于羊武谷，北人乃安。吐蕃扰灵武。

四月，朔方留后常谦光击败吐蕃于灵武。

六月，陇右节度使朱泚于军士赵贵家得猫鼠同乳不相害，笼而献之。

七月，吐蕃扰盐州、庆州，复为朔方军所败。

九月，吐蕃又逼泾州，郭子仪等共破之。

十月，禁京畿持兵器捕猎。

是年，全年财赋所入约一千二百万缗，盐利居大半。

【文坛纪事】

白居易七岁，犹居荥阳。荥阳即郑州。

韦应物由京兆府功曹为鄠县令。

颜真卿进吏部尚书。《怀素上人草书歌》作于此年。

柳公权生（　—865）。

补正：杨凝进士状元及第，礼部侍郎潘炎知贡举。杜黄裳在郭子仪幕中任判官。《资治通鉴》卷二百二十五"大历十三年条"："郭子仪入朝，命判官京兆杜黄裳主留务。"高郢贬猗氏丞。《资治通鉴》卷二百二十五，郭子仪"奏贬高郢猗氏丞。既而僚佐多以病求去，子仪悔之，悉荐之于朝"。《旧唐书》本传："子仪尝怒从事账昙，奏杀之，郢极言争救，忤子仪旨，奏贬猗氏丞。"梁肃游于吴，有《周公瑾墓下诗序》。

【宗元事迹】

宗元与姊仍随母居京城西田庐中。

父镇获准徙任宣城令。年四十一岁。

宗元妻叔杨凝登进士第。

大历十四年 己未（779） 七岁

【时事述要】

二月，魏博节度使田承嗣卒，以其兄子中军兵马使田悦知军事。甲申，诏以田悦为魏博留后。

三月，淮西节度使李忠臣为族侄李希烈所逐，奔归长安。以李希烈为蔡州刺史、淮西留后。

五月，辛酉，代宗崩。癸亥，太子适即位，是为德宗。闰五月，下诏：山南枇杷、江南柑橘，岁一贡以供宗庙，余贡皆停；停梨园使及伶官冗食者三百人；罢剑南岁贡拳酒十斛；禁天下不得贡珍禽异兽；五坊鹰犬皆放之；出宫女百余人。于是中外皆悦，淄青军士，至投兵相顾云："明主出矣，吾属犹反乎！"

六月，中官邵光超送李希烈淮西节度使旌节，李希烈赠缣七百匹，德宗闻之，杖邵光超六十而流之。又淄青节度使李正己表献钱三十万缗，德宗从宰相崔佑甫言，以所献钱慰劳所部将士。李正己惭服。德宗初期的一系列善政，极大鼓舞了士人们重振国势的信心，天下以为太平之治，庶几可望。

十二月，立宣王诵为皇太子。（《旧唐书·代宗纪》、《旧唐书·德宗

纪》、《资治通鉴》卷二百二十五）

二月，魏博节度使田承嗣卒，其兄子田悦自称留后。

三月，淮西将李希烈等逐其节度使李忠臣，希烈自称留后。

五月，代宗李豫卒，太子李适即位，是为德宗。

闰五月，以郭子仪领职多，分其权，尊为尚父，以裨将李怀光、常谦光、浑瑊等为节度使。

出宫人，放舞象三十有二于荆山之阳。

罢诸州府及新罗、渤海贡鹰鹞。罢山南贡枇杷、江南柑橘非贡宗庙者。罢邕府岁贡奴婢。

六月，禁百官置邸贩鬻。

禁宦官出使求赂遗，又夺宦官王驾鹤神策军都知兵马使职。

罢扬州贡镜、幽州贡麝。

七月，诏邕州金坑任人开采，官不得禁。

罢榷酤。

以回纥留京者及千，商胡倍之，多效华装，开肆牟利，因禁回纥不得效华人服饰。

八月，遣使吐蕃，归其俘五百。

以道州司马杨炎为门下侍郎、平章事。

九月，以检校刑部尚书白孝德为太子少傅。

十月，吐蕃与南诏连兵扰蜀，遣李晟等率禁军及范阳、邠、陇诸道兵大破之，死者八九万。

十二月，立宣王李诵为皇太子。诏元日朝会不得奏祥瑞事。

【文坛纪事】

韩愈年十二，因兄韩会再贬韶州，随兄至韶州。

韦应物自鄠县令除栎阳令，旋又以疾辞栎阳令，闲居于长安西郊鄠县沣上之善福寺。

窦常中进士。

李舟为崔昭作《为崔大夫请入奏表》。

梁肃入京应制举。《全唐文》卷五百一十七梁肃《过旧园赋》序："上嗣位岁，应诏诣京师。"

元稹生（　—831）。

贾岛生（　—843）。

牛僧孺生（　—847）。

【宗元事迹】

宗元与姊仍随母居京城西田庐中。

父亲柳镇任宣城令。据柳宗元《先侍御史府君神道表》，宗元父除服后即为宣城令。前假定其父于大历十一年丁父忧，故假定是年为宣城令。宗元父柳镇服满，以老弱在吴，求为宣城令。宗元仍随母在长安。

柳宗元妻杨氏母亲去世，依于外王父李兼。

唐德宗建中元年　庚申（780）　八岁

【时事述要】

正月，丁卯朔，改元建中，赦天下。用宰相杨炎议，行两税法，罢租庸调法。宰相崔佑甫因病多不视事，杨炎遂独任大政，专以复恩仇为事。

二月，己酉，刘晏被贬为忠州刺史。

六月，崔佑甫卒于相位。

七月，荆南节度使庾准希杨炎旨，奏刘晏与朱泚书求营救，辞多怨望，又奏召补州兵，欲拒朝命，炎证成之。德宗轻信谗言，秘密派遣中使到忠州将刘晏缢杀。己丑，乃下诏赐死，天下怨之。（《旧唐书·德宗纪》、《资治通鉴》卷二百二十六）

三月，杨炎排挤刘晏。以谏议大夫韩洄为户部侍郎、判度支；令金部郎中杜佑权勾当江淮水陆运使，一如刘晏、韩滉之则。

四月，四镇、北庭行军别驾刘文喜据泾州反，命泾源节度使朱泚等讨之。

五月，泾州将刘光国杀刘文喜降，泾州平。

七月，前宰相刘晏理财有盛名，为杨炎所潛，贬忠州刺史。又诬以谋反，赐自尽。

八月，振武军使张光晟杀回纥使者等千人，收驼马千余，缯锦十万匹。

十二月，吐蕃遣相入贡。令详定国初以来将相功臣房玄龄等一百八十七人，据功绩分为三等。冬，无雪。黄河、滹沱、易水溢。

是年，税户三百零八万五千零七十六，籍兵七十六万八千余，税一千零八十九万八千余缗，谷二百一十五万七千余斛。

【文坛纪事】

韩愈十三岁，兄韩会去世，愈随嫂郑氏北归河阳。

白居易九岁，谙声韵。父季庚由宋州司户参军改授徐州彭城县令；母陈氏封颍川县君。

刘长卿任随州刺史。

韦应物丧妻，作悼亡诗《伤逝》等十余首。

钱起卒（722— ），年五十九。"大历十才子"之一。有《钱考功集》。

补正：辛恽、唐次进士及第，礼部侍郎潘炎知贡举。唐次，并州晋阳人，字文编。

姜公辅中贤良方正，能直言极谏科，授左拾遗，召入翰林为学士。

奚陟中文词清丽科，授弘文馆校书郎。刘禹锡《奚公神道碑》："及从乡赋,暨升名太常,果居上第。明年,诏郡国征贤良,设四科以尽材。公居文词清丽之目,授弘文馆校书郎。"

梁肃中文词清丽科,擢太子校书郎,归觐江南。《全唐文》卷五百一十七梁肃《过旧园赋》:"上嗣位岁,应诏诣京师,其年夏,除东宫校书郎,遂请告归觐于江南。"

柳冕为黜陟使、袁滋试校书郎、许孟容为赵赞判官、房启入卫晏幕。《旧唐书》卷十二《德宗纪》:"二月丙申,命黜陟使十一人分巡天下。"卷一百八十五下《薛珏传》"建中初,上分命使臣黜陟官吏……使山南赵赞……";《袁滋传》"以外兄道州刺史元结有重名,往来依焉……无何,黜陟使赵赞以处士荐,授试校书郎"。卷一百五十四《许孟容传》:"赵赞为荆、襄等道黜陟使,表为判官。"韩愈《清河郡公房公墓碣铭》:"卫晏使岭南黜陟,求佐得公。"二月,贬右补阙柳冕巴州司户。

李舟为金部员外郎。四月,李舟使泾州,后又奉使山南东道。《旧唐书》卷一百二十一《梁崇义传》:"建中元年……流人郭昔告其为变,崇义闻知,请罪昔,坐决杖配流,命金部员外郎李舟谕旨以安之。……及舟至,又劝其入觐,言迫切直,崇义益不悦。"

杨于陵为句容尉,得韩滉赏识。《旧唐书》卷一百六十四《杨于陵传》:"释褐为润州句容主簿。时韩滉节制金陵,滉性刚严,少所接与。及于陵以属吏谒谢,滉甚奇之……候竟以女妻之。"

【宗元事迹】

宗元与姊仍随母居京城西田庐中。

父亲柳镇42岁,任宣城令第二年。

补正:父镇约于是年或稍前任阌乡令。《柳宗元集》卷十二《先侍御史府君神道表》:"徙为宣城令。四年,作阌乡令。考绩皆最,吏人怀思,立石颂德。迁殿中侍御史,为鄂岳沔都团练判官。"

建中二年　辛酉（781）　九岁

【时事述要】

正月，成德节度使李宝臣卒，其子惟岳自称留后，幽州卢龙军节度使朱滔讨之。二月，以卢杞为门下侍郎，与杨炎同为相，以分杨炎之权。五月，魏博节度使田悦与平卢节度使李正己、成德节度使李惟岳相结，连兵拒命，并攻邢州、铭州。八月，平卢节度使李正己于七月已卒，其子李纳擅领军务，于本月始发丧，奏请袭父位，德宗不许。十月，杨炎自左仆射贬崖州司户，寻赐死。（《旧唐书·德宗纪》、《资治通鉴》卷二百二十六）

三月，筑汴州城。以万年令崔汉衡为殿中少监，出使吐蕃。

五月，以淮宁军节度使李希烈充汉南北诸道都知兵马招抚处置等使，进爵为南平郡王。郭子仪卒，年八十五。置待诏官三十人。以军兴，增商税为什一。田悦攻邢州、临洺。

六月，李希烈征讨梁崇义。

七月，马燧、李抱真等大破田悦军于临洺。

杨炎罢相。朱泚为太尉。

九月，加李希烈同中书门下平章事。

朱纳陷宋州，李惟岳将张孝忠以易、定二州降。

十一月，宣武节度使刘洽等大破李纳于徐州。

十二月，吐蕃赞普请不以臣礼见处，及以贺兰为界，皆许之。

【文坛纪事】

刘禹锡十岁，少年时体弱多病。《刘梦得文集》卷十四《答道州薛侍郎论方出》云："愚少多病。犹省为童儿时，夙具襦袴，保姆抱之，以如医巫家，针烙灌饵，呾然啼号。"

白居易十岁，解读书。父季庚与徐州刺史李洧坚守徐州拒李纳，以功授徐州别驾。

韩愈以中原多故，随嫂郑氏避乱宣城。

韦应物仍在长安西郊闲居，同年除尚书比部员外郎，有诗《始除尚书郎别善福寺精舍》。

王缙卒（700— ），年八十二。缙为王维之弟。

补正：李舟宣慰山南、湖南，山南东道节度使梁崇义拒之。《旧唐书》卷一二一《梁崇义传》："二年春，发五使宣谕主导，而舟复入荆、襄，崇义虑有变，拒境不纳。"

二月丁未，以御史中丞袁高为京畿观察使。四月丁巳，以论事失旨，贬御史中丞袁高韶州长史员外置同正员，后任湖州刺史。《旧唐书》卷一百五十三《袁高传》："代宗登极，征入朝，累官至给事中、御史中丞。"

奚陟为左拾遗。刘禹锡《故吏部侍郎奚陟神道碑》："时德宗新即位，声怛卢庭，西戎畏威，底贡内附。诏谏议大夫崔河图持节即虏庭以报之。使臣欲盛其宾寮以自大，遂嘿表公为介，授大理评事。除书到门，公方为人子，不敢许以远，称病弗果行。归宁寿春，养志尽敬。丞相杨炎勇于用才，擢公为左拾遗，奉安舆而西。未几再集茶蓼，居后丧将阕。是岁建中四年，京师急变……"

齐映任刑部员外郎。《旧唐书》卷一百三十六《齐映传》："建中初，卢杞为宰相，荐之，迁刑部员外郎。"《旧唐书》卷十二《德宗纪》：二月乙巳"以御史大夫卢杞为门下侍郎、同中书门下平章事"。

严郢为御史大夫。《旧唐书》卷一百三十五《卢杞传》："初，京兆尹严郢与杨炎有隙，杞乃擢郢为御史大夫以倾炎。"

七月，李益罢职，自朔方还。

九月戊辰，元全柔罢杭州刺史，为黔中经略招讨观察等使，过扬州，权德舆有诗送之。郑元钧进士及第。

梁肃入淮南陈少游幕。

杨凝约于本年为校书郎。李益有诗《校书郎杨凝往年以古镜贶别今追赠以诗》，《柳宗元集》卷九《杨凝墓碣》："以校书郎为书记。"旧注："兴元元年正月，以樊泽为山南东道节度使，凝自秘书省校书郎为其府掌书记。"杨凝为校书郎在建中中，李益本年在长安，故系于此。

韩愈奉嫂等人归宣城。梁肃入淮南陈少游幕。

【宗元事迹】

宗元与姊仍随母居京城西田庐中。

父亲柳镇43岁，任宣城令第三年。

建中三年　壬戌（782）　十岁

【时事述要】

闰正月，马燧、李抱真、李芃破田悦兵于洹水，遂进兵魏州。成德军兵马使王武俊杀李惟岳，归唐。四月，田悦密与朱滔、王武俊谋，阴相勾连，共拒朝命。时两河用兵，月费百余万缗，府库不支数月。甲子，用太常博士陈京等议，诏借商人钱，判度支杜佑大索长安市中商贾所有货，辄加榜捶，人不胜苦。京师嚣然，如被寇盗。十一月，朱滔称冀王，田悦称魏王，王武俊称赵王，李纳称齐王，相互勾结，抗拒朝廷。朱滔为盟主，李希烈亦密与朱滔等交通。十二月，李希烈自称天下都元帅、太尉、建兴王。（《旧唐书·德宗纪》《资治通鉴》卷二百二十七）

二月，王武俊以未得节度，朱滔以未并深州，皆反，与田悦合。沧州军乱，杀刺史，旋定。

四月壬午，贬御史大夫严郢为费州长史，为卢杞所构陷。《旧唐书》卷一百三十五《卢杞传》："（杨）炎既贬死，（杞）心又恶郢，图欲去之。……时三司使方按（郑）詹、郢，狱未具而奏杀詹，贬郢为驩州刺史。"

《卢杞传》言贬郓为骓州刺史，恐误，《新唐书》《资治通鉴》等皆作费州。

五月，增诸道税钱什二，盐斗增百钱。命李怀光讨朱滔、王武俊、田悦。

六月，李怀光、马燧、李抱真等与朱滔、王武俊、田悦战，大败。

七月，殿中丞李云端谋反，被杀。停借商钱令。

九月，吐蕃使来。

十一月，朱滔等结盟称王，滔为盟主，称大冀王，田悦称魏王，王武俊称赵王，李纳称齐王，各置官员仿唐制。

十二月，李希烈反，自称天下都元帅、太尉、建兴王，与朱滔等相结。

是年，新罗遣使来唐。

按：久保天随《谱》：李希烈、朱滔、王武俊皆反。下定雅弘《谱》：河北诸镇叛乱。

【文坛纪事】

刘禹锡孩提时便从释皎然、灵澈等学诗，见器于权德舆。《刘梦得文集》卷二十五《刘氏集略说》云："始余为童儿，居江湖间，喜与属词者游，谬以为可教，视长者所行止，必操觚从之。"按禹锡学诗于皎然、灵澈并见器于权德舆事，均无确切年代可考，姑暂系于是年。

白居易十一岁，去荥阳，从父季庚徐州别驾任所，寄家符离。

许孟容入江南西道节度使李皋幕府。《旧唐书》卷一百三十一《李皋传》："李希烈反，迁江西道节度使……以马彝、许孟容为宾佐。"《全唐书》卷四九一权德舆有《送许校书赴江西使府序》《月夜泛舟重送许校书联句序》，为送许孟容赴江西作。

郑馀庆入严震幕。《旧唐书》卷一百五十八《郑馀庆传》："建中末，山南节度使严震辟为从事。"

路泌为长安尉。《旧唐书》卷一百五十九《路随传》："父泌，建中末，以长安尉从调，与李益、韦绶等书判同居高第，泌授城门郎。"

【宗元事迹】

宗元与姊仍随母居京城长安西田庐中。

父亲柳镇44岁，由宣城令调任河南阌乡令。《柳宗元集》卷十二《先侍御史府君神道表》："三辞而后获，徙为宣城。四年，作阌乡令。"按柳镇于大历十四年（779）始为宣城令，四年调任阌乡令，当在此年。

宗元童年时便喜好音乐，曾刻苦自学操琴十年。《柳宗元集》卷三十二《与李睦州论服气书》云："愚幼时常嗜音，见有学操琴者，不能得硕师，而偶传其谱，读其声，以布其爪指。早起则嘐嘐诮诮以逮夜，又增以脂烛，烛不足则讽而鼓诸席。如是十年，以为极工。出至大都邑，操于众人之坐，则皆得大笑曰：'嘻，何清浊之乱，而疾舒之乖欤？'卒大惭而归。"

建中四年　癸亥（783）　十一岁

【时事述要】

正月，庚寅，李希烈兵陷汝州，执别驾李元平，遣将四出抄掠。东都士民震骇，窜匿山谷。卢杞进计，举颜真卿诣许州宣慰李希烈，诏下，举朝失色。颜真卿至许州，为李希烈所拘。真卿面对叛军刀刃，足不移，色不变，卒为希烈所害。二月，以龙武大将军哥舒曜为东都畿汝节度使，率凤翔、邠宁、泾原等军，东讨李希烈。乙卯，哥舒曜收复汝州。十月，诏泾原节度使姚令言率师五千人东征。丁未，泾原军士入长安城，因食劣无赏哗变，倒戈作乱。德宗出奔咸阳、奉天。乱兵奉朱泚为帅，朱泚自称帝。朔方节度使李怀光率众赴长安勤王。朱泚军攻奉天，浑瑊力战却之。十一月，神策将李晟赴奉天勤王。李怀光军次醴泉，败朱泚兵，朱泚退还长安，奉天之围解。（《旧唐书·德宗纪》、《资治通鉴》卷二百二十八）

正月，凤翔节度使张镒与吐蕃宰相尚结赞盟于清水。

李希烈陷汝州，执刺史李元平。

左龙武大将军哥舒曜讨李希烈。

二月，哥舒曜克汝州。

四月，李勉为淮西招讨处置使，哥舒曜副之。

五月，行间架税、除陌钱，以赡军。

六月，因行税屋，官吏秉笔持算，入人庐舍而抄计，峻法绳之，愁叹之声，遍于天下。

七月，遣礼部尚书李揆为入吐蕃会盟使。

九月，禁军与李希烈军战于扈涧，大败，东都危急。

十月，朱泚反，杀段秀实（《新唐书》卷七）。长安兵变。太尉朱泚称帝。李希烈亦称帝。

十二月，朱泚陷华州。李希烈陷汴、郑二州。李怀光表言宰相卢杞等罪，卢杞贬为新州司马，余贬降有差。淮南节度使陈少游与李希烈、李纳相勾结。

【文坛纪事】

正月，颜真卿为宰相卢杞所恶，被遣宣慰李希烈军，既至，希烈迫其降，不屈，乃因于土窟。

常衮卒（729— ），年五十五。衮文章俊拔，为当时所重。历任翰林学士，考功员外郎中，后拜门下侍郎，同平章事，崇文弘文馆大学士，封河南郡公。性苛细，以清俭自贤。德宗即位，贬潮州刺史。建中初，为福建观察使。衮为设乡校教导之，自是文风始盛。著有文集十卷，诏集六十卷。

三月，戴叔伦为江西节度使留后，统领府事，所带中朝官衔则为尚书祠部郎中。

四月，贾耽以襄阳帅为淮西应援招讨副使。

夏，韦应物由尚书比部员外郎出为滁州刺史，秋至任。作《将往滁城恋新竹简崔都水示端》《郡斋感秋寄诸弟》《寄大梁诸友》等诗。韦应物在滁州所作诗中，如《重九登滁城楼忆前岁九日归沣上赴崔都水及诸弟燕集凄然怀旧》《答崔都水》《答王郎中》等，反映战乱中滁州凋敝情景，富有现实性。

七月，李益大伯父李揆为礼部侍郎，俄为左仆射、兼御史大夫，为入吐蕃会盟使。

秋，畅当以子弟被召从军，韦应物作诗《寄畅当》；时卢纶为昭应令，亦作《送畅当赴山南募》诗，送其从军。

十二月，陆贽以祠部员外郎为考功郎中。冬末，戴叔伦奉嗣曹王李皋之命至奉天，作《建中癸亥岁奉天除夜宿武当山北茅平村》诗。李益登拔萃科，为侍御史。

是年，戎昱谪官为辰州刺史，作诗《谪官辰州冬至日有怀》。李益三十六岁，登拔萃科，为侍御史。冯伉登博学三史科。武元衡、韦纯（贯之）登进士第。礼部侍郎李纾知贡举。杜佑为御史大夫。

白居易避难于越中，约始于此年。

元稹妻韦丛生。丛母裴氏卒，丛由庶母段氏抚养成人。

【宗元事迹】

父亲柳镇为鄠乡令。

补正：父亲柳镇45岁。父为鄠乡令。柳宗元《先侍御史府君神道表》："……徙为宣城。四年、作鄠乡令。"前假定宗元父于大历十四年为宣城令，故定是年为阌乡令。

德宗兴元元年　甲子（784）　十二岁

【时事述要】

正月，癸酉朔，德宗在奉天，改元兴元，下诏罪己，诏文出翰林学士陆贽手笔。中云，除朱泚外，李希烈、田悦、王武俊、李纳、朱滔等并宥其罪，官爵复旧。田悦、王武俊、李纳见诏令，皆去王号，上表谢罪；唯李希烈自恃兵强财富，仍称帝，国号大楚，以汴州为大梁府。朱滔仍纵兵略城。二月，行营副元帅李怀光以怨望密与朱泚通谋，反。丁卯，德宗逃奔梁州。三月，田承嗣子田绪杀田悦，奉表归顺朝廷。李怀光虽然欲反，而部下不从，乃烧营东走，返河中。五月，李抱真、王武俊破朱滔于京城东南，朱滔遁归幽州。李晟大破朱泚兵，收复长安。浑瑊克咸阳。朱泚出走，为部下所杀。七月，德宗自兴元返长安。（《旧唐书·德宗纪》、《资治通鉴》卷二百二十九至二百三十一）

诏除朱泚外，李希烈、田悦、王武俊、李纳、朱滔皆赦其罪；诸将赴难者概加"奉天定难功臣"之号；罢间架、竹木茶漆税及除陌钱。

朱泚改国号汉，改元天皇，自号汉元天皇。

王武俊、田悦、李纳皆去王号，谢罪；李希烈反称皇帝，国号大楚，建元武成，以汴州为大梁府，四出攻掠。

以王武俊为恒、冀、深、赵节度使，李纳为平卢节度使。

四月，泾原兵马使田希鉴杀其节度使冯河清，以附朱泚。

六月，李晟上《收京城露布》，德宗览之，涕下沾襟。

李怀光谢罪，原之，遣给事中孔巢父赴河中慰谕；巢父轻躁，为军士所杀，怀光因又抗命，遣浑瑊等讨之。

是秋，螟蝗蔽野，草木无遗，民蒸蝗虫而食之。

十月，复以宦官窦文场、王希迁监左右神策军都知兵马使。

十一月，宋亳节度使刘洽、邠陇行营节度使曲傀与李希烈战于陈州，败之；克汴州，希烈奔蔡州。

十二月，以寿州刺史张建封为濠寿都团练使。

【文坛纪事】

正月，戴叔伦离奉天返江西，作诗《奉天酬别郑谏议云遂卢拾遗景亮见别之作》，途中过江凌，与司空曙相遇，作《赠司空拾遗》诗。

二月，李怀光反状已明，陆贽奉命晓谕之，不听。

三月，杜佑为广州刺史，岭南节度使。时年五十。

春，韦应物在滁州刺史任，时长安未复，有诗《京师叛乱寄诸弟》；五月九日又作诗《寄诸弟》。二诗对朱泚之乱都有所反映。

四月，李益大伯父李揆卒，年七十四，赠司空。

六月，考功郎中、知制诰陆贽，司封郎中、知制诰吉中孚，并为谏议大夫。

七月，李冶卒，生年不详。冶为女道士，女诗人。善弹琴。六岁即作《咏蔷薇》诗，有"经时未架却，心绪乱纵横"之句。与陆羽、释皎然、刘长卿等交往。玄宗闻其才，曾应诏入宫中月余。后因献诗叛将朱泚，为德宗所捕杀。今存诗十余首，多遣怀酬赠之作。后人曾辑录冶与薛涛诗为《薛涛李冶诗集》二卷。戎昱在辰州，作《辰州闻大驾还宫》诗。

卢纶随浑瑊至河中，讨李怀光。

八月，诏所司为赠太尉段秀实树碑立庙。

十二月，陆贽以谏议大夫为中书舍人，依前翰林学士。

冬，韦应物罢滁州刺史任。本年所作诗，有与杨凌唱和诗及《寄全椒山中道士》《寄李儋元锡》等诗。

杨凌即柳宗元岳父杨凭之弟，柳宗元曾为其文集作序。《寄全椒山中道士》为韦诗中传诵之作。元稹大姊嫁陆翰，时翰为宣州太平县主簿。

韦应物曾在是年冬作诗与杨凌唱和。杨凌即宗元岳父杨凭之弟，宗元曾为其文集作序。题即《杨评事文集后序》（见《柳宗元集》卷二十一）。

【宗元事迹】

父亲柳镇46岁，为鄂岳沔都团练使李兼判官，宗元随父居夏口。罗联添《柳宗元事迹系年》引《资治通鉴》卷二百二十九史料，谓兴元元年正月，"李希烈以夏口上流要地，使其骁将董侍募死士七千袭鄂州，刺史李兼偃旗卧鼓，闭门以待之，侍撤屋材以焚门，兼帅士卒出战，大破之。上以兼为鄂岳沔都团练使"。据此知柳镇为鄂岳沔都团练使判官，当在兴元元年。然《新唐书》卷七《德宗纪》建中四年："三月辛卯，李希烈寇鄂州，刺史李兼败之。"又《新唐书》卷六十八《方镇表》：大历十四年罢鄂州观察防御史，建中四年复置鄂州都团练使，则李兼败李希烈进鄂岳沔都团练使，当在建中四年。柳镇为鄂岳沔都团练使李兼判官，不得早于是年。罗联添之说自可成立。

宗元在夏口，从父命与弘农杨凭女订婚。时杨凭女八岁。鄂岳沔都团练使李兼系杨凭岳父，柳杨二姓联姻，或云为李兼所促成。柳宗元《亡妻弘农杨氏志》："恭惟先府君重崇友道，于郎中最深。髫稚好言，始于善谑，虽间在他国，终无异辞。凡十有三岁，而二姓克合，奉初言也。"按：《志》谓"夫人既归……未三岁，孕而不育，……明年……八月……至于大疾，年始二十有三。……唐贞元十五年……为之志云。"自贞元十五年上推三载，宗元娶杨氏当在贞元十二年，由此逆推十三载，与杨定为婚姻当在兴元元年。关于柳杨联姻与李兼从中促成有一定关系的说法，据《亡妻弘农杨氏志》云："郎中（指杨凭）娶陇西李氏，生夫人……外王父兼居方伯连帅之任，历刺南部。"《柳宗元集》百家注本此句下注引宋人孙汝听注云："建中四年，以兼为鄂岳沔观察使。贞元元年，迁江西观察使。"据此知宗元父柳镇为鄂岳沔都团练判官时，其上司李兼为宗元妻杨氏之外王父（外公）。李兼从中促成柳杨联姻自是情理中事。

补正：父亲柳镇，居夏口，任殿中侍御史、鄂岳沔都团练判官。《柳宗元集》卷十二《先侍御史府君神道表》："迁殿中侍御史，为鄂岳沔都团练判官，元戎大攘狡虏，增地进律，作《夏口破虏颂》。"据《资治通鉴》卷二百二十九记载，兴元元年正月，李希烈派其骁将董侍招募死士七千多人进袭鄂州，攻取上游要地夏口。刺史李兼打败董侍。"上以兼为鄂岳沔都团练使。"李兼为都团练使，招揽幕僚，柳镇才得以充任都团练判官，表为殿中侍御史。集有"虞鸣鹤诔"云："惟昔夏口，羁贯相亲；通家修好，讲道为邻。"知宗元必尝有一时期随其父在夏口。

德宗贞元元年　乙丑（785）　十三岁

【时事述要】

正月，改元贞元。六月，朱滔病死，将士奉前涿州刺史刘怦知军事。七月，以刘怦为幽州、卢龙节度使。八月，朔方将牛名俊斩李怀光，出降；马燧收复河中。（《旧唐书·德宗纪》《资治通鉴》卷二百三十一）

正月，改元贞元，大赦。

大风雪，寒甚，民饥冻死者踣于路。罢榷税。

二月，河南、河北饥，米斗千钱。

三月，李希烈陷登州。

四月，李晟等连破李怀光，逼河中。

江陵度支院失火，烧租赋钱谷百万余。时关东大饥，赋调不入，由是国用益窘。关中饥民蒸蝗虫而食之。

六月，幽州卢龙军节度使朱滔卒，涿州刺史刘怦自称留后。

七月，以刘怦为御史大夫，幽州卢龙军节度副大使。

八月，李怀光穷迫自缢死，部将牛名俊斩其首出降。河中平。

九月，幽州节度使刘怦卒，以其子刘济权知节度事。

十二月，户部奏议岁贡者凡百五十州。

是年，唐遣使去新罗册封。

【文坛纪事】

韦执谊登贤良方正能直言极谏科。礼部侍郎鲍防知贡举。

颜真卿为李希烈囚禁于蔡州，时已幽辱三载，真卿度必死，乃自作《遗表》《墓志》《祭文》。

韦应物闲居于滁州西涧，作《滁州西涧》《西涧种柳》《示全真元常》《观田家》《滁州西斋》《山耕叟》《滁城对雪》等诗。

戴叔伦以前抚州刺史为容州刺史，兼御史中丞，本管经略使。

李益在侍御史任，作《中桥北送穆质兄弟应制戏赠萧二策》。

韦应物为江州刺史。到江州后，作《始至郡》《登郡楼寄京师诸季淮南子弟》诗。

是年，韩愈年十八，避地江南。

怀素卒（725— ），年六十一。唐书法家、僧人。

柳冕为太常博士。《旧唐书》卷一百四十九《柳冕传》："贞元初，为太常博士。"《旧唐书》卷二十一《礼仪志》一："贞元元年十一月十一日，德宗亲祀南郊。有司进图，敕付礼官祥酌。博士柳冕奏曰……"

【宗元事迹】

父亲柳镇因李兼自鄂岳移镇江西为江西观察使，随之前往。宗元亦随父至江西。曾在南游长沙时与德公告别，又曾在九江拜见萧錬。

清吴廷燮《唐方镇年表》卷四载，李兼以贞元元年四月至贞元六年为江西观察使，治洪州（今江西南昌），在九江郡（江州）南，宗元父柳镇当随李兼至江西。

《柳宗元集》卷四十二《长沙驿前南楼感旧》："海鹤一为别，存亡三十秋。今来数行泪，独上驿南楼。"题下公自注云：昔与德公别于此。按：此诗作于元和十年（815）自京师赴柳州途中。自此上溯三十年，故与德公告别当在此年。德公其人不详。

《柳宗元集》卷二十二《送萧铼登第后南归序》云："始余幼时，拜兄于九江郡。"

宗元伯祖柳浑以左散骑常侍为兵部侍郎。

柳宗元随父往江西，又往长沙游览，得悉李怀光兵败自缢死，欢喜之余，作《为崔中丞贺平李怀光表》。宗元时年十三，因此文而得"奇名"。是年，与弘农杨凭女订婚。

【诗文系年】

作《为崔中丞贺平李怀光表》。

宗元欣闻朔方节度使李怀光谋反被平定，怀光兵败自缢死。宗元欣喜之余，《柳宗元集》外集卷下《为崔中丞贺平李怀光表》题下注引宋韩醇注云："怀光谋反，贞元元年为其部将牛名俊斩首以献，则公之表当是时作也。然公时年十三，不应有此文。中丞者，不详其人矣。文又阙不全云。"明刻蒋之翘辑注本《唐柳河东集》本篇题下注："疑非子厚所作，但《新》《旧》俱称其'少精敏绝伦'，则时年十三亦可以成文矣。或少时拟作，亦未可知。姑为存以俟考焉。"按：刘禹锡作《河东先生集》，谓"子厚始以童子有奇名于贞元初。"有"奇名"者自有"奇才"，则是文亦非不可信。姑附记于此。

补正：父亲柳镇47岁，柳镇随李兼到江西任职。本年四月，李兼调任为洪州刺史、江西都团练观察使。《送萧铢登第后南归序》："始余幼时，拜兄于九江郡。"柳宗元在九江，则柳镇亦当在此。

贞元二年　丙寅（786）　十四岁

【时事述要】

四月，丙寅，李希烈为其部将陈仙奇毒杀，陈仙奇举众降。甲申，诏以陈仙奇为蔡州刺史、淮西节度使。七月，淮西兵马使吴少诚杀陈仙奇，自为留后。八月，吐蕃大举攻泾、陇、邠、宁等州，西边骚然。（《旧唐书·德宗纪》《资治通鉴》卷二百三十二）

六月，淮西兵马使吴少诚杀其节度使陈仙奇，自称留后。

九月，吐蕃扰好畤、凤翔，李晟击败之。

十月，李晟破吐蕃于摧沙堡。

十一月，吐蕃陷盐州。

十二月，吐蕃陷夏州，又陷银州。

京城畿内榷酒，每斗榷钱一百五十文，蠲酒户差役。

是年，新罗遣使至唐。

【文坛纪事】

正月，鲍防以礼部侍郎为京兆尹。国子祭酒包佶知礼部贡举。谏议大夫、知制诰、翰林学士吉中孚为户部侍郎、判度支两税。

朱放由吴中赴长安。刘长卿作《寄别朱拾遗》诗；梁肃作《送朱拾遗赴朝廷序》。

韩滉封晋国公，同年十一月入朝。顾况仍在韩滉幕任节度判官，有诗《奉和韩晋公晦日呈诸判官》。韦应物仍在江州刺史任，是春出巡属县，并始游庐山东林、西林二寺，有诗《春月观省属城始憩东西林精舍》。是年在江州所作诗，尚有《东林精舍见故殿中郑侍御题诗追旧书情涕泗横集因寄呈阎澧州冯少府》《发蒲塘驿沿路见泉谷村舍忽想京师旧居追怀昔年》《自蒲塘驿回驾经历山水》《郡内闲居》等篇。

四月，陕州观察使李泌奏卢氏山冶出瑟瑟，请禁以充贡奉。

七月，以右金吾大将军论惟明为鄜州刺史、鄜坊都防御观察使。李益与好友柳缜（柳宗元之叔）同入论惟明幕府。贾耽以东都留守加东都畿唐汝邓都防御观察使。德宗征召本隐于河南嵩山之韦况为左拾遗，时戎昱在长安，作《赠韦况征君》诗；梁肃作《送韦拾遗归嵩阳旧居序》。

九月，以东都畿唐邓汝等防御观察使贾耽检校尚书右仆射，兼滑州刺史，义成军节度、郑滑等州观察使。

十二月，以韩滉兼度支、诸道盐铁转运使。贬尚书右丞、度支元琇为雷州司户，为韩滉诬奏，人以为非罪，谏官屡论之。

补正：是年。韩愈年十九，自宣城经河中至京师长安应进士考试。有诗《出门》《条山苍》二首。白居易年十五，仍在江南。始知有进士，刻苦读书，能属文。是年作《江南送北客因凭寄徐州兄弟》诗，为今存白居易诗之最早者。

元稹八岁，父元宽卒，叔父元宵亦卒。母携稹及其兄积封凤翔，依倚舅族。稹二姊真一出家为尼。

齐映（瀛洲高阳人）为相。以文敏显用。映为宗元"先友"。戴叔伦曾给他上书论朝政得失。戴叔伦仍在抚州刺史任，政绩卓著。

【宗元事迹】

宗元大叔柳缜与好友李益，同入鄜州刺史、鄜坊都防御观察使论惟明幕府。《柳宗元集》卷十二《先君石表阴先友记》中，宗元列李益为其"先友"。称其"风流有文词。少有僻疾，以故不得用。年老常望仕，非其志，复为尚书郎"。

宗元伯祖柳浑在兵部侍郎任，封宜城县伯。《柳宗元集》卷八《柳常侍行状》"贼平策勋，赐轻车都尉，封宜城县开国伯，拜尚书兵部侍郎"句下注引孙汝听注："贞元元年，拜兵部侍郎，封宜城县伯。"

贞元三年　丁卯（787）　十五岁

【时事述要】

五月，以侍中浑瑊为吐蕃清水会盟使，兵部尚书崔汉衡副之。瑊与骆元光率师二万，赴平凉川盟所。闰五月，浑瑊与吐蕃宰相尚结赞会盟于平凉，为吐蕃伏兵所劫，狼狈遁而获免，崔汉衡以下将士陷没者六十余人。此后吐蕃又屡次侵掠陇、泾等州，劫杀居民。（《旧唐书·德宗纪》《资治通鉴》卷二百三十二）

二月，唐遣使吐蕃。

三月，吐蕃遣相请同盟和好，德宗许盟于平凉。

四月，又遣使吐蕃商和盟。

五月，以侍中浑瑊为与吐蕃清水会盟使，兵部尚书崔汉衡副之；瑊与骆元光率师二万往会盟所。

六月，吐蕃驱盐、夏二州居民，焚其州城而去。

九月，吐蕃大掠汧阳、吴山、华亭等地，杀老弱，掳丁壮。

用李泌策，和回纥、南诏以抗吐蕃。

回纥可汗遣使请婚，许以咸安公主妻之；可汗上书称儿、称臣。

十月，吐蕃扰丰义城、长武城。

僧人李广弘结韩钦绪谋反，事泄，连坐死者百余人。

十一月，京师、东都、河中地震。

是年，丰收，米斗钱百五十，粟斗钱八十。

李德裕本年生。据《旧唐书·李德裕传》大中三年卒，推定是年六十三。

【文坛纪事】

韩愈在长安，从父兄韩弇在吐蕃遇害，有《烽火》诗一首。

白居易十六岁，在长安，作五律《赋得古原草送别》一首，送呈长安名士顾况，深得赞赏。按：此说首见于唐张固《幽闲鼓吹》，后又见于五代王定保《唐摭言》，但二书记事多误，疑此时白居易无赴长安之可能。傅璇琮《顾况考》（见《唐代诗人丛考》）已有辨证。

元稹在凤翔，随姨表兄胡灵之学诗。

杜佑尚为尚书右丞。

顾况为著作佐郎。柳浑以兵部侍郎、平章事为散骑常侍，罢知政事。

补正：正月壬子，中书舍人、同平章事齐映贬为夔州刺史，又转衡州。卷一三六《齐映传》："三年正月，贬映夔州刺史，又转衡州。"

正月戊寅，宣州刺史皇甫政为越州刺史、浙东观察使。

五月，元全柔罢湖南观察使，自湖南入为太子宾客。（《唐方镇年表考证》卷下）闰五月十五日，路泌随浑瑊与吐蕃尚结赞会盟于平凉，陷蕃。《旧唐书》卷一百五十九《路随传》："以策说浑瑊，瑊深重之，辟为从事。瑊讨怀光，累奏为副元帅判官、检校户部郎中、兼御史中丞。河中平，随瑊与吐蕃会盟于平凉，因劫盟陷蕃。"《旧唐书》卷一百九十六《吐蕃列传》下作"（崔）汉衡判官郑叔矩、路泌"，而卷一三四《浑瑊传》等俱作"浑瑊判官路泌"，《吐蕃列传》夺"浑瑊"二字。

十一月，论惟明卒于官，殿中侍御史弟"罢归私室"。

【宗元事迹】

正月，宗元伯祖柳浑以兵部侍郎同中书门下平章事。八月，柳浑以兵部侍郎、平章事为散骑常侍，罢知政事。

宗元大叔柳缜与李益同因鄜坊节度使论惟明去世俱罢职。

补正：父亲柳镇49岁。是年正月，宗元从祖柳浑为兵部侍郎同中书门下平章事（《新唐书》卷七）。正月壬子，兵部侍郎柳浑同中书门下平章事；八月己丑，罢为散骑常侍。

柳并目盲，滞于吉州，作《意林序》。《全唐文》卷三百七十二柳并《意林序》："贞元丁卯岁，夏之晦，文废瞍河东柳伯存重述。"

杨凝随樊泽到荆南节度使任，在樊泽幕府中由协律郎三迁御史。《柳宗元集》卷九《唐故兵部郎中杨君墓碣》："毗赞元侯，于汉指引，式徙荆州"，孙注"泽徙荆南节度使，凝随府迁"。

贞元四年　戊辰（788）　十六岁

【时事述要】

"正月，诏两税等第，自今三年一定。五月，吐蕃三万骑侵扰泾、宁、庆、邠等州，掠人畜万计而去。"（《资治通鉴》卷二百三十三）

四月，福建军乱，逐其观察使吴诜，大将郝诚溢自称留后。

六月，征夏县处士先除著作郎阳城为谏议大夫。城以褐衣诣阙，帝赐之章服而后召。

七月，邠宁军乱，都虞侯杨朝晟斩其战首二百余人，方定。

九月，吐蕃扰邠、宁、坊等州。

十月，回纥绝吐蕃，请改称"回鹘"，许之，加可汗号为长寿天亲可汗。回纥公主将妾媵六十余人、马二千匹来迎咸安公主，命刑部尚书关播送公主归藩。

十一月，以徐、泗、濠州置节度使，用护运道。

【文坛纪事】

是年，新罗始定读书出身科：通《左传》或《礼记》或《文选》且兼明《论语》《孝经》者为上，通《曲礼》《论语》《孝经》者为中，通《曲礼》《孝经》者为下；若博通五经、三史、诸子百家者超擢之。

是年山阴王叔文始入禁中。天宝十二年，叔文生，以善某故，贞元四年，待诏禁中，凡十有八载以迄于永贞元年八月宪宗即位，叔文坐贬。叔文自言读书知治道，乘间常为太子言民间疾苦。柳宗元《为户部侍郎王公太夫人刘氏墓志》："夫人生二子：长曰彝伦，举五经，早夭；少曰叔文，坚明直亮，有文武之用。贞元中，待诏禁中，以道合于储后，凡十有八载，献可替否，有匡弼调护之勤。"

　　韩愈二十一岁，应进士第，未第。

　　刘禹锡十七岁，始习医道。

　　元稹十岁，在凤翔，从姊夫陆翰读经书。

　　李翱荐孟郊于张建封。

　　白居易父季庚任满，改除大理少卿、衢州别驾。居易随父至衢州任所。有《王昭君》诗二首。

【宗元事迹】

　　宗元大叔柳镇与李益同入邠宁节度使张献甫幕府。李益有《赴邠宁留别》诗。同幕者尚有孟十五、孟二十二（二人均孟郊之叔，名不详）、韦重规等。

　　补正：父亲柳镇50岁，入朝为殿中侍御史，总三司覆治讼狱，平反冤案。柳宗元《先侍御史府君神道表》云："……迁殿中侍御史，为鄂岳沔都团练判官。……后数年，登朝为真。会宰相与宪府比周，诬陷正士，以校私雠。有击登闻鼓以闻于上，上命先君总三司以听理，至则平反之。"又"诬陷正士，以校私雠"句下注引孙汝听注"贞元四年，陕虢观察使卢岳卒，岳妻分资不及妾子，妾诉之。御史中丞卢佋欲重妾罪。侍御史穆赞不听。佋与窦参共诬赞受金，捕送狱。弟赏上御状。镇时为殿中侍御史，诏镇与刑部员外郎李巎、大理卿杨瑀为三司，覆治无之，出赞为郴州刺史。"

按：施子愉《柳宗元年谱》："考《旧唐书》、《新唐书》及《通鉴》之《德宗纪》皆不及此事。《旧唐书》卷一百三十六、《新唐书》卷一百四十五《窦参传》亦然。李巙、杨瑞，《旧唐书》及《新唐书》皆无传。"然施《谱》认为孙汝听所注当本其《柳宗元集全解》。此书"今虽不传，然其成书去唐不远，要必有所据也"。

贞元五年　己巳（789）　十七岁

【时事述要】

正月，诏置二月一日为中和节，备三令节数。内外官司休假一日。（《旧唐书·德宗纪》）

《唐国史补》卷下："贞元五年，初置中和节。御制诗，朝臣奉和，诏写本赐戴叔伦于容州，天下荣之。"《唐会要》卷二十九《节日》："（贞元）五年正月十一日敕：……自今以后，以二月一日为中和节，内外官司，并休假一日。先敕百僚，以三令节集会。今宜吉制嘉节以征之，更晦日于往月之终，揆明辰于来月之始。请令文武百僚，以是日进农书，司农献种稑之种，王公戚里上春服，士庶以尺刀相遗，村社作中和酒，祭句芒神，聚会宴乐，名为享句芒，祈年谷。"

正月，诏定二月一日为中和节，以代正月晦日，备三令节数，内外官司休假一日。

夏，吐蕃扰长武城，韩金义破之于佛堂原。

十月，剑南西川节度使韦皋败吐蕃于台登北谷，收复巂州。

易定节度使张孝忠袭蔚州，大掠。

琼州自乾封中为土人所陷，至是年，岭南节度使李复攻克之。

十二月，吐蕃结葛逻禄、白服突厥攻北庭，回鹘兵破之。

【文坛纪事】

裴度、吕温、马逢登进士第。礼部侍郎刘太真知贡举。著作郎顾况，因事被贬为饶州司户参军。

孟郊游邠宁。离邠宁时，作《抒情因上郎中二十二叔监察十五叔兼呈李益端公柳缋评事》。盖是时，郊叔父孟二十二、孟十五与李益、柳缋都仍在邠宁节度使张献甫幕任职。

令孤峘为窦参所恶，以史馆修撰贬为吉州别驾。

韩愈二十二岁，应进士试，未及第。

唐次转礼部员外郎。《旧唐书》本传"贞元初，历侍御史，窦参深重之，转礼部员外郎。八年，参贬官，次坐出为开州刺史。"韩愈二十二岁，应进士试，未及第。

【宗元事迹】

宗元十七岁，求进士，请乡里保荐，未成。《柳宗元集》卷三十三《与杨诲之第二书》："吾年十七，求进士。"句中补注："贞元五年，公年十七。"又《柳宗元集》卷二十五《送娄图南秀才游淮南将入道序》："仆未冠，求进士。"

窦参迁中书侍郎同中书门下平章事。宗元父柳镇为窦参所谗，被贬为夔州司马。宗元送至蓝田。《柳宗元集》卷十二《先侍御史府君神道表》："逾年，卒中以他事，贬夔州司马。"

补正：父亲柳镇51岁。柳宗元求进士未第。《与杨诲之第二书》云："吾年十七，求进士；四年、乃得举。"似宗元自贞元五年以后，连年皆会应进士举，至贞元九年始登第也。是年二月，窦参为中书侍郎同中书门下平章事（《新唐书》卷七）。父柳镇为窦参所谗，贬为夔州司马（柳宗元《先侍御史府君神道表》）。按：御史大夫、陕虢观察使卢岳去世。卢岳妻子在分割家产时，并没有分给庶出。卢岳的妾到御史中丞门下告状，御史中丞卢佋计划重治妾之罪，而侍御史穆赞不同意。于是卢佋与窦参共同诬告穆赞受贿，并将其逮捕下狱。穆赞的弟弟穆赏击鼓鸣冤。皇帝诏命柳镇与刑部员外郎李巩、大理卿杨瑀共同审理此案，经过一番审理，终使群冤获宥。由此，也得罪了窦参。

贞元六年　庚午（790）　十八岁

【时事述要】

正月，大雪。是岁，吐蕃攻陷北庭都护府。（《旧唐书·德宗纪》、《资治通鉴》卷二百三十三）

二月，岐州无扰王寺有佛指骨寸余，先是取来禁中供养，后又诏送还本寺。

三月，牂柯蛮来朝。

五月，以宁州刺史范希朝为单于大都护、麟胜节度使。

北庭陷于吐蕃，回鹘兵败，节度使杨袭古奔西州，沙陀首领朱邪尽忠降于吐蕃，由是安西遂绝音问。

夏，淮南、浙东西、福建等道旱，井泉多涸，人渴乏，疫死者众。

十一月，定今后刺史、县令以四考为限。

【文坛纪事】

韩愈自长安过河中归宣城，作《河中府连理木颂》《上贾滑州耽书》。

刘禹锡十九岁，学业有成，北游长安。《刘梦得文集》卷一《游桃源一百韵》："纷吾本孤贱，世业在逢掖。九流宗指归，百氏旁捃摭。公卿偶慰荐，乡曲谬推择。"《刘梦得文集》卷一《谒柱山会禅师》："我本山东人，平生多感慨。弱冠游咸京，上书金马外。结交当世贤。驰声溢四塞。"可见禹锡早年学习很用功，到京城后广交朋友，稍有声誉。

柳缜同僚、孟郊之叔孟二十二卒，李益作诗《惜春伤同幕故人孟郎中兼呈去年看花友》。

贾岛年十二，初为僧徒，名无本。

李贺生（ —816）。一作生于贞元七年（791），卒于元和十二年（817）。此据《历代名人年谱》及《疑年录》。

【宗元事迹】

宗元求进士，又未第。《柳宗元集》卷三十三《与杨诲之第二书》："吾年十七，求进士，四年乃得举。"可见宗元自十七岁（贞元五年）以后，贞元六年至八年都曾应进士举考试，至贞元九年始登第。《柳河东全集》卷四十三《省试观庆云图诗》，为本年试题，故知本年柳宗元应举不第。按：此诗为今存柳诗的最早诗作。诗人以浓墨描绘了庆云图画上的内容，反映了盛唐气象，表现了作者雄心勃勃想成就一番事业的雄心壮志。日人认为宗元"贬谪以前之诗自有富贵气象，不似后来衰飒怨愤之态"。这是符合柳诗实际的。

拜谒左补阙权德舆，进呈《上权德舆补阙温卷决进退启》，请求引荐："（宗元）言讷性鲁，无特达之节，无推择之行，琐琐碌碌，一孺子耳。孰谓其可进？孰谓其可退？抑又闻之，不鼓踊无以超泥涂，不曲促无以由险艰，不守常无以处明分，不执中无以趋夷轨。今则鼓踊乎？曲促乎？守其常而执厥中乎？浩不知其宜矣。进退无倚，宵不遑寐，乃访于故人而咨度之。其人曰：'补阙权君，著名逾纪，行为人高，言为人信，力学揽文。朋侪称雄。子亟拜之，足以发扬。'对曰：'衷燕石而履玄圃，带鱼目而游涨海，祇取消耳，曷予补乎？'其人曰：'迹之勤者，情必生焉；心之恭者，礼必报焉。况子之文，不甚鄙薄者乎？苟或勤以奉之，恭以下之，则必勖励尔行，辉耀尔能。言为建瓴，晨发夕被，声驰而响溢，风振而草靡。可使尺泽之鲵，奋鳞而纵海，密网之鸟，举羽而翔霄。子之一名，何足就矣，庶为终身之遇手？曷不举驰声之资，挈成名之基，授之权君，然后退行守常执中之道，斯可也。'愚不敏，以为信然，是以有前日之拜。又以为色取象恭，大贤所饫；朝造夕谒，大贤所倦。性颇疏野，窃又不能，是以有今兹之问，仰惟览其鄙心而去就之。"

按：《旧唐书》卷一百四十八《权德舆传》，德舆此时正为左补阙。宗元给权补阙投书献文，盖均为进士落第后事，故以之系于是年。

宋赵彦卫《云麓漫钞》卷八云："唐之举人，先借当世显人以姓名达于主司。然后以所业投献，逾数日又投，谓之温卷。"宗元在《上权德舆书》中，曾谓"拜揖长者，自于幼年"。似乎宗元在早年便见过或认识权德舆。然其所撰《先君石表阴先友记》中，列柳镇友六十七人，而无权德舆之名，可知柳家与德舆并无深交。

穆赞贬为郴州刺史。吏部郎中柳冕摄太常博士，修郊祀仪注。

补正：父亲柳镇52岁，贬为夔州司马。在夔州时作《鹰鹯诗》。

宋文安礼《柳先生年谱》谓："贞元五年己巳……有《为文武百官请复尊号表三首》"，"贞元六年庚午……《为文武百官请复尊号表三首》，又《大会议表二首》"。《柳宗元集》外集卷下《为文武百官请复尊号表六首》"校勘记"云：按：此六表《文苑英华》及《全唐文》均列为崔元翰作。《文苑英华辨证》卷五："唐德宗兴元元年幸奉天，削去徽号，贞元五年六月百官请复旧，即此六表也。是时崔元翰为礼部员外郎，历知制诰。《唐书》称其诏令温雅，则《类表》云元翰作是矣。况又《总目》明言取之《类表》乎？本卷乃误作常衮。衮于建中初卒，至是已十五年矣。又柳文收此表，或入正集，或入外集。按《宗元年谱》，贞元五年方十七岁，八年始贡京师，其误可知。"以表文称先已"光膺圣神文武之号"，后又"逢厄运"。此即指建中元年正月所上圣神文武皇帝尊号，后兴元元年正月，以朱泚之乱，德宗去掉此尊号。至此"请复尊号"时，表称"五年于兹"，从兴元元年（784）至贞元四年（788），正符五年之数。亦可证属崔元翰作之说为是。

关于《大会议表二首》，前者即班宏请改表。《柳宗元集》外集此表《校勘记》云："《文苑英华》及《全唐文》此篇前崔元翰所作，第三表之后半篇，未单独成文，且文字与第三表相同者大部分删去。"音辨本、游居敬本题下注，亦谓此系改第三表。后者即韩洄请改表。《柳宗元集》外集此表《校勘记》云："《文苑英华》及《全唐文》此篇附在上面崔元翰所作第六表后面，不单独成篇。"施子愉《柳宗元年谱》云：按二表（班宏及韩洄所请表）乃增改前表（《请复尊号六首》），同样均非宗元所作。

【诗文系年】

作《上权德舆补阙温卷决进退启》。

《柳宗元集》卷三十六《上权德舆补阙温卷决进退启》，请求权德舆提携。权德舆，字载之，贞元初，德宗征为太常博士，转左补阙。集注云："子厚此启年十八时作。瑰奇而苍古，驰骋而精工。……"康海曰："句法骚快，气概闲适，可见子厚少年文字便丽然出尘"。作《省试观庆云图诗》按："《徐松登科记考》一二，贞元六年，进士二十九人条下云：'按柳宗元集有省试观庆云图诗，韩注以为公举进士时所作。考子厚举进士于贞元五年，省试自六年始。七年以后题皆可考，则庆云图为六年试题矣。'"按：此亦崔元翰之作误入柳外集者，旧谱误。

作《送崔群序》。

崔群进士及第。柳宗元《送崔群序》韩注、《唐摭言》皆作八年，《旧唐书》卷一百五十九《崔群传》作"十九登进士第"，据崔群卒于大和六年，年六十一，推"十九登进士第"为贞元六年。

贞元七年　辛未（791）　十九岁

【时事述要】

正月，黑衣大食遣使朝贡。

二月，泾原师刘昌复筑平凉城，分兵戌之，边患稍弭。册回鹘可汗为奉城可汗。

三月，陈许节度使曲环奏请权停当道冗官，待一二年后，民力稍给，则复之。泾原节度使刘昌筑胡谷堡，改名彰义堡。堡在平凉西三十五里，亦御戎之要地。

四月，安南土人首领杜英翰等以赋敛过重起事，攻都护府，都护高正平忧死。

五月，置柔远军于安南都护府。

七月，德宗在章敬寺赋诗九韵，皇太子与群臣毕和，题之寺壁。

八月，吐蕃攻灵州，回纥败之。（《资治通鉴》卷二百三十三）

九月，回纥遣使献俘。

是冬，无雪。

【文坛纪事】

刘禹锡二十岁，在长安浏览，与宗元相交。

韩愈二十四岁，第三次在长安参加进士考试，仍未第。有诗《落叶一首送陈羽》。首二句便感物起兴，以"落叶"和"断蓬"比喻他与陈羽同时落第的不幸。

孟郊进京，结识韩愈。

令狐楚、萧俛、皇甫镈、林藻登进士第。礼部侍郎杜黄裳知贡举。

崔鹏（元翰）约卒于此年（717？—　），年约七十五。

韦应物约卒于此年（737—　），年约五十五。

【宗元事迹】

宗元举进士，未第。吕温本年前后师陆质学《春秋》，从梁肃学文章。《柳宗元集》卷九《唐故给事中皇太子侍读陆文通先生墓表》："有吴郡人陆先生质，与其师友天水啖助洎赵匡，能知圣人之旨。故《春秋》之言，及是而光明。使庸人小童，皆可积学以入圣人之道，传圣人之教，是其德岂不侈大矣哉！"由此可知，陆质实师啖助，而与赵匡为同门。啖助，字叔佐，赵州人，徙关中。淹该经术。天宝末，历临清尉、丹阳主簿，后隐居不仕。撰《春秋集传》，十年乃成。赵匡字伯循，河东人。官洋州刺史。助卒，匡为损益其《春秋集传》。啖、赵二人都是当时著名的"异儒"。陆质尽传二家之学，成为著名的《春秋》学者。关于陆质《春秋》之学的核心，柳宗元《唐故给事中皇太子侍读陆文通先生墓表》曾给以说明："其道以生人为主，以尧、舜为的，苞罗旁魄，胶鬲上下，而不出于正。其法以文、武为首，以周公为翼，揖让升降，好恶喜怒，而不过乎物。"柳宗元明确说明，陆质所宣传的"道"，不是纯粹的圣人之道，而是与中唐时代相适应，经过他自己加工改造后的圣人之道，亦即他自己的政治见解。

补正：父亲柳镇53岁。宗元求进士，仍未第。刘禹锡游长安，与宗元相交。礼部侍郎杜黄裳知贡举，萧俛等及第，韩愈不第。久保天随《谱》：柳宗元娶礼部郎中弘农杨凭之女。夫人年方十五。不确。

贞元八年　壬申（792）　二十岁

【时事述要】

二月，襄州军乱，掠府库民财殆尽，都将徐诚斩其乱首杨清潭，方止。

三月，山南东道军乱，旋定。

四月，吐蕃扰灵州，毁营田。

贬中书侍郎、平章事窦参为郴州别驾。

五月，平卢节度使李纳卒，其子师古自称留后，旋命为节度使。

六月，吐蕃千余骑侵扰泾州，掠田军千余人而去。

七月，河南、河北、江淮、荆襄、陈许等四十余州大水，溺死者二万余人。（《旧唐书·德宗纪》《资治通鉴》卷二百三十四）

九月，韦皋与吐蕃战于维州，获蕃将论莽热以献。

十一月，山南西道节度使严震破吐蕃于芳州。

左神策监军窦文场潜统将柏良器去之，自是宦官始专军政。

十二月，牂柯、室韦、靺鞨皆遣使朝贡。

【文坛纪事】

韩愈登进士第。同科登第者，有陈羽、李观、冯宿、王涯、李绛、崔群、欧阳詹等共二十三人。《全唐文》卷六百三十九澧翱《韩公行状》："年二十五，上进士第。"韩愈作诗《北极一首赠李观》，作文《争臣论》。兵部侍郎陆贽知贡举。"时称'龙虎榜'"。（《新唐书·欧阳詹传》）

四月，礼部员外郎唐次坐窦参出为开州刺史，在巴峡闲十余年。权德舆《开州刺史新宅记》："贞元八年夏四月，北海唐侯文编承诏为郡。"

五月，许孟容为濠州刺史，无几，征为礼部员外郎。

元稹赴西高长安应试，未果。

吕温继祖母卒，吕渭守制洛下。此间，吕温奉父命，至魏州将祖母之坟迁于洛阳。随后在洛与父一起守制。

【宗元事迹】

四月，宰相窦参因罪罢相，贬郴州别驾，再贬骧州司马，行未半路，便被处死。《旧唐书》卷一百三十六《窦参传》："拜中书侍郎同平章事领度支盐铁转运使。……任情好恶，恃权贪利，不知纪极，终以此败，贬参郴州别驾。参至郴州，汴州节度使刘士宁遗参绢五千匹。湖南观察使李巽与参有隙，遂具以闻。……乃再贬为骧州司马。未至骧州，赐死。"

《旧唐书》卷十三《德宗纪》贞元八年："夏四月，……贬中书侍郎平章事窦参为郴州别驾。"

父镇复为侍御史。《柳宗元集》卷十二《先侍御史府君神道表》："逾年，卒中以他事，贬夔州司马。……居三年，丑类就殒，拜侍御史。制书曰：'守正为心，疾恶不惧。'先君捧以流涕曰：'吾惟一子，爱甚。方谪去，至蓝田诀曰：吾目无涕，今而不知衣之濡也，抑有当我哉。'"拜侍御史句下引孙汝听注："贞元八年四月，参得罪，复以镇为侍御史。"

爱好书法尺牍。《柳宗元集》卷三十二《与李睦州论服气书》："及年已长，则嗜书，又见有学书者，亦不得硕师，独得国故书，伏而攻之，其勤若向之为琴者，而年又倍焉。出曰：'吾书之工，能为若是。'知书者又大笑曰：'是形竦而理逆。'卒为天下弃，又大惭而归。是二者（按指学琴学书），皆极工而反弃者，何哉？无所师而徒状其文也。"《柳宗元集》卷三十一《与吕恭论墓中石书书》："元生又持部中庐父墓者所得石书，模其文示余，云若将闻于上，余故恐而疑焉。仆蚤好观古书，家所蓄晋、魏时尺牍甚具，又二十年来，遍观长安贵人好事者所蓄，殆无遗焉。以是善知书，虽未尝见名氏，亦望而识其时也。又文章之形状，古今特异。弟之精敏通达，夫岂不究于此！今视石文，署其年曰'永嘉'，其书则今田野人所作也。虽支离其字，犹不能近古。为其'永'字等颇效王氏变法，皆永嘉所未有。辞尤鄙近，若今所谓律诗者，晋时盖未尝为此声。大谬妄矣！"

本年，柳宗元、刘禹锡入京应举。《刘禹锡集》卷二十三《谒枉山会禅师》谓己："弱冠游咸京"。刘禹锡本年二十一，明年登第。

宗元被推为"乡贡"，贡于京师，准备明年春上参加进士考试。在京与同贡于京师的马色苑言扬相识，情谊深厚，结为兄弟之交。柳宗元《送苑论登第后归觐诗序》："（贞元）八年冬，余与马邑苑言扬联贡于京师。自时而后，车必挂辖，席必交衽。量其志，知其达于昭代；究其文，辨其胜于太常。探而讨之，则明韬于朴厚之质，行浮于休显之间。游公卿之间，质直而不犯，恪谨而不摄。交同列之群，以诚信闻。余拜而兄之，以为执谊而固。临节不夺，在兄而已。"按，苑论字言扬，齐大夫苑何忌之后。明年春以同科进士第一名（状元）登第。

　　补正：父亲柳镇 54 岁。柳镇自夔州归京，作《喜霁之歌》。任侍御史，从六品。柳宗元《先侍御史府君神道表》："居三年，丑类就殛，拜侍御史"，制曰"守正为心，疾恶不惧"。

　　【诗文系年】

　　作《上权德舆补阙温卷决进退启》。《柳宗元集》卷三十六《上权德舆补阙温卷决进退启》云："进退无倚，宵不遑寐。乃访于故人而咨度之。"柳宗元入京应举，秋，行卷与权德舆。

　　贞元九年　癸酉（793）　二十一岁

　　【时事述要】

　　正月，初税茶，岁得钱四十万贯。茶之有税自此始。盖从盐铁使张滂所奏。

　　禁卖剑铜器。国内铜山，任人采取，其铜官买，除铸镜外，不得铸造。

　　二月，中和节，宰相宴于曲江亭；诸司各选胜分宴。

　　三月，吴少诚袭唐州，掠千余人。（《资治通鉴》卷二百三十四）

　　诏塞外复筑盐州城，以固边防。

四月，王武陵袭取义武军之义丰，又掠安喜、无极民万余，徙之德棣二州。

五月，韦皋遣将拔吐蕃所侵堡塞五十余所，并以蕃俘器仗来献。

南诏王异牟寻遣使上表归唐。

七月，剑南西山羌女王汤之志等六国君王来贡，各授官秩。

八月，又围许州，掠西华。诏削吴少诚官爵，讨之。（《资治通鉴》卷二百三十四）

十一月，制以冬荐官，令尚书丞、郎于都堂访以理术，试时务状，考其通否及历任考课事迹，定为三等，并举主姓名。仍令御史一人为监考。如授官后政事能否，委御史台、观察使以闻，而殿最举主。

十二月，宣武军都知兵马使李万荣逐其节度使刘士宁，自称留后；后命为节度使。

【文坛纪事】

元稹以明经登第，年十五。《元稹集》卷三十三《同州刺史谢上表》："年十有五，得明经出身。"《旧唐书·元稹传》："十五两经擢第。"元稹十五岁，登明经科第一名，移家长安。其姨表兄胡灵之来长安。《旧唐书》卷一百六十六《元稹传》："稹字微之，河南人。曾祖延景，祖悱，父宽。稹八岁丧父，其母郑夫人，贤明夫人也，家贫，为稹自授书。九岁能属文，十五两经擢第。"《侯鲭录》载《元微之年谱》云："元稹年少，以明经擢第一。尝结交于李贺，一日执贽造门，贺览刺不容遽入。仆者谓曰：'明经及第，何事来看李贺'稹惭而退。"按，唐时明经科不如进士科吃香，于此可见一斑。

吕温服丧期满，返长安。约于下半年又自长安往洛阳参加第二年的河南府试，过虞虢，作《傅岩铭》《虢州三堂记》。《吕衡州文集》卷八《傅岩铭并序》："贞元九年，予自镐徂洛，息驾于虞虢之间，升墟瞰原，仿佛其地。远迹虽昧，清风若存。想《说命》三篇，几坠秦火。百代之后，德音如何，乃作铭曰……"

是年，韩愈试博学鸿词科，未第。尝游凤翔。作诗《长安郊游者一首赠孟郊》《孟生诗》《岐山下二首》《青青水中蒲三首》；作文《上考功崔虞部书》《省试颜子不贰过论》。

刘禹锡登进士第，又与李观、李绛同登博学宏词科，并与李绛相识。后禹锡归洛阳省母，去埇桥省父，又至华州省堂舅卢征。

梁肃本年为翰林学士，病中作《述初赋》纪怀。十一月十六日卒。《全唐文》卷五百一十七梁肃《述初赋并序》："会明诏以监察御史征，俄转右补阙。……间一岁，加翰林学士，领东宫侍读之事，既微且陋，载荷天眷。……不欲寝食，无一日而安者，三年于兹。……于是作《述初赋》以纪怀，且贻诸同志焉。"梁肃贞元五年为右补阙，"间一岁"，即贞元七年，加翰林学士，"三年于兹"，为本年。又《全唐文》卷五百二十三崔元翰《梁肃墓志铭》："梁君讳肃，字宽中……（贞元）九年十有一月旬有六日，寝疾于万年之永康里，享年四十有一。"

【宗元事迹】

二月，宗元与刘禹锡、武儒衡、幸南容、卫中行、卢景亮、薛公达等三十二人同登进士第。《柳宗元集》卷十二《先侍御史府君神道表》云："贞元九年，宗元得进士第。上问有司曰：'得无以朝士子冒进者乎？'有司以闻。上曰：'是故抗奸臣窦参者耶！吾知其不为子求举矣。'"《柳宗元集》卷二十二《送苑论登第后归观覲诗序》："是岁，小司徒顾公守春官之缺，而权择士之柄。……二月丙子，有司题甲乙之科，揭于南宫，余与兄又联登焉。"礼部侍郎顾少连知贡举。

徐松《登科记考》卷十三贞元九年"进士三十二人"题下注：是年试《平权衡赋》。以"昼夜平分，铢钧取则"为韵。《风光草际浮诗》，见《永乐大典》载《瑞阳志》引《登科记》。宗元应试时所作诗赋已逸，故其内外集均不载。宗元与苑论、刘禹锡、谈元茂、张复元、马征、邓文佐、幸南容等及第进士题名于慈恩塔。唐韦绚《刘宾客嘉话录》云："唐柳宗元与刘禹锡同年及第，题名于慈恩塔。谈元茂秉笔时不欲名字著彰曰：'押缝板子上者，率多不达，或即不久物故。'柳起草暗斟酌之。张复元以下马征、邓文佐名尽著板子矣。题名皆以姓望，而幸南容人莫知之。元茂搁笔曰：'请幸先辈言其族望。'幸君适在他处。柳曰：'东海人。'元茂曰：'争得知？'柳曰：'东海之大，无所不容。'俄而幸至，人问其望，曰：'渤海'众大笑。"

夏四月，苑论考中状元后将归荆衡故里，在霸陵饯别，宗元作《送苑论登第后归觐诗序》。

五月十七日，宗元父镇卒于长安亲仁里第，年五十五。

七月，葬父于京兆府万年县栖凤原。《柳宗元集》卷十二《先侍御史府君神道表》云："贞元九年，宗元得进士第。……是岁五月十七日，终于亲仁里第，享年五十有五。七月某日，葬于万年县栖凤原。"

补正：五月十七日，父柳镇卒于长安亲仁里第，享年五十五岁。七月，葬于万年县栖凤原。按：施子愉《柳宗元年谱》及罗联添《柳宗元事迹系年》"年五十五"均作"年五十七"，显误，当按柳宗元《先侍御史府君神道表》所言改正。

【诗文系年】

是年为文可考者。

作《送苑论登第后归觐诗序》。《柳宗元集》卷二十二《送苑论登第后归觐诗序》云："夏四月，告归荆衡，拜手行迈。……群公追饯于霸陵，列筵而觞，送远之赋，圭璋交映。或授首简于余曰：'子得非知言扬者乎，安得而默耶？'余受而书之，编于群玉之右。"

作《送南融归使聊句诗序》。

贞元十年　甲戌（794）　二十二岁

【时事述要】

正月，南诏与唐和好，其王异牟寻率众大破吐蕃于神川，遣使献捷。（《资治通鉴》卷二百三十四）

正月，南诏异牟寻六破吐蕃于神川，使来献捷。

三月，南诏异牟寻攻取吐蕃铁桥以东城垒十六座，擒其王五人，降其民众十万口。

四月，宣城军乱，寻定。

钦州土人首领黄少卿攻陷州城，寻又陷横、寻、贵等州，攻邕州。

六月，韦皋破吐蕃于峨和城。（《资治通鉴》卷二百三十四）

七月，吐蕃大将论乞髯等以其家内附，授归义将军。

九月，南诏献铎槊、浪人剑、吐蕃印八纽。

【文坛纪事】

刘禹锡二十三岁，复至长安，以文会友。有《献权舍人书》。

据《旧唐书》卷一百四十八《权德舆传》：贞元十年，"迁起居舍人"。

韩愈应博学宏词试，未成。归河阳，嫂郑氏卒于河阳。有诗《古风》《谢自然诗》等三首；有文《省试学生代斋郎议》《李元宾墓志》等。

元稹十六岁，居西京开元观。与姨表兄胡灵之为邻。

李观在长安病重，韩愈作《重云一首李观疾赠之》。

李观卒（766—　），年二十九。

吕温本年应河南府试，以第一名入贡。据《旧唐书·德宗纪》："（贞元十年）冬十月癸卯，御宣政殿，试贤良方正、能直言极谏等举人。"温

《上族叔齐河南书》云："曩充乡赋，荐辱公议；昨诏贤良，猥尘清举。"
知吕温本年应贤良方正制举。刘禹锡《唐故衡州刺史吕君集纪》："始以
文学震三川，三川守以为贡士之冠，名声四驰。"三川即指河南。

本年知贡举者为户部侍郎顾少连，试《风过箫赋》（见《登科记考》
卷十三）。

【宗元事迹】

宗元居家守父丧。《柳宗元集》卷十二《故叔父殿中侍御史府君墓版
文》云："小子常以无兄弟，移其睦于朋友；少孤，移其孝于叔父。天将
穷我而夺其志，故罔极之痛仍集焉！"时大叔柳缜在邠宁庆节度府度支判
官任上，宗元曾前往邠州省侍，访问故老卒吏，详细了解段秀实事迹，
为日后撰写《段太尉逸事状》积蓄材料。《柳宗元集》卷三十一《与史
官韩愈致段太尉逸事书》云："窃自冠好游边上，问故老卒吏，得段太尉
事最详。今所趋走州刺史崔公（崔能），时赐言事，又具得太尉实迹，参
校备具。"《柳宗元集》卷八《段太尉逸事状》云："宗元尝出入岐、周、
邠、斄间，过真定，北上马岭，历亭鄣堡戍，窃好问老校退卒，能言
其事。"

【诗文系年】

作《送崔群序》。

《柳宗元集》卷二十二《送崔群序》："贞元十年，群举贤良方正，
授秘书郎"，公序文中及之，姑列之是年。

贞元十一年　乙亥（795）　二十三岁

【时事述要】

四月　壬戌，陆贽为裴延龄所陷，由太子宾客贬为忠州别驾。裴延
龄又潛京兆尹李充、卫尉卿张滂皆党附于贽，李充出为涪州长史，张滂

为汀州长史。阳城时为谏议大夫，闻讯，即上疏论裴延龄奸佞，陆贽等人无罪，德宗不听。

五月，初铸河东监军印。监军有印，自王定远始。

七月，河东监军王定远流配崖州，坐专杀之故。（《旧唐书·德宗纪》《资治通鉴》卷二百三十五）右谏议大夫阳城为国子司业。

闰八月，国子司业裴澄表上《乘与月令》十二卷，《礼典》十二卷。

九月，横海军兵马使程怀信逐其兄节度使程怀直，自称留后。

十月，南诏取吐蕃昆明城，虏施、顺二王。

【文坛纪事】

刘禹锡二十四岁，登吏部取士科，授太子校书。《刘梦得文集》卷十八《夔州谢上表》云："贞元年中，三忝科第。"同上卷十九《苏州谢上表》云："臣本书生，素无党援。谬以薄伎，三登文科。"按：所谓"三登文科"，即指前年之进士科、宏词科与本年之吏部取士科（拔萃科）。马端临《文献通考》卷二十九《选举考》二《举士》条云："唐士之及第者，未能便解褐入仕，尚有试吏部一关。韩文公三试于吏部都无成，则十年犹布衣。且有出身二十年不获禄者。"这说明进士及第后尚须通过吏部，始能获得官职。

韩泰登进士第。宗元与韩泰、韩慎、韩丰兄弟结为知交，过从甚密。

韩愈又应博学宏词试，未成。三上宰相书，皆不报。东归河阳，又至洛阳。有诗《马厌谷》《杂诗》等三首，有文《答崔立之书》《上宰相书》（三篇）、《画记》《祭田横文》《感二鸟赋》等。

灵彻于本年前后西游京师，与吕温、刘禹锡、权德舆、柳宗元等交游。《吕衡州文集》卷九《张荆州画赞并序》："曹溪沙门灵彻，虽脱离世务，而犹好正直，得其图像，因以示予，睹而感之，乃作赞曰……"《吕衡州文集》卷一《戏赠灵彻上人》："僧家亦有芳春兴，自是心源无滞境。君看池水湛然时，何曾不受花枝影。"《刘禹锡集》卷十九《彻上人文集纪》："贞元中，西游京师，名振辇下。"《刘禹锡集》卷三十五《敬酬彻公见寄二首》作于元和九年，诗云："别来二十年，唯余两心在。"逆推二十年为贞元十一年。《权载之文集》卷二《酬灵彻上人以诗代书见寄》注："时在荐福专坐夏。"柳宗元《韩漳州书报彻上人亡因寄二绝》云："早岁京华听越吟。"则本年刘、权、柳、吕四人在京与灵彻均有交往。灵彻，字源澄，会稽人。贞元中游京师，名振辇下。缁流疾之，造飞语，因得罪，徙汀州。会赦归东越，吴楚间诸侯多宾礼延之。元和十一年卒于宣州开元寺，年七十一。

【宗元事迹】

宗元在长安居家服父丧。

宗元文名渐成，有王氏兄弟（王纬、王纾、王绍）慕名自南徐州，（润州，今江苏镇江）执文来会，宗元作《王氏伯仲唱和诗序》云："乙亥岁，某自南徐来，执文贶予，词有远致。又著论非班超不能读父兄之书，而乃徽狂疾之功以为名。吾知其奉儒素之道专矣。间以兄弟嗣来京师，会于旧里。若璩、场在魏，机、云入洛。"按，"王氏伯仲"未详其姓氏，有人推断为王炎之、王贲之兄弟，然亦言而无据。《柳集》五百家注本未收此篇。又：《新唐书》卷一百六十八《柳宗元传》云："宗元少精敏绝伦，为文章卓伟精致，一时辈行推仰。"

【诗文系年】

作《王氏伯仲唱和诗序》。

《柳宗元集》卷二十一《王氏伯仲唱和诗序》序云，"乙亥岁，某自南徐来，执文贶予"。又谓："况宗兄握炳然之文，以赞关石，荐冠银章，荣映江湖，则向时之美谈，必复其始。"谓是年十一月以浙西观察使王纬为诸道盐铁转运使事，皆此文作于是年。

贞元十二年 丙子（796） 二十四岁

【时事述要】

正月，乙丑，以成德节度使王武俊、河中绛州节度使浑瑊并兼中书令；兴元节度使严震、魏博田绪、西川韦皋、幽州刘济并加检校左右仆射、同中书门下平章事。于是方镇皆进兼官，以悦其意。四月庚午，魏博节度使田绪暴卒，其左右使其庶子田季安领军事，年仅十五。乙亥，发丧，推季安为留后，朝廷寻命为节度使。六月，以宦官窦文场、霍仙鸣为护军中尉，监北军，于是宦官权势益大。（《旧唐书·德宗纪》《资治通鉴》卷二百三十五）

正月，吐蕃扰嶲州，刺史曹高仕败之。

普加节度使检校官。

制《贞元广利药方》五百八十六首，颁发全国。

三月，西南夷高万唐等二万余口来降。

四月，魏博节度使田绪卒，其子季安自称留后。

六月，以宦官窦文场、霍仙鸣为护军中尉监北军。

七月，宣武军节度使李万荣病重将死，其子迺自署为兵马使，部将又逐迺，汴州乱，故命董晋帅之。

八月，增修望仙门，广夹城、十王宅、六王宅。

九月，吐蕃扰庆州。

十二月，大雪，平地三尺，竹柏多死。

回纥、南诏、剑南西山国王女国王并来朝贺。

【文坛纪事】

秋，韩愈在汴州宣武节度使董晋幕府为观察推官。时年二十九。

是年，孟郊、张仲方、李程登进士第。时孟郊已四十六岁。

礼部侍郎吕渭知贡举。

元稹寓居长安开元观，与吴士矩交往甚密，互相唱和，有《开元观闲居酬吴士矩侍御三十韵》《与吴侍御春游》《清都春霁寄胡三吴十一》等诗。

刘禹锡二十五岁，为太子校书。其父刘绪卒于扬州，葬父与荥阳。

吕渭以礼部侍郎第二次知贡举，试《西掖瑞柳赋》《龙池春草》诗。

李程、孟郊、张仲方、崔郾、崔护等三十人登第。见《登科记考》卷一四。

【宗元事迹】

宗元居家守父丧服满。

正月九日，大叔柳缜暴疾卒。二月，宗元与叔父柳综、柳续扶丧归葬长安万年县少陵原。宗元为作《柳公墓表》及《墓版文》。《柳宗元集》卷十二《故殿中侍御史柳公墓表》云："唐贞元十二年二月庚寅，葬我殿中侍御史河东柳公于万年县之少陵原。……以其年正月九日遇疾，终于私馆，享年五十。"《柳宗元集》卷十二《故叔父殿中侍御史府君墓版文》云："贞元十二年，岁在景子，正月九日壬寅，遇暴疾，终于私馆，享年五十。……夫人吴郡陆氏，洎仲弟综、季弟续、冢侄某等……祗奉裳帷，归于京师。以某年二月二十八日庚寅，安厝于万年县之少陵原。""冢侄某等"句下注引孙汝听注："察躬子：镇、某、缋、综、续。冢侄，即公（宗元）也。"

宗元应试博学宏词科，未第。《柳宗元集》卷三十三《与杨诲之第二书》云："二十四求博学宏词科，二年乃得仕。"《柳宗元集》卷三十六《上大理崔大卿应制举不敏启》云："宗元向以应博学宏词科之举，会阁下辱临考第，司其升降。当此之时，意谓运合事并，适丁厥时，其私心日以自负也。无何，阁下以鲲鳞之势，不容尺泽，悠尔而自放，廓然而高迈，其不我知者，遂排逐而委之。……秉翰执简，败北而归。"按，

《上大理崔大卿应制举不敏启》题下注引韩醇注："《新唐书》七十二下《宰相世系表》：崔同尝为大理少卿，崔锐尝为大理卿。然皆不见于传。公此书盖未中博学宏词科时作尔。"徐松《登科记考》卷十四"贞元十二年"载宗元所作《披沙拣金赋》，以为宗元是年登博学宏词科，疑有误。待考。

宗元与弘农杨凭女完婚。《柳宗元集》卷十三《亡妻弘农杨氏志》："亡妻弘农杨氏……代济仁孝，号为德门。郎中娶于陇西李氏，生夫人。夫人生三年而皇妣即世，外王父兼，居方伯连帅之任，历刺南部。夫人自幼及笄，依于外族。……及许嫁于我，柔日既卜，乃归于柳氏。恭惟先府君重崇友道，于郎中最深。髫稚好言，始于善谑，虽间在他国，终无异辞。凡十有三岁，而二姓克合，奉初言也。夫人既归……太夫人……爱之如己子，崔氏、裴氏姊视之如兄弟。故二族之好，异于他门。然以素被足疾，不能良行。未三岁，孕而不育，厥疾增甚。明年，以谒医救药之便，来归女氏永宁里之私第，八月一日甲子，至于大疾，年始二十有三。呜呼痛哉！"按，施子愉《柳宗元年谱》云："绎其文意，似杨氏女适宗元后四年而卒。杨氏卒在贞元十五年，则宗元结婚当在贞元十一年。然宗元父卒于贞元九年，贞元十一年宗元尚未服阕。故定宗元结婚在是年。盖《杨氏志》中'未三年'一语，亦可作二年余解也。"杨凭与宗元父友善，宗元所作《先君石表阴先友记》载其名。宗元与杨氏之婚，盖其父在宗元早年与杨凭所订。故《亡妻弘农杨氏志》云："恭惟先府君重崇友道，于郎中最深。髫稚好言，始于善谑，虽间在他国，终无异辞。凡十有三岁，而二姓克合，奉初言也。"故定宗元与弘农杨凭女结婚在是年。

【诗文系年】

作《故殿中侍御史柳公墓表》。

《柳宗元集》卷十二《故殿中侍御史柳公墓表》云："唐贞元十二年二月庚寅，葬我殿中侍御史河东柳公于万年县之少陵原。……以其年正月九日遇疾，终于私馆，享年五十。"

作《故叔父殿中侍御史府君墓版文》。

《柳宗元集》卷十二《故叔父殿中侍御史府君墓版文》云："贞元十二年，岁在景子，正月九日壬寅，遇暴疾，终于私馆，享年五十。"

作《故御史周君碣》。

为故监察御史周子谅作碣，以彰其忠贞。《柳宗元集》卷九《故御史周君碣》："有唐贞臣汝南周氏……以谏死……贞元十二年，柳宗元立碣于其墓左。在天宝年，有以诌谀至相位，贤臣放退。公为御史，抗言以白其事，得死于墀下，史臣书之。公死，而佞者始畏公议。于虖！古之不得其死者众矣。若公之死，志匡王国，气震奸佞，动获其所，斯盖得其死者欤！公之德之才，洽于传闻，卒以不试，而独申其节，犹能奋百代之上，以为世轨。第令生于定、衰之间，则孔子不曰'未见刚者'；出于秦、楚之后，则汉祖不曰'安得猛士'。而存不及兴王之用，没不遭圣人之叹，诚立志者之所悼也。故为之铭。铭曰：忠为美，道是履。谏而死，佞者止。史之志，石以纪，为臣轨兮。"按：宗元此文《唐文粹》题作《唐监察御史周公墓碣铭》。题下小字注："（周君）周子谅也。"又引孙汝听注："按公此碣，子谅当是柳州人也。"按：此碣首句"有唐贞元臣汝南周氏"，明言周子谅乃汝南人。遍观全文，未见有言子谅为柳州人者，孙注显误。《资治通鉴》卷二百一十四《唐纪》玄宗开元二十五年四月"辛酉（十七日）监察御史周子谅弹牛仙客非才，引谶书为证。上怒，命左右搒于殿庭，绝而复苏，仍杖之朝堂，流瀼州，至蓝田而死"。《考异》曰："《宗元集》此碣虽无名字，然其事则子谅也。云'在天宝年'，则误矣。"

作《终南山祠堂碑》《太白山祠堂碑》。

秋，大旱，德宗分命祷于终南山、太白山。宗元作《终南山祠堂碑》《太白山祠堂碑》。《柳宗元集》卷五《终南山祠堂碑（并序）》云："贞元十二年，夏洎秋不雨。稆人焦劳，嘉谷用虞。皇帝使中谒者，祷于终南山。"《柳宗元集》卷五《太白山祠堂碑（并序）》云："贞元十二年孟秋，旱甚。皇帝遇灾悼惧，分命祷祀，至于兹山。"《柳宗元集》卷五《碑阴文》题下韩醇注云："韩（皋）、裴（均）盖有劳于二祠者也，故公又作文碑阴以志之。"按：上三文两《唐书·本纪》均未载。

作《叔妣吴郡陆氏夫人志文》。

十一月，叔妣、柳缜妻陆氏卒，宗元作《叔妣吴郡陆氏夫人志文》。云："夫人讳则，字内仪，姓陆氏，家于吴郡，盖江左上族。……父覃，皇河南陆浑令。夫人生而柔，笄而礼。……夫人之至也，温顺以承上，冲厚以字下……集成母仪，禀命不淑，享年三十有五，贞元十二年十一月己亥，终于长安太平里第。呜呼！夫人生男一人，曰曹婆，幼孺在抱，委缕就位。女一人，曰喜子，匍匐襁緥（襁褓），寄夫人之手。哀哉！……顾仲父违背于岁首，而夫人捐弃于是月。……凡我族属，其痛巨乎！遂以其年十二月十三日庚午，合袝于少陵原之墓。"

作《送邠宁独孤书记赴辟命序》。

友人独孤宓将赴邠宁节度使官署任书记，宗元为之送行，作《送邠宁独孤书记赴辟命序》。按：当时邠宁地处防御吐蕃前线，吐蕃利用唐朝的衰落，在侵占河西走廊后经常进行骚扰，这是一个关系到唐朝的统一与安宁的重大问题。因此宗元在序文中对当时的唐王朝与吐蕃斗争的形势作了分析，提出收复河西走廊、重建内地与西域联系的主张，勉励独孤宓协助节度使杨朝晟能在这方面做出贡献。

作《邠宁进奏院记》。

是年十月六日，柳宗元作《邠宁进奏院记》。按：进奏院本是唐王朝为诸藩镇驻京联系朝廷、上传下达而设立的办事机构。唐代宗大历十二年（777）改上都留后院为进奏院，又称留邸。邠宁进奏院是郎宁王张献甫帅邠时专为朝觐供职之用。贞元十年（794），柳宗元曾到邠宁节度使府探望任度支营田副使的叔父，遍游邠、宁各地，因而熟悉邠宁进奏院的情况。文中记叙了进奏院的功用、沿革演变，以及郎宁王在进奏院的种种活动，并称道张献甫尽忠尽职，政绩显著。序文体现了作者早年为文多用骈句、讲究词采的特点和风格。

作《送萧铼登第后南归序》。

萧铼登第后将南归九江，宗元送行，作《送萧铼登第后南归序》。云："始余幼时，拜兄于九江郡。……先礼而冠，遇兄于泽宫之中。……亦既升名天官，告余东游，是将乘商于，浮汉池，历郢城，下武昌，复于我始见之地。"徐松《登科记考》卷十四《贞元十二年》"萧铼"名下引韩醇注："贞元十二年，礼部侍郎吕渭知贡举，试《日五色赋》、《春台晴望赋》，铼中第。"按：宗元幼时于九江认识萧铼，时在贞元元年（785），年方十三（见前）。

贞元十三年　丁丑（797）　二十五岁

【时事述要】

正月，吐蕃赞普遣使修好，不受其使。（《旧唐书·德宗纪》、《资治通鉴》卷二百三十五）

二月，赐宰臣、两省供奉官宴于曲江亭。

三月，造会庆亭于麟德殿前。

四月，大雪。

五月，韦皋收复嶲州，画图来上。

以库部郎中、翰林学士郑馀庆为工部侍郎、知吏部选事。

六月，吐蕃扰下峨巂州，败还。韦皋破之。（《旧唐书·德宗纪》、《资治通鉴》卷二百三十五）

八月，诏京兆尹韩皋修昆明池石炭、贺兰两堰兼湖渠。

十月，淮西吴少诚擅开淘刁河、汝河，诏使不能禁。

【文坛纪事】

吕渭以礼部侍郎第三次知贡举，陈诩、独孤申叔等二十人登进士第。见《登科记考》卷十四。又《唐语林》卷八载"屡为主司者"："吕渭三：贞元十一年、十二年、十三年。"知自贞元十一年起，一连三年，均系吕温父吕渭知贡举。

九月，吕温父亲吕渭出为潭州刺史、湖南观察使。《旧唐书·吕渭传》："渭授礼部侍郎。中书省有柳树，建中末枯死，兴元元年车驾还京后，其树再荣，人谓之'瑞柳'。渭试进士，取'瑞柳'为赋题，上闻而嘉之。"而《唐会要·贡举中》却载："兴元元年，中书省有柳树，建中末枯，至是再荣，人谓之瑞柳。礼部侍郎吕渭试进士，以'瑞柳'为题，上闻而恶之。"两处记载矛盾如此。考《全唐文》卷六百三十九李翱《独孤朗墓志铭》："年二十一，与弟郁同来举进士。其二年，即得之矣。会有司出赋题，德宗不悦，宰相谕使减人数，故公与十余人皆黜。"按独孤朗卒年上推，适为本年。由是知《旧唐书·吕渭传》中所云"闻而嘉之"不确，当依《唐会要》。李翱文中所言宰相为崔损，所谕之使为权德舆。今考《权载之文集》卷三十中尚有《贞元十三年中书试进士策问》两道，当为本年试题。《旧唐书·德宗纪》九月，甲辰，以礼部侍郎吕渭为潭州刺史、湖南观察使。《登科记考》卷十四载：本年十二月顾少连为尚书左丞，权知贡举。又据《登科记考》卷十四引《册府元龟》："礼部侍郎吕渭知贡举，结附户部侍郎、判度支裴延龄。其子操举进士，文词非工，

渭擢之登第，为正人嗤鄙。渭连知三举，后因人阁，遗失请托文记，遂
出为潭州刺史。"《柳宗元集》卷十《吕侍御恭墓志》孙注裴操登第事与
此相同。

白居易父丧服满，仍居符离。

韩愈三十岁，在汴州观察推官任，作《送汴州监军俱文珍诗并序》。

独孤申叔登进士第。

李益五十岁，北游河东、河北，路经慈州、隰州、太原府、恒州，
到达幽州。沿途所作诗有《五城道中》《石楼山见月》《北至太原》《春
日晋祠同声会集得疏事韵》《临滹沱见蕃使列名》《宿石邑山中》等篇。

王建从军，北至幽州，南至荆州。

贾岛十九岁，初离乡里，疑在本年前后。

【宗元事迹】

宗元居家在长安，读书，作诗文，交游。有贡士萧纂慕名上书投文，
欲求其为师。宗元作《答贡士萧纂欲相师书》，恳切辞谢。

宗元友人独孤申叔登进士第。《柳宗元集》卷二十二载《送独孤申叔
侍亲往河东序》。《柳宗元集》卷十一另有《亡友故秘书省校书郎独孤君
墓碣》。

【诗文系年】

作《答贡士萧纂欲相师书》。

《柳宗元集》卷三十四《答贡士萧纂欲相师书》题下注："一云'求
为师书'。"按：章士钊《柳文指要》谓"此书盖作于贞元九年中进士之
后至十四年之间，在长安"。

作《送独孤申叔侍亲往河东序》。

《柳宗元集》卷二十二《松独孤申叔侍亲往河东序》云："河东，古
吾土也，家世迁徙，莫能就绪。闻其间有大河、条山，气盖关左，文士

往往彷徉临望，坐得胜概焉。……独孤生，周人也，往而先我。且又爱慕文雅，甚达经要，才与身长，志益强力。挟是而东，夫岂徒往乎？"读序文知申叔与宗元有同乡之谊。

贞元十四年　戊寅（798）　二十六岁

【时事述要】

二月壬子（一日）为中和节，因雨雪改在戊午（七日）上御麟德殿，宴文武百僚，初奏《破阵乐》，遍奏《九部乐》，及宫中歌舞伎十数人列于庭。先是上制《中和乐舞曲》，是日奏之，日宴方罢。上又赋《中春麟德殿宴群臣诗》八韵，群臣颁赐有差。

二月，号淮西军曰彰义。

三月，右神策行营节度、凤翔陇右观察使、检校尚书右仆射、凤翔尹邢君牙卒。

凤翔监军使西门去奢杀其将夏侯衍。

四月，先是昭陵寝殿为火所焚，至是献、昭、乾、定、泰五陵各造屋三百八十间，桥、元、建三陵据阙补造。

闰五月，长武城军乱，逐其节度使韩全义。

六月，归化褒军乱，逐其将张国诚、泾源节度使刘昌败之。

七月，工部侍郎郑徐庆为中书侍郎、同中书门下平章事。

八月，置左右神策统军。

崔损修奉八陵寝宫毕，群臣于宣政殿行称贺。

九月，彰义节度使吴少诚遣兵掠寿州霍山，杀镇遏使谢详，侵地五十余里，并置兵镇守。（《资治通鉴》卷二百三十五）

十月，夏州兵破吐蕃于盐州西北。

十一月，韦皋进《开西南蛮事状》十卷，叙开复南诏之由。

十二月，明州镇将栗锽杀其刺史卢云，结山越，掠浙东。

冬，无雪，京师饥。

【文坛纪事】

韩愈在汴州观察推官任，与孟郊往来甚亲密。孟郊作《汴州别韩愈诗》；韩愈作《答孟郊》《醉留东野》等诗。张籍经孟郊介绍，结识韩愈。韩愈与张籍、冯宿时有往来。

白居易兄白幼文赴饶州浮梁县主簿任；白居易自符离赴浮梁，移家洛阳。

本年吕温、李随、张仲素、李翱、权长孺、独孤郁、王起、李建等二十人登进士第。尚书左丞顾少连知贡举，试《鉴止水赋》《青出蓝》诗。见《登科记考》卷十四。又《唐才子传校笺》卷五《吕温传》："贞元十四年李随榜及第，中宏词。"《全唐文》卷六百三十一有吕温《祭座主故兵部尚书顾公文》。

【宗元事迹】

宗元登博学宏词科，授集贤殿书院正字。《柳宗元集》卷三十三《与杨诲之第二书》云："二十四求博学宏词科，二年乃得仕。"按：上句下补注："贞元十二年，公年二十四。"下句下补注："贞元十四年，公得集贤殿正字。"《韩昌黎集》卷三十二《柳子厚墓志铭》："其后以博学宏词，授集贤殿正字。"

按：两《唐书·柳宗元传》皆云"授校书郎"。考集贤殿正字与校书郎非一官。集贤殿仅有校书，职在正字下。而校书郎乃属于弘文馆内官职（见《新唐书》卷四十七《百官志》）。疑两《唐书》本传以其同属修文之职而涉误。宗元在撰《柳常侍行状》后《谥议》开端便自署"从孙将仕郎、守集贤殿正字宗元谨上"；在《与太学诸生喜诣阙留阳城司业书》中，也是开端便自署"集贤殿正字柳宗元"。尚未见宗元有以"校书郎"自署者。

宗元作《答贡士元公瑾论仕进书》《送元秀才下第东归序》，慰勉科场失意的友人元公瑾。《柳宗元集》卷二十三《送元秀才下第东归序》云："周乎志者，穷踬不能变其操；周乎艺者，屈抑不能贬其名。其或处心定气，居斯二者，虽有穷屈之患，则君子不患矣。元氏之子，其殆庶周乎。言恭而信，行端而静，勇于讲学，急于进业。既游京师，寓居侧陋，无使令之童，阙交易之财，可谓穷踬矣。而操逾历，志之周也。才浚而清，词简而备，工于言理，长于应卒。从计京师，受丙科之荐。献艺春卿，当三黜之辱，可谓屈抑矣。而名益茂，艺之周也。苟非处心定气，则曷能如此哉！余闻其欲退家殷墟，修志增艺，惧其沉郁伤气，怀愤而不达，乃往送而谕焉。"

按：《送元秀才下第东归序》，《文苑英华》题作《送元秀才序》。百家注本题下注引韩醇注："元秀才，公瑾也。集有《答贡士元公瑾书》，亦谓其有文行而不能荐于有司。"公瑾"深寡和之愤，积无徒之叹"，怀不能已，乃赴诉于宗元。宗元深致同情，引古训而给予慰勉。

宗元友人辛殆庶（里籍不详），因科场三试皆北，拟赴南郑谒山南西道节度使严震，以求东山再起。宗元作《送殆庶下第游南郑序》，为之送行。宗元作此文赠别，文章先以具体数字和作者的亲身经历，说明士子凭自己的文章应试登第之难，有如"怀有美饵"用直钩钓鱼一样难有收获。接着说辛殆庶虽"专志于学"，写得一手好文章，又受到故相齐国公的赏识和帮助，无人可与争锋，然而三试皆北；要不是受主考者的压制，早就已金榜题名了。最后说辛殆庶不畏旅途艰险前往南郑，希望他能得"仁人"之助，一刷下第之耻。文章给下第的朋友以宽解和勉励，同时也揭露了中唐科举吏治的腐败。

宗元与王叔文相识始于此年前后，时宗元仍为集贤殿书院正字。

【诗文系年】

作《答贡士元公瑾论仕进书》《送元秀才下第东归序》。

《柳宗元集》卷三十四《答贡士元公瑾论仕进书》。按：《答贡士元公瑾论仕进书》题下注引刘曰："公尝有《送元秀才下第东归序》，即公瑾也。序所谓'从计京师，受丙科之荐，献艺春卿，当三黜之辱'与书所谓'深寡和之愤，积无徒之叹'之意同。书当在序之前。"陈景云《柳集点勘》云：（此书）"贞元十四年作。书言'左冯翊崔公先唱之'。《旧史：贞元十四年九月，以同州刺史崔宗为陕虢观察使。此称'冯翊'，盖在九月前也。是岁子厚始授集贤殿正字，故有'伥伥下列'二语"。

作《送辛殆庶下第游南郑序》。

《柳宗元集》卷二十三《送辛殆庶下第游南郑序》作于长安。"仆在京师，凡九年于今，其间得意者，二百有六十人。其果以文克者，十不能一二。"文曰，"仆在京师，凡九年于今"，按宗元于贞元五年至京师，序当是年十四年作。

贞元十五年　己卯（799）　二十七岁

【时事述要】

二月，宣武节度使、汴州刺史董晋卒。乙酉，以其行军司马陆长源为节度使。军中作乱，杀陆长源及判官孟叔度。监军俱文珍召宋州刺史刘逸准，逸准引兵入汴州，乱平。三月，彰义节度使吴少诚遣兵袭唐州，杀监军邵国朝等。八月，吴少诚遣兵攻掠许州临颍，又进围汴州。丙辰，下诏削夺其官爵，令诸道进兵讨之。十二月，山南东道、安黄及宣武诸镇兵讨吴少诚，以无统帅，战辄不利，诸军自溃。（《资治通鉴》卷二百三十五）

正月，郴州蓝山崩。

二月，宣武军节度使董晋卒于汴州，以行军司马陆长源代之，军乱，脔食陆长源等；监军引宋州刺史刘逸准来乃定。旋以逸准为节度使，改名刘全谅。

裴肃于台州擒栗锽以献，斩于独柳树。

三月，彰义军节度使吴少诚反，降唐州，杀监军，掠居民千余而去。

令江淮岁运米二百万石。虽有是命，然岁运不过四十万石。

八月，吴少诚又陷临颖，进围许州。诏削吴少诚官爵，讨之。

宣武军节度使、汴州刺史刘全谅卒；以宣武军都知兵马使韩弘兼汴州刺史、宣武军节度使。

十一月，山南东道等处兵屡破吴少诚。

十二月，朔方等道副元帅、河中绛州节度使浑瑊卒。杜确为河中尹、河中绛州观察使。军人浑瑊丧而扰乱。

【文坛纪事】

吕温复中博学宏词科，授官集贤殿校书郎。刘禹锡《唐故衡州刺史吕君集纪》："两科连中，芒刃愈出"，是知吕温于今年又复中制科。《登科记考》亦于本年载博学宏词科二人："独孤申叔，吕温。"《柳宗元集》卷九《唐故衡州刺史东平吕君诔》："决科联中，休问用张。署儴百氏，错综逾光。""署儴百氏"，孙汝听注云："温为秘书省校书郎。"未当，今据碑文知应为集贤殿校书郎。

李景俭、张籍、王炎、孟寂等十七人登进士第；时中书舍人高郢知贡举。见《登科记考》卷十四。

【宗元事迹】

柳宗元在集贤殿书院正字任上。以少年才高，一时倾慕者甚众。与韩愈、刘禹锡、吕温、韩泰、独孤申叔等交往尤为亲密。《韩昌黎集》卷三十二《柳子厚墓志铭》云："子厚少精敏，无不通达。逮其父时，虽少年，已自成人，能取进士第，崭然见头角，众谓柳氏有子矣。其后以博学宏词科授集贤殿正字，俊杰廉悍，议论证据古今，出入经史百子，踔厉风发，率常屈其座人。名声大振，一时皆慕与之交。诸公要人争欲令出我门下，交口荐誉之。"按：今观《柳宗元集》中与当时文士酬答之作甚多，文士中或有欲读其文者，或有欲求其为师者，而一般朝臣权贵，亦竞请宗元代作表状。

《柳宗元集》卷三十三《与杨诲之第二书》云："吾年十七，求进士，四年乃得举。二十四求博学宏词科，二年乃得仕。其间与常人为群辈数十百人。当时志气类足下，时遭讪骂诟辱，不为之面，则为之背。积八九年，日思摧其形，锄其气，虽甚自折挫，然已得号为狂疏人矣。"

《柳宗元集》卷三十《与裴埙书》又云："仆之罪，在年少好事，进而不能止。俦辈恨怒，以先得官。又不幸早尝与游者，居权衡之地，十荐贤幸乃一售，不得者诛张排恨，仆可出而辩之哉！性又倨野，不能摧折，以故名益恶，势益险，有喙有耳者，相邮传作丑语耳。"据上所云，可知宗元少年得志，时遭诟辱，然其当时气概，亦非贬谪后可比也。

春，妻叔杨凝自长安还汴州。宗元为作《送杨凝郎中使还汴宋诗后序》。题下注引《集注》："杨凝，字懋功，虢州弘农人。大历十三年进士。初以吏部郎中为宣武军判官。贞元十二年，自汴朝正于京师。昌黎尝作《天星行》以送其来，今自京还汴，公作此序以送其往云。"《送杨凝郎中使还汴宗诗后序》云："故杨公以谋议之隙，对扬王庭，不逾时而承诏复命，示信于外诸侯。时当朝之羽仪，凡同官之寮属，皆饯焉。"

《柳宗元集》卷九《唐故兵部郎中杨君墓碣》云："贞元十九年正月某日，守尚书兵部郎中杨君卒。……君讳凝，字懋功，与季弟凌生同日，不周月而孤。伯兄凭剪发为童，家居于吴。太夫人母道尊爱，教饬谨备。君之昆弟，孝敬出于其性，礼范奉于其旧，克有成德，辑其休光。东薄海、岱，南极衡、巫，文学者皆知诵其词，而以为模准；进修者率用歌其行，而有所矜式。君既举进士，以校书郎为书记，毗赞元侯，于汉之阴，式徂荆州，由协律郎三转御史。元戎出师，用显厥谋，遂入王庭，为起居郎。书事不回，著垂国典。又为尚书司封员外郎，革正封邑，申明嫡媵，事连权右，斥退勿惮。直声彰闻，乃参选部，以驭群吏。奸臣席势，威福自己。他人求附离而不得者，公则却之。私以胥吏求署，一皆罢遣。曰：'吾不以三尺法为己利害。'居丧致哀，内尽其志，外尽其物，而无有不得其心者。服除，为右司郎中，危言直己，以致其诚。然卒中于诐辞，不得朝请，以检校吏部郎中为宣武军节度判官。亳人缺守，往莅其政。孤老抚安，强猾戮死。垦凿嶢卤，芟艾榛荒。作爰田，以赡人食。浚决潢污，筑复堤防，为落渠以定水祸。理不半岁，利垂千祀。会朝复命。次于汴郊，帅丧卒乱。不可以入，遂西走阙下。玺书迎门，劳徕甚备。以疾居家三年，复登于朝。遐迩咏歌，仍遇痼疾。天子致问，逾三月不赐告，幸其愈而用之。遂卒。天下文行之士，为之悲哀。"

八月一日，妻杨氏卒于长安，年二十三。无子女。九月五日，葬之于万年县栖凤原。宗元作《亡妻弘农杨氏志》。"呜呼痛哉！以夫人之柔顺淑茂，宜延于上寿；端明惠和，宜齿于贵位。生知孝爱之本，宜承于余庆。是三者皆虚其应，天可问乎？衰门多疊，上天无佑，故自辛未，逮于兹岁，累服齐斩，继躔哀酷。"表达了极其悲痛的哀悼之情。

宗元因国子司业阳城贬道州刺史，太学生百六十人诣阙乞留，作《与太学诸生喜诣阙留阳城司业书》《国子司业阳城遗爱碣》。支持太学生反对朝廷贬谪直臣阳城。柳宗元《与太学诸生喜诣阙留阳城司业书》："……始朝廷用谏议大夫阳公为司业，诸生陶煦醇懿，熙然大洽，于兹四祀而已，诏书出为道州。仆时通籍光范门，就职书府，闻之悒然不喜。非特为诸生戚戚也，乃仆亦失其师表，而莫有所矜式焉……仆尝读李元礼、嵇叔夜传，观其言太学生徒仰阙赴诉者，仆谓讫千百年不可睹闻，乃今日闻而睹之，城诸生见赐甚盛。……始仆少时，尝有意游太学，受师说，以植志持身焉。当时说者咸曰：'太学生聚为朋曹，侮老慢贤，有堕窳败业而利口食者，有崇饰恶言而肆斗讼者，有凌傲长上而谇骂有司者，其退然自克，特殊于众人者无几耳。'仆闻之，恟骇怛悸，良痛其游圣人之门，而众为是嗜嗜也。遂退讬乡间家塾，考历厉志业，过太学之门而不敢蹈顾，尚何能仰视其学徒者哉！今乃奋志厉义，出乎千百年之表……夫如是，服圣人遗教，居天子太学，可无愧矣。"

《新唐书》卷一百九十四《阳城传》："德宗诏拜右谏议大夫……乃裴延龄诬逐陆贽、张滂、李克……城乃约拾遗王仲舒守延英阁上疏极论延龄罪。然帝意不已，欲遂相延龄。城显语曰：'延龄为相，吾当取白麻坏之，哭于庭。'帝不相延龄，城之力也。坐是下迁国子司业。……躬讲经籍，生徒斤斤皆有法度。（大学生）薛约者狂而直，言事得罪谪连州……城步之都外与别。帝恶城党有罪，出为道州刺史。大学诸生何蕃、季偿、王鲁卿、李谠等二百人顿首阙下，乞留城。"

是年，淮西节度使吴少诚叛乱，宗元作《辩侵伐论》，要求征募天下义士，征讨淮西。柳宗元《辩侵伐论》通过辨析儒家经典《春秋》中关于"侵"与"伐"的解释，阐述作者反对分裂，坚持统一的立场。并对唐王朝为维护国家统一、镇压反震叛乱所进行的战争提出了自己的主张。文中"校德而后举，量力而后会，备三有余而后用其人"的观点，是保证正义讨伐战争胜利的历史经验的总结。

宗元友人独孤申叔以博学宏词科为秘书省校书郎（见柳宗元《亡友故秘书省校书郎独孤君墓碣》）。

【诗文系年】

作《癖侵伐论》。

《柳宗元集》卷三《辩侵伐论》题下自注云："在集贤殿为征天下兵

讨淮西作。"题下又引孙汝听注曰:"德宗贞元十五年三月甲寅,淮西节度使吴少诚反,遣兵袭唐州,掠百姓千余人而去。九月丙辰,诏削夺少诚官爵,令诸道进兵讨之。时公为集贤殿正字作也。"又引韩醇注曰:"公此论意为淮右一方负固,似不足以动天下之兵,诚有此理。然自少诚死,元济继立,十有八年而兵不解,迄宪宗元和十二年,始克平之。则前日之所以申其恶于天下者,亦所不免哉!"考《新唐书》卷七,是年三月,"彰义军(淮西)节度使吴少诚反"。九月,"宣武、河阳、郑滑、东都、汝、成德、幽州、淄青、魏博、易定、泽潞、河东、淮南、徐泗、山南东西、鄂岳军讨吴少诚"。《论》当是本年作。

作《送杨凝郎中使还汴宋诗后序》。

施子愉《柳宗元年谱》云:"考韩愈《董晋行状》(《韩昌黎集》卷三十七),杨凝于贞元十二年八月为宣武军节度副大使董晋观察使判官。贞元十五年二月,董晋卒,汴州乱。是凝之自长安还汴,当在贞元十五年初。"宗元作《送杨凝郎中使还汴宋诗后序》。(见《柳宗元集》卷二十一)按:杨凝,宗元妻父杨凭弟,传见《旧唐书》卷一四六,《新唐书》卷一六〇。据洪兴祖《韩子年谱》,退之以十二年秋为汴州观察推官,十五年秋为徐州节度推官,十四年冬凝自汴至京,退之作《天星》诗以送。十五年春凝自京还汴,宗元此序盖斯时作也。

作《亡妻弘农杨氏志》。

《柳宗元集》卷十三《亡妻弘农杨氏志》云:"……其间冠衣纯采期月者,三而已矣。无乃以是累夫人之寿欤?悼恸之怀,曷月而已矣。哀夫!遂以九月五日庚午,克葬于万年县栖凤原,从先茔,礼也。是岁,唐贞元十五年,龙集乙卯。"是年八月一日,妻杨氏卒于长安,宗元悲痛作志。

作《与太学诸生喜诣阙留阳城司业书》《国子司业阳城遗爱碣》。

《柳宗元集》卷九《国子司业阳城遗爱碣》载:"四年五月,皇帝以银印赤绂，即隐所起阳公为谏议大夫。后七年，廷净恳至，累日不解，帝尤嘉异，迁为国子司业。旌直优贤，道光师儒。又四年，九月己巳，出拜道州刺史。"据文意，书、碣当为十五年作。

　　补正： 陈景云《柳先生年谱》题识曰："阳城自国子司业出刺道州，唐史无年月，通鉴考异据柳子所作司业遗爱碣，谓在贞元十四年，谱则以遗爱碣及与太学诸生书并系贞元十五年，与通鉴异，然谛观碣文，则谱为是也。按陈说是也。碣文曰，四年五月，皇帝以银印赤绂，即隐所起阳公为谏议大夫，后七年，廷净恳至，累日不解，帝尤嘉异，迁为国子司业，又四年九月己巳，出拜道州刺史，可从为据。"又注曰："城字符宗，自谏议大夫迁国子司业，以事出为道州刺史，太学诸生，诣阙情留之，公遗诸生书，勉强其志。"据此，知书与碣为同时作。

　　作《四门助教厅壁记》。

　　《柳宗元集》 卷二十六《四门助教厅壁记》载："贞元中，王化既成，经籍少间，有司命太学之官，颇以为易。专名誉、好文章者，咸耻为学官。至是，河东柳立始以前进士求署兹职，天水武儒衡、闽中欧阳詹又继之。是岁，为四门助教凡三人，皆文士，京师以为异。余与立同祖于方舆公，与武公同升于礼部，与欧阳生同志于文。四门助教署未尝纪前人名氏，余故为之记，而由夫三子者始。"四门学者，始于后魏时，以周人四郊之制辽远，故置四门，而唐又合之于大学，至是柳立、武儒衡、欧阳詹为之，按：韩文有欧阳生哀辞，序云，贞元十五年冬，詹为国子四门助教，则记之作，当是时也。

　　贞元十六年　庚辰（800）　二十八岁

　　【时事述要】

　　二月，夏绥节度使韩全义因宦官、神策军中尉窦文场之荐，为蔡州四面行营招讨使，统诸军讨吴少诚。五月，韩全义率军与吴少诚战，诸军大溃。十月，吴少诚归蔡州，上表求昭雪。戊子，诏赦之，复其官爵。（《旧唐书·德宗纪》、《资治通鉴》卷二百三十五）

正月，易定兵与吴少诚战，不利而退。

二月，以左神策行营、银夏节度等使韩全义为蔡州行营招讨使，节制诸道兵。讨吴少诚。

四月，黔州将傅近逐其观察使韦士宗。

五月，韩全义与吴少诚战于广利城，王师败绩。

徐泗濠节度使、徐州刺史张建封卒，军乱，拥建封子愔为留后，求旌节，不许；击之，不胜。

六月，杜佑同平章事，兼领徐泗濠节度，以前虢州参军张愔起复骁卫将军，兼徐州刺史、知徐州留后。

七月，韦皋克吐蕃末恭城。

八月，卢龙节度使刘济，因其弟涿州刺史刘源抗命，击擒之。

韦皋克吐蕃颙城。

九月，贬中书侍郎、同中书门下平章事郑馀庆为郴州司马。

十月，韩全义屡败，会吴少诚引兵归蔡州，上表待罪。诏雪吴少诚，复其官爵。

十一月，吐蕃大将马定德率部落来降。

十二月，罢吏部复考判官及礼部别头贡举。

是年，京师饥。

【文坛纪事】

吕渭发道州刺史许子良、永州刺史阳履之奸，二人终为德宗所囿。《吕府君墓志铭》："后道州刺史许子良、永州刺史阳履，奸赃巨万，以货藩罪。公凛然曰：'古之澄清者，有才闻先声委印缓而去，不惮强御，邀金蛇以奏，吾负朝廷。'坐淹岁，即日请下，按吏之书，擒摘如风，政不为暴。"据《资治通鉴》卷二百三十五："湖南观察使河中吕渭奏发永州刺史阳履赃贿；履表称所敛物皆备进奉，上召诣长安。丁丑，命三司使鞫之，诘其物费用所归，履曰：'已市马进之矣，又诘'马主为谁？马齿几何？'对曰：'马主，东西南北之人，今不知所之；按《礼》，齿路马有诛，故不知其齿所对率如此'上悦其进奉之言，释之，但免官而已。"胡三省针对此事评论曰："德宗之猜忌，如杨炎、窦参位居宰辅，皆以归过于君，不置之地上。阳履以赃败而表称进奉，谓非归过于君可乎！德宗悦其进奉之言而释其罪。夫好货，非美名也，人虽有好货者，苟加以好货之名，则必怫然而不受。德宗果何为而安受此名也！余意阳履于赃贿既败之后，必有所进以求免于罪，德宗不徒悦其言而已。"所论极是。阳履之案，不仅暴露了德宗的昏庸贪婪，中唐吏治之腐败，亦由此可见一斑。

吕温在集贤殿校书郎任。六月，嫡母柳氏卒于潭州。七日后，父吕渭旋卒。《吕衡州文集》卷七《东平吕府君河东郡君柳氏墓志铭》序云："夫人年十四，归我先公，从秩封安邑县君，进为河东郡君。贞元十六年六月庚寅，前先公七日弃养于潭州官舍，享年四十二。"庚寅为二十三日，则吕渭卒于七月初一。《吕府君墓志铭》："公夙尚清静，久怀止足，累表辞官，舣舟待发。不图□□泪，以十六年七月一日薨于镇，皇上震悼，废朝一日，诏曰：方图进律，亦议征还……可赠陕州大都督。"考《旧唐书·德宗纪》：（贞元十六年）"秋七月，湖南观察使吕渭卒"，与此正相合。

吕温从长安奔丧至潭州，十二月，与弟吕恭护送父母灵柩归祔于洛阳邙山清风原之大茔。居丧守制。

是年夏，友人刘禹锡入杜佑幕，为徐泗濠节度使掌书记；秋，改为淮南节度使掌书记。

《刘禹锡集》卷三十九《子刘子自传》："既免丧，相国扬州节度使杜公领徐、泗，素相知，遂请为书记，捧檄入告，太夫人曰：'吾不乐江淮间，汝宜谋之于始。'"因白丞相以语，曰诺。居数月而罢徐泗，而河洛犹艰难，遂改为扬州掌书记。《旧唐书·德宗纪》：贞元十六年"六月丙午……淮南杜佑加同平章事，兼领徐泗濠节度"。知刘禹锡受辟于徐泗书记，在本年六月。

白居易、崔玄亮、杜元颖、吴丹、郑俞等十七人同登进士第。考题为《性习相近远赋》《玉水记方流诗》。中书侍郎高郢知贡举。白居易及第后即归洛阳。有诗《及第后归觐留别诸同年》。见《登科记考》卷十四。

韩愈自京师长安回徐州。作诗《归彭城》，诗中反映出他对张建封有所不满。由于韩愈遇事直言无忌，甚不为张建封所喜，遂为所黜。愈被黜后即去徐归洛，先南下泗州，再由淮入汴，至睢阳，与王涯、侯喜、李翱等同游睢阳胜迹。约在五月末抵达洛阳。冬，韩愈至京师长安。有文《获麟解》《与孟东野书》等。

【宗元事迹】

在集贤殿书院为正字。

三月十三日，宗元二姐裴墐夫人病卒，年三十。八月十八日，安厝于长安县之神禾原。宗元为作《亡姊前京兆府参军裴君夫人墓志》。

《柳宗元集》卷十三《亡姊前京兆府参军裴君夫人墓志》云："以夫人之德行，宜贵寿，宜康宁，然而年始三十，不克至于寿。良人官为参军事，不及偕其贵。骨髓之疾，实钟于身，以贞元十六年三月十三日甲子，终于光德里第。痛矣夫！……凡生三子，幼曰崔七，先夫人八月而殒，魂气无不之也。次曰崔六，后夫人五旬而夭，因祔焉。今其存者曰崔五，幸无恙，托于乳媪，以虞水火。哀哉！其年八月十八日甲子，安厝于长安县之神禾原，从于先茔，祔于皇姑，宜也。"文中"良人官为参军事"句下注引孙汝听注曰："谨时为京兆府参军。"

六月二十九日，宗元伯祖母、临邛令之妻李夫人卒于长安平康里，享年八十一。宗元为作《伯祖妣赵郡李夫人墓志铭》。

《柳宗元集》卷十三《伯祖妣赵郡李夫人墓志铭》云："夫人姓李氏……生于良族，嶷然殊异。及笄，德充于容，行践于言，高朗而不伤其柔，严恪而不害其和。特善女工剪制之事，又能为雅琴秦声操缦之具。妇道既备，宜为君子之配偶焉。我伯祖临邛令府君讳某，受夫人于李氏之庙而归于正室。临邛府君之先曰我曾王父清池府君讳某。清池之先曰徐州府君讳某。又其先曰常侍府君讳楷。常侍之兄子曰中书令讳奭。自中书以上，为宰相四世。……夫人生男一人，讳某，不幸终于宣州旌德尉。女三人，皆得良婿。陇西李伯和为扬子丞，疾痹废痼而没。太原王纾，今为右补阙。颍川陈苌，为校书郎、渭南尉，知名。贞元十六年，王氏姑定省扶持，自扬州至于京师，道路遇疾，遂馆于陈氏。以诸婿之良，诸女之养，无不得意焉。享年八十一，是岁六月二十九日，终于平康里。自小敛至于大敛，比及葬，则二婿实参主之。有孙二人，长曰曹郎，奉之以缞而正于位。八月二十四日，葬于万年县之少陵原，实栖凤原，介于我先府君仲父子二兆之间，神心之所安也。"文中"我伯祖临邛令府君讳某"句下引韩醇注曰："此志不载临邛君讳，《新史·年表》亦止载曰某为临邛令，它无所考，盖子察躬兄也。"又"自中书以上，为宰相四世"句下引孙汝听注曰："奭父则，则父旦，旦父庆，凡四世为相。"

宗元作《韦道安》诗及《曹文洽韦道安传》歌颂其侠义行为。传文已逸。

《柳宗元集》卷十七《曹文洽韦道安传》题下注引孙汝听注曰："曹

文洽者，义成军牙将也。贞元十六年，监军薛盈珍遣小吏程务盈诬奏节度使姚南仲罪，文洽亦奏事长安，知之，迫及务盈于长乐驿，中夜杀之，沉盈珍表于厕中，自作表雪南仲之冤，且首专杀之罪，亦作状自南仲，遂自杀。明旦，门不启，驿吏排之入，得表状于文洽尸旁。上闻而异之。又是岁五月庚戌，徐州节度使张建封卒。壬子，军乱，杀判官郑通诚，建封子愔知军事，以抗王命，韦道安死之。"又引韩醇注曰："二公传，诸本皆阙，然集中有《韦道安》诗，言其事甚详。观其诗，则传之意可见矣。题云《曹文洽韦道安传》，则事必相关，岂诗所谓自言故刺史者耶？或与道安同救刺史之急者也。"《韦道安》与《曹文洽韦道安传》实为一体，是贞元元和间文备众体的小说与叙事诗歌合一文体之先声。

同年，宗元受好友韩泰之托，为其兄韩慎作《故温县主簿韩君墓志》。

【诗文系年】

作《亡姊前京兆府参军裴君夫人墓志》。

《柳宗元集》卷十三《亡姊前京兆府参军裴君夫人墓志》云："……以夫人之德行，宜贵寿，宜康宁，然而年始三十，不克至于寿。"宗元是年痛失二姐，作墓志文。

作《伯祖妣李夫人墓志》。

《柳宗元集》卷十三《伯祖妣李夫人墓志》："……享年八十一，是岁六月二十九日，终于平康里。……"文中明言十六年卒，墓志当作于是年。

作《韦道安》诗及《曹文洽韦道安传》。

《柳宗元集》卷十七《曹文洽韦道安传》题下注引孙汝听注曰："贞元十六年，监军薛盈珍遣小吏程务盈诬奏节度使姚南仲罪，文洽亦奏事长安，知之……"据此，当为"贞元十六年"作。

作《为韦侍郎贺布衣窦群除右拾遗表》。

据窦群传，韦夏卿为京兆尹时荐群，按夏卿为京兆尹十六年十一月，公时为集贤正字，文亦是时作。

作《故温县主簿韩君墓志》。

《柳宗元集》卷十一《故温县主簿韩君墓志》："有唐故温县主簿韩慎，字某，汉弓高侯其先也。徙于南阳，传世至今唐侍中讳瑗，克用贞亮，奋于国难。侍中兄子郓州刺史讳某，某生御史著作郎讳某，某生尚书库部郎中、万州刺史讳某，嗣以文行大其家业。君，万州长子也，以父任为建陵挽郎，累调授王府参军、襄州襄阳尉，至于是邑。贞元十六年，又调于天官署河阳丞，未拜，十有一日，暴病，卒于长安永崇里先人之庐。又十有二日，龟策袭吉。"唐故温县主簿韩慎卒于贞元十六年，墓志当是年作。

贞元十七年　辛巳（801）　二十九岁

【时事述要】

正月，韩全义自蔡州行营还，诏归镇华州。

二月，连日大雨雹、雷震、大雪交加。

三月，德宗赐群臣于曲江亭，赋《中和节赐宴曲江诗》六韵。

六月，宁州军乱，杀其刺史刘南金。

浙西人崔喜真诣阙上书，论浙西观察使李锜罪状。德宗览奏不悦，令械善真送于李锜。为凿坑待善真，既至，和械推而埋之。

七月，吐蕃攻盐州；己丑，攻陷麟州，杀刺史郭锋，平其城郭，并掠居民及党项部落而去。（《旧唐书·德宗纪》《资治通鉴》卷二百三十六）

九月，韦皋破吐蕃于维州。（《旧唐书·德宗纪》《资治通鉴》卷二百三十六）

十月，杜佑《通典》二百卷编成，使人诣阙献之。盐州刺史杜彦先为吐蕃所逼，弃城奔庆州。（《旧唐书·德宗纪》、《资治通鉴》卷二百三十六）

【文坛纪事】

吕温在洛阳居丧守服。

元稹、白居易在长安，始相识。秋，有诗酬赠。《白居易集》卷一《酬元九对新栽竹有怀见寄》："昔我十年前，与君始相识。"诗元和五年作，逆推十年为本年。同前卷十三《秋雨中赠元九》："不堪红叶青苔地，又是凉风暮雨天。莫怪独吟秋思苦，比君校近二毛年。"白居易本年三十岁，故云"近二毛年"。元稹本年二十三岁。

是年，韩愈在京师长安从调选；后东归洛阳。冬，韩愈赴长安，任四门博士。韩愈给汝州卢郎中（虔）荐侯喜；又给权德舆陆荐李翊、李绅、刘述古、张后馀、韦纾、侯喜等十人。德舆三榜放六人。韩愈诗《赠侯喜》《山石》《赠孟东野房蜀客》，韩愈文《荐侯喜状》《题欧阳生（詹）哀辞后》《答李翊书》《送李愿归盘古序》等名篇均作于此年。

刘禹锡三十岁，仍为淮南节度使掌书记。时窦常、刘伯刍为其幕府中同僚。

【宗元事迹】

在长安为集贤殿书院正字。

秋，自集贤殿书院正字奉调为蓝田尉，意甚不惬。时顾少连、韦夏卿先后为京兆尹，柳宗元为京兆府从事，做文字工作，未赴县尉任。《柳宗元集》卷三十三《与杨诲之第二书》云："及为蓝田尉，留府庭，旦暮走谒于大官堂下，与卒伍无别。居曹则俗吏满前，更说买卖，商贾赢缩。又二年为此，度不能去，益学老子，'和其光，同其尘'，虽自以为得，然已得号为轻薄人矣。及为御史郎官，自以登朝廷，利害益大，愈恐惧，思欲不失色于人。"按，所云"又二年为此"一语，语意甚不明，意或指"留府庭"二年，则宗元于贞元十九年为监察御史里行。蓝田在唐时为畿县，尉乃正九品下官（《旧唐书》卷四十四《职官志》），宗元奉调不赴任，似难有此可能。

女和娘生于长安善和里。《柳宗元集》卷十三《下殇女子墓砖记》云："下殇女子生长安善和里，其始名和娘。既得病，乃曰：'佛，我依也，愿以为役。'更名佛婢。既病，求去发为尼，号之为初心。元和五年四月三日死永州，凡十岁。其母微也，故为父子晚。"以《记》中"其母微也"一语观之，疑和娘或为侍妾所生，并非宗元婚生之女。和娘于元和五年十岁，逆推当生于本年。

九月六日，宗元姑母、临邛令之女、渭南县尉陈苌之妻病卒，宗元作《亡姑渭南县尉陈君夫人权厝志》。《柳宗元集》卷十三《亡姑渭南县尉陈君夫人权厝志》云："……陈君乃卜十二月十八日，权厝于城南，原曰栖凤，如夫人之志。且以时日甲子，授于宗元曰：'子之姑，孝于家，移于我之长；睦于族，施于我之党。是用宾而礼之，如益者之友，今则去我，已矣，吾无以报焉。他日尝谓子愿而文，愿以为志，庶幸而有知，将安子之为也，苌无恨矣。'呜呼！贵不必贤，寿不必仁，天之不可恃也久矣。遂哭而受命，书夫人之世，以记兹于石。夫人六代祖讳庆，五代祖讳旦，位皆至宰相。高祖讳楷，为济州刺史。曾祖讳某，为徐州长史。祖讳某，为清池令。考讳某，为临邛令。妣李氏，赵郡赞皇人，其他则俟改葬而后备。"

宗元代叔父柳缊作《祭六伯母文》。《柳宗元集》卷四十一《祭六伯母文》题下注引孙汝听注："清池令从裕子二人：察躬为德清令，某为临邛令。六伯母，临邛令之夫人李氏也。"训诂本题下作《叔父祭六伯母文》。文中主要赞扬六伯母李夫人的贤淑及其女儿女婿的孝顺。宗元另有

《伯母姒李夫人墓志》，叙述六伯母李夫人事迹较详。

宗元应班肃同年进士辛殆庶之请，作《送班孝廉擢第归东川觐省序》：“陇西辛殆庶，猥称吾文宜叙事，晨持缣素，以班孝廉之行为请。且曰：‘夫人殆所谓吉士也。愿而信，质而礼。言不黩慢，行不进越。其先两汉间继修文儒，世其家业。其风流后胤，耽学笃志之士，往往出于其门。’”

宗元为京兆尹韦夏卿作《祭太常崔少卿文》。柳宗元《为韦京兆作祭太常崔少卿文》：“维年月日甲子，京兆尹韦夏卿，谨以清酌庶羞之奠，敬祭于亡友故太常少卿崔公之灵。惟灵率是良志，蹈其吉德，炳蔚文彩，周流学殖。孔氏之训，专其传释，黄、老之言，探乎幽赜。六书奥秘，是究是索，叩尔玄关，保其真宅。艺成行备，披云骋迹，康庄未穷，蒙汜已极。”宗元被任命为京畿蓝田县尉，韦京兆是他的上级。宗元代作祭文。

柳宗元本年调蓝田尉。《柳宗元集》卷二五《送贾山人南游序》：“吾长京师二十三年”，韩注（贞元）“十七年调蓝田尉”。同前卷二十六《武功县丞厅壁记》：“贞元十五年，改邑于南里……后三年，而颍川陈南仲居是官……因其族子存持地图以来谒余为记。”

南岳云峰寺和尚九月十七日卒，葬于十月二十七日，宗元作《南岳云峰寺和尚碑》。题下有注：〔韩曰〕南岳，衡山也。按：《塔铭》：和尚死于贞元十七年九月，葬于十月。其年秋，公方调蓝田尉，此碑及《塔铭》皆同时作。韩醇此说误。细读碑文与塔铭两文可知，碑文首句“乾元元年……”这是唐肃宗第二个年号（758）。经过代宗至德宗贞元十七年（801），距肃宗皇帝倡导表彰高僧大德佛陀时有四十三年。地方官员把南岳云峰大师法论事迹上报到尚书省，表彰云峰寺和尚碑文任务，落到了刚从集贤殿书院出任蓝田殿列柳宗元身上，“其长老咸来言曰”，向其告知云峰寺和尚事迹。碑文当为贞元十七年作。《塔铭》表述其写作缘由："余既与大乘师重巽游，巽，其徒也，亟为余言，故为其铭。"柳宗元与重巽交游，是元和年间在永州龙光一寺寄居，并与重巽为邻时候的事情，《塔铭》绝非贞元十七年作。《柳宗元集》卷七《南岳云峰寺和尚碑》："乾元元年某月日，皇帝曰：'予欲俾慈仁怡愉洽于生人，惟浮图道允迪。'乃命五岳求厥元德，以仪于下。惟兹岳上于尚书，其首曰云峰大师法证，凡莅事五十年，贞元十七年乃没。其徒曰诠，曰远，曰振，曰巽，曰素，凡三千余人。其长老咸来言曰：……"宗元对云峰寺和尚的大德极为敬重，写下此碑文。

【诗文系年】

作《亡姑渭南县尉陈君夫人权厝志》。

《柳宗元集》卷十三《亡姑渭南县尉陈君夫人权厝志》云："唐贞元十七年九月六日甲子，前渭南县尉颍川陈君之夫人河东柳氏，终于平康里。"故志作于是年。

作《祭六伯母文》。

《柳宗元集》卷四十一《祭六伯母文》："维贞元十七年，岁次辛巳，二月癸巳朔，二十五日丁巳，侄男华州华阴县主簿缥，谨以清酌庶羞之奠，敬祭于六伯母之灵。伏惟天锡寿考，神资淑德，高明而和，柔惠且直。敬长慈幼，宗姻仰则，不偕贵位。"宗元为叔父祭六伯母文，当作于贞元十七年二月二十五日前。

作《送班孝廉擢第归东川觐省序》。

《柳宗元集》卷二十二《送班孝廉擢第归东川觐省序》"以班孝廉之行为请"句下引孙汝听注："贞元十七年，礼部侍郎高郢知贡举，班肃第一。"

作《祭太常崔少卿文》。

《柳宗元集》卷四十《为韦京兆作祭太常崔少卿文》题下注引韩醇注："崔少卿，考之史传未详。惟摭诸表系，有崔隐甫之孙溉者一人为太常少卿，当即此也。"宗元被任命为京畿蓝田县尉，韦京兆是他的上级。宗元代作祭文，自属完全可能之事。

作《南岳云峰寺和尚碑》《南岳云峰和尚塔铭》。

云峰寺和尚死于贞元十七年九月十七日，葬于十月二十七日，碑及塔铭皆同时作。

贞元十八年　壬午（802）　三十岁

【时事述要】

正月，韦皋以所擒吐蕃相论莽热来献。（《资治通鉴》卷二百三十六）

骠国王遣使悉利移来朝贡，献其国乐十二曲与乐工三十五人。

二月，赐群臣宴于马璘之山池。

五月，以窦群为左拾遗。

六月，以吏部尚书顾少连为兵部尚书、东都留守、东都畿汝防御使。

七月，蔡、申、光三州春水夏旱。

十月，鄜坊军乱，旋定。

十二月，黎州蛮、牂柯使入朝。

环王陷驩、爱二州。

【文坛纪事】

吕温在洛阳居丧守服。

刘禹锡于本年离淮南幕，调渭南县主簿。《刘禹锡集》卷三十九《子刘子自传》："遂改为扬州掌书记，涉二年而道无虞，前约乃行，调补京兆渭南主簿。"刘禹锡贞元十六年为杜佑淮泗掌书记，至是"涉二年"。

本年五月，窦群以韦夏卿之荐，以白衣授左拾遗，赴京。途经潼关，有诗赠宇文籍。《旧唐书·窦群传》："及（韦）夏卿人为吏部侍郎，改京兆尹，中谢日，因对，复荐窦群，征拜左拾遗。"柳宗元有《为韦侍郎贺布衣窦群除左拾遗表》。《全唐诗》卷二百七十一窦群《经潼关赠宇文十》："古有弓旌礼，今征草泽臣。方同白衣见，不是弃缣人。"宇文十，字文籍。《旧唐书·宇文籍传》："宇文籍字夏龟……窦群自处士征为左拾遗，表籍自代，由是知名。"《全唐诗》卷二百七十一窦群《初人谏司喜家室至》："一旦悲欢见孟光，十年辛苦伴沧浪。不知笔砚缘封事，犹问佣书日几行。"

是年，韩愈授四门博士。

元稹、白居易同应吏部试，二人订交约始于是年或稍前。

李翱登进士第。

【宗元事迹】

在蓝田尉任，仍留为京兆府从事。

大姊崔简夫人卒，宗元作《亡姊崔氏夫人墓志盖石文》。

四月五日，友人独孤申叔卒，年二十七，宗元作《亡故友秘书省校书郎独孤君墓碣》。《柳宗元集》卷十一《亡故友秘书省校书郎独孤君墓碣》云："独孤君之道和而纯，其用端而明，内之为孝，外之为仁，默而智，言而信。其穷也不忧，其乐也不淫。读书推孔子之道，必求诸其中。其为文深而厚，尤慕古雅，善赋颂，其要咸归于道。昔孔子之世，有颜回者，能得于孔子，后之仰其贤者，譬之如日月而莫有议者焉。呜呼！独孤君之明且仁，如遭孔子，是有两颜氏也。今之世有知其然者乎？知之者其信于天下乎？使夫人也夭而不嗣，世之惑者，犹曰尚有天道，嘻乎甚邪！……乡曰某乡，原曰某原。呜呼！君短命，行道之日未久，故其道信于其友，而未信于天下。今记其知君者于墓：韩泰安平，南阳人。李行谌元固、其弟行敏中明，赵郡赞皇人。柳宗元，河东鲜人。崔广略，清河人。韩愈退之，昌黎人。王涯广津，太原人。吕温和叔，东平人。崔群敦诗，清河人。刘禹锡梦得，中山人。李景俭致用，陇西人。严休复玄锡，冯翊人。韦词致用，京兆杜陵人。"友人故秘书省校书郎独孤君卒，柳宗元代韩泰、崔广略、韩愈、王涯、吕温、崔群、刘禹锡、李景俭等人作墓碣。同时也可看出柳宗元在长安时的私人交往。

七月九日，衡山弥陀和尚卒，宗元作《南岳弥陀和尚碑》。

九月，宗元岳父、太常少卿杨凭出任潭州刺史、湖南观察使，宗元作《为杨湖南谢设表》。《柳宗元集》卷三十八《为杨湖南谢设表》："臣以多幸，属此昌时，任重方隅，职忝文武。甘受素餐之刺，知无肉食之谋，以忧以惶，瘝瘝无措。岂谓鸿恩继至，丰膳爰来，陆海兼陈，饴醴皆设。庶当奉扬圣泽，覃布远人，流恺悌于皇风，均乳哺于赤子。少陈微效，上答殊私。无任感恩欣跃之至。"宗元作表以庆贺。

宗元为武功县丞陈南仲新官署作《武功县丞厅壁记》。云："武功为甸内大县，按其图，古后稷封有邰之地。秦作四十一县，邰、美、武功各异，至是合焉。盖尝为稷州，已而复县。土疆沃美高厚，有丘陵坟衍之大；其植物丰畅茂遂，有秬秠藿菽之宜。其人善树蓻。其俗有礼让，宜乎其《大雅》之遗烈焉。贞元十五年，改邑于南里，既成新城，凡官署旧记，壁坏文逸，而未克继之者。后三年，而颍川陈南仲居是官，邑人宜之，号为简靖，因其族子存持地图以来谒余为记。"

宗元作《盩厔县新食堂记》赞赏新食堂建造的意义，颇有提倡革弊创新之意。《柳宗元集》卷二十六《盩厔县新食堂记》曰："自兵兴以来，西郊捍戎，县为军垒二十有六年，群吏咸寓于外。兵去邑荒，栋宇倾圮，又十有九年，不克以居。由是县之联事，离散而不属，凡其官僚，罕或觌见。及是，主簿某病之。于是且掌功役之任，俾复其邑居。廪库既成，学校既修，取其余财，以构斯堂。其上栋，自南而北者，二十有二尺。周阿峻严，列楹齐同。其饰之文质，阶之高下，视邑之大小与群吏之品秩，不陋不盈。高山在前，流水在下，可以俯仰，可以宴乐。堂既成，得羡财可以为食本，月权其赢，羞膳以充。乃合群吏于兹新堂，升降坐起，以班先后，始正位秩之叙，礼仪笑语，讲议往复。始会政事之要，筵席肃庄，樽俎静嘉，燔炮烹饪，益以酒醴，始获僚友之乐。"

贡士元公瑾仕途不得志，致书亦呈文求荐，宗元作《答贡士元公瑾论仕进书》。《柳宗元集》卷三十四《答贡士元公瑾论仕进书》云："然窃观所以殷勤其文旨者，岂非深寡和之愤，积无徒之叹，怀不能已，赴诉于仆乎？如仆尚何为者哉！……始仆之志学也，甚自尊大，颇慕古之大有为者。泪没至今，自视缺然，知其不盈素望久矣。上之不能交诚明，达德行，延孔氏之光烛于后来；次之未能励材能，兴功力，致大康于民，垂不灭之声。退乃伥伥于下列，呫呫于末位。偃仰骄矜，道人短长，不亦冒先圣之诛乎？固吾不得已耳，树势使然也。谷梁子曰：'心志既通，而名誉不闻，友之过也。'盖举知扬善，圣人不非。况足下有文行，唱之者有其人矣，继其声者，吾敢阙焉！其余去就之说，则足下观时而已。"又：《柳宗元集》卷二十三《送元秀才下第东归序》云："周乎志者，穷蹶不能变其操；周乎艺者，屈抑不能贬其名。其或处心定气，居斯二者，虽有穷屈之患，则君子不患矣。元氏之子，其殆庶周乎。"书中充满对青年士子元公瑾关切之情，读来感人肺腑。

与友人刘禹锡、韩泰同听太学博士施士匄讲《诗经》。王谠《唐语林》卷二《文学》云："刘禹锡云：'与柳八（宗元）、韩七（泰）诣士匄听《毛诗》。'说：'维鹈在梁'，梁人取鱼之梁也。言鹈自合求鱼，不合于人之梁上取其鱼。譬之人，自无善事攘人之美者，如鹈在人之梁，毛注失之矣。"韩愈《韩昌黎集》卷二十四《施先生墓志铭》云："先生明毛、郑《诗》，通《春秋·左氏传》，善讲说，朝之贤士大夫从而执经考疑者，继于门。"又云："贞元十八年十月十一日，太学博士施先生士匀卒。"宗元与刘、韩听施氏讲《诗经》，当不得迟于本年。

【诗文系年】

作《亡姊崔氏夫人墓志盖石文》。

《柳宗元集》卷九《故永州刺史流配驩州崔君权厝志》云："夫人柳氏，德硕行淑，先崔君十年卒。"按：崔简卒于元和七年（812），逆数十年，故《柳宗元集》卷十三《亡姊崔氏夫人墓志盖石文》是年作。

作《亡故友秘书省校书郎独孤君墓碣》。

《柳宗元集》卷十一《亡故友秘书省校书郎独孤君墓碣》云："君讳申叔，字子重，年二十二举进士，又二年，用博学宏词为校书郎，又三年，居父丧，未练而没，盖贞元十八年四月五日也。是年七月十日而葬。"按独孤申叔卒于贞元十八年，墓碣当作于是年。

作《南岳弥陀和尚碑》。

《柳宗元集》卷六《南岳弥陀和尚碑》云："公为僧几五十六年，其寿九十一，贞元十八年七月十九日终于寿。"故碑文作于是年。

作《为杨湖南谢设表》。

《柳宗元集》卷三十八《为杨湖南谢设表》题下注引韩醇注："德宗贞元十八年九月，以太常少卿杨凭为潭州刺史、湖南观察使。癸亥，赐群臣于马璘山池，上赋《九日赐宴诗》六韵赐之。敕设岂此时耶？"

作《武功县丞厅壁记》。

《柳宗元集》卷二十六《武功县丞厅壁记》题下注引韩醇注："武功县属京兆。序言贞元十五年丞厅壁坏，官署旧记皆逸。后三年，陈南仲居是官，乃因其族子存持地图求为记。盖十八年也。公时为蓝田尉。"此记乃贞元十八年作。

作《鳌厔县新食堂记》。

《柳宗元集》卷二十六《盩厔县新食堂记》曰："贞元十八年五月某日，新作食堂于县内之右，始会食也。"盩厔县新食堂记是年五月间作。

作《答贡士元公瑾论仕进书》。

《柳宗元集》卷三十四《答贡士元公瑾论仕进书》，此文题下注引眉山刘崧注："公尝有《送元秀才下第东归序》，即公瑾也。序所谓'从计京师，受丙科之荐，献艺春卿，当三黜之辱'与书所谓'深寡和之愤，积无徒之叹'之意同。"书与序当先后作，时贞元十八年。

作《为韦京兆祭杜河中文》。

《柳宗元集》卷四十《为韦京兆祭杜河中文》，据《旧唐书·德宗纪》，十八年三月丙戌，以河中行军司马郑元为河中尹兼御史大夫河中绛节度使，则杜确之卒当在是年，唯据二月戊子朔推之，日期颇错乱，且三月后即为五月，盖确之卒当在十八年四月。

贞元十九年 癸未（803） 三十一岁

【时事述要】

二月，安南牙将王季元逐其经略使裴泰，兵马使赵均败之。

三月，以司农卿李实为京兆尹，代韦夏卿。

五月，吐蕃遣使论频热人朝。（《资治通鉴》卷二百三十六）

自正月至是月未雨，分命祈祷山川。

六月，遣右龙武大将军薛还使于吐蕃。（《资治通鉴》卷二百三十六）

七月，以关辅饥，罢吏部选、礼部贡举。

十月，以太子宾客韦夏卿为东都留守、东都畿汝防御使。

闰十月，盐州将李庭俊杀权知州事崔文先，脔食之；庭俊旋被杀，事平。

十一月，以盐州兵马使李兴干为盐州刺史，许专达于上，不隶夏州。

十二月，太常卿高郢为中书侍郎、同中书门下平章事；吏部侍郎郑珣瑜为门下侍郎、同中书门下平章事。

是年，日本遣藤原葛野麿等入唐，僧空海、最澄等同行。是为第十七次遣唐使。

【文坛纪事】

韩愈兄韩介之子老成卒，韩愈作《祭十二郎文》。

元稹二十五岁，娶韦夏卿女韦丛为妻，抛弃"崔莺莺"，作《古决绝词》。与白居易时以诗章赠答。

吕温守丧服除，从洛阳徙居长安。因其才能杰出而为德宗所知，授官左拾遗。《吕衡州文集》卷四《谢拾遗表》，《四部丛刊》本题下注明时间为"贞元十九年"。又《旧唐书·吕温传》云："温与（韦）执谊尤为王叔文所眷，起家再命拜左拾遗。"《新唐书·吕温传》略同，认为吕温此次拜左拾遗，得力于王叔文。今考吕温《谢拾遗表》中所云"果蒙陛下自记姓名，猥怜孤直，振零丁于绝望，拔暖昧于无阶。独断皇明，超置清列"之语，结合刘禹锡《吕君集记》中所云"德宗闻其名，自集贤殿校书郎擢为左拾遗"。则吕温拜官左拾遗，当为德宗亲自擢任。吕温与王叔文、刘禹锡、韦执谊的密切交往当在此以后。

又吕温任左拾遗时，有一件逸事，见于《刘宾客嘉话录》："通事舍人宣诏，旧命拾遗团（周）句把麻者，盖谒者不知书，多失句度（读），故用拾遗低摘声句以助之。及吕温为拾遗，被唤把麻，不肯去，遂成故事。拾遗不把麻者，自吕始也。时柳宗元戏吕云：'幸识一文半字，何不与他把也？'"此事颇能反映吕温性格之倔强，见其行事不肯苟且从俗之一面。

十二月，韩愈上疏论天旱人饥，为京兆尹李实所谮，贬阳山令；张署时亦为监察御史,同贬为临武令。《韩昌黎诗系年集释》卷三《赴江陵途中寄赠王二十补阙、李十一拾遗、李二十六员外翰林三学士》:"孤臣昔放逐,泣血追愆尤。汗漫不省识,恍如乘桴浮。或自疑上书,上疏岂其由?是年京师旱,田亩少所收。上怜民无食,兵赋半已休。有司恤经费,未免烦征求。富者既有急,贫者固已流。传闻闾里间,赤子弃渠沟。持男易斗粟,掉臂莫肯酬。我时出衢路,饿者何其稠!亲逢道死者,伫立久咿嚘。归舍不能食,有如鱼挂钩。适会除御史,诚当得言秋。拜疏移阁门,为忠宁自谋。上陈人疾苦,无令绝其喉;下言畿甸内,根本理宜优;积雪验丰熟,幸宽待蚕鲜莽。天子恻然感,司空叹绸缪。谓言即施设,乃反迁炎州。同官尽才俊,偏善柳与刘。或虑语言泄,传之落冤仇。二子不宜尔,将疑断还不。中使临门遣,顷刻不得留。病妹卧床褥,分知隔明幽;悲啼乞就别,百请不领头。弱妻抱稚子,出拜忘惭羞。黾俛不回顾,行行至连州。朝为青云士,暮作白首囚。"《韩昌黎诗系年集释》卷二《县斋有怀》"捐躯辰在丁"句注:"贞元十九年十二月,愈上天旱人饥疏,被贬。"《皇甫持正文集》卷六《韩文公神道碑》:"十九年,关中旱饥,人死相枕藉,吏刻取息,先生列言天下根本,民急如是,请宽民徭而免田租之弊,专政者恶之,出为连州阳山令。"

《资治通鉴》卷二百三十六贞元十九年载:"自正月不雨至于秋七月。……(十二月)京兆尹嗣道王实务征求以给进奉,言于上曰:'今岁虽旱而禾苗甚美。'由是租税皆不免,人穷至坏屋卖瓦木、麦苗以输官。优人成辅端为谣嘲之。实奏辅端诽谤朝政,杖杀之。监察御史韩愈上疏,以'京畿百姓穷困,应今年税钱及草粟等征未得者,请俟来年蚕麦。'愈坐贬阳山令。"

《韩昌黎集》卷三十《唐故河南令张君墓志铭》:"君讳署,字某,河间人。……自京兆武功尉拜监察御史,为幸臣所谗,与同辈韩愈、李方叔三人俱为县令南方。"旧注："贞元十九年，公与张君词自监察御史以言事黜，张为郴州临武，公为连州阳山。"

本年春天，白居易、元稹以书判拔萃科登第，同授秘书省校书郎。《白居易集》卷四十三《养竹记》："贞元十九年春，居易以拔萃选及第。"

韩泰为馆驿使。《柳宗元集》卷二十六《馆驿使壁记》云："大历十四年，始命御史为之使。"句下注引孙汝听注："大历十四年，两京以御史一人知驿，号馆驿使。"

杜牧于本年生。《旧唐书·杜牧传》："其年，以疾终于安仁里，年五十。"《樊川诗集注》附录缪钺《杜牧卒年考》考定杜牧卒年为大中六年，逆推五十年，知其生于本年。

【宗元事迹】

在蓝田尉任，仍留为京兆府从事。

正月，宗元妻叔、岳父杨凭之弟、兵部郎中杨凝卒，四月葬，宗元为作《唐故兵部郎中杨君墓碣》；又代京兆尹李实作《祭杨凝郎中文》。韩愈亦为作《哭杨兵部凝陆歙州参》诗。

《柳宗元集》卷九《唐故兵部郎中杨君墓碣》云："……君讳凝，字懋功，与季弟凌生同日，不周月而孤。伯兄凭，髫发为童，家居于吴。太夫人母道尊爱，教饬谨备。君之昆弟，孝敬出于其性，礼范奉于其旧，克有成德，辑其休光。……呜呼！君有深淳之行，有强毅之志。内以和于亲戚，正于族属；外以信于朋友，施于政事。故身之进退，人之喜戚系焉。凡其昆弟，申明于朝，制书咸曰孝友。君子谓杨氏其仁义之府。君之文若干什，皆可以传于世。若某者，以姻旧获爱，不腆之文，君实知之。"

补正：《墓碣》未言凝卒之年寿，据徐松《登科记考》卷十三，凝以代宗大历十三年（778）擢进士第，其年如以二十岁计，则贞元十九年卒，其寿亦当在四十五岁以上。又祭杨凝文在四月，碣作于既葬之后，时当在四五月。杨凝有文集二十卷，权德舆《杨君文集序》称其"六经百氏巧冶锻炼"，"词合雅，言中伦，疏通而不流，博富而有节，洁净夷易得其英华"（《全唐文》卷四百八十九）。《柳宗元集》卷三十《与杨京兆凭书》称凝与伯兄凭、弟凌"叔仲鼎列，天下号为文章家"。是杨凝为从事写作古文者。柳杨相交，除姻由外，盖亦由于彼此志同而道合也。

春天，浮屠文畅从京城将行东南，柳宗元代其请韩愈作序送之，吕温、白居易、权德舆亦有诗相送。《韩昌黎集》卷二十《送浮屠文畅师序》："浮屠师文畅喜文章，其周游天下，凡有行必请于缙绅先生，以求咏歌其所志。贞元十九年春，将行东南，柳宗元为之请。解其装，得所得叙诗累百余篇，非至笃好，其何能致多如是邪？……余既重柳请，又嘉浮屠能善文辞，于是乎言。"《吕衡州文集》卷二《送文畅上人东游》："随缘聊振锡，高步出东城。水止无恒地，云行不计程。到时为彼岸，过处即前生。今日临歧别，吾徒自有情。"《全唐诗》卷四百三十六白居易《送文畅上人东游》："得道即无着，随缘西复东。貌依年腊老，心到夜禅空。山宿驯溪虎，江行滤水虫。悠悠尘客思，春满碧云中。"《全唐诗》卷三百二十三权德舆《送文畅上人东游》："桑门许辩才，外学接宗雷。护法麻衣净，翻经贝叶开。宗通知不染，妄想自堪哀。或结西方社，师游早晚回。"知亦同时所作。

闰十月，因御史中丞李汶引荐，自蓝田尉入京为监察御史里行。时韩愈、刘禹锡、韩泰等，亦因李汶引荐拜监察御史。《柳宗元集》卷三十九《让监察御史状》云："贞元十九年闰十月日，承议郎新除监察御史臣柳宗元奏。"按，此文题下注引韩醇注云："公拜监察御史里行，诸本于此状首尾或载名衔，无'里行'字，后人妄削之耳。"又：《柳宗元集》卷三十《与萧翰林俛书》云："然仆当时年三十三，甚少，自御史里行得礼部员外郎。"

翰林待诏王叔文密结翰林学士韦执谊为至友，宗元、禹锡、吕温、韩泰等皆为叔文所引与之结交。韩愈《顺宗实录》卷五云："叔文，越州人。以棋入东宫。颇自言读书知理道，乘间常言人间疾苦。上将大论宫市事，叔文说中上意，遂有宠。因为上言，某可为将，某可为相，幸异日用之。密结韦执谊，并有当时名欲侥幸而速进者：陆质、吕温、李景俭、韩晔、韩泰、陈谏、刘禹锡、柳宗元等十数人，定为死交。而凌准、程异等又因其党而进，交游踪迹诡秘，莫有知其端者。贞元十九年，补阙张正买疏谏他事，得召见。正买与王仲舒、刘伯刍、裴茝、常仲孺、吕洞相善，数游止。正买得召见，诸往来者皆往贺之。有与之不善者，告叔文、执谊云：'正买疏似论君朋党事，宜少诚！'执谊、叔文信之。执谊尝为翰林学士，父死罢官，此时虽为散郎，以恩时时召入问外事。执谊因言成季等朋宴聚游无度，皆遣斥之，人莫知其由。"（见《韩昌黎集》外集）

　　《资治通鉴》卷二百三十六《唐纪》五十二《贞元十九年》下云："初，翰林待诏王伾善书，山阴王叔文善棋，俱出入东宫，娱侍太子。伾；杭州人也。叔文谲诡多计，自言读书知治道，乘间常为太子言民间疾苦。……遂大爱幸，与王伾相依附。叔文因为太子言'某可为将，某可为相，幸异日用之。'密结翰林学士韦执谊及当时朝士有名而求速进者陆淳、吕温、李景俭、韩晔、韩泰、陈谏、柳宗元、刘禹锡等，定为死友。而凌准、程异等又因其党而进，日与游处，踪迹诡秘，莫有知其端者。藩镇或阴进资币，与之相结。……左补阙张正一上书，得召见。王仲舒、主客员外郎刘伯刍等相亲善，叔文之党疑正一言己阴事，令执谊反潜正一等于上，云其朋党，游宴无度。九月，甲寅，正一等皆坐远贬。"按，《资治通鉴》"左补阙张正一上书，得召见"句下注引《考异》曰：《顺宗实录》作"张正买"，今从《顺宗实录》。

十二月，宗元领监察御史，主祀事，问于有司，作《禘说》。

《柳宗元集》卷十六《禘说》云："柳子为御史，主祀事。将禘，进有司以问禘之说……夫圣人之为心也，必有道而已矣，非于神也，盖于人也。以其诞漫憪悦，冥冥焉不可执取，而犹诛削若此，况其貌言动作之块然者乎？是设乎彼而戒乎此者也。其旨大矣。"文中记宗元为御史，主祀事，将禘，进有司以问禘之说，有司说到发生了旱灾、水灾、虫灾、疫灾的地方，不祭祀其地之神。宗元提出有没有神不可知。然古圣人制定禘礼的用心，在于使政治有道，惩罚失职的神，旨在警诫失职的官员。现在对于残暴、昏庸、腐败、无能的官员，不加以惩罚，就是不明古圣人之道，使古圣人制定的禘礼名存实亡。如果明古圣人之道，那么即使废除禘礼，也是可以的。相反，禘礼名实俱亡，"非圣人之意"，这才是真正的可悲。文章体现了柳宗元的无神论和惩治腐败的政治思想。清人何焯评论此文，谓"柳子疾当时有司无状，不举其罚，故假此致叹"（《义门读书记》），其说甚是。

考《新唐书》卷十一《礼乐志》云："禘，禘百神于南郊。"知禘祭于十二月举行。宗元十九年闰十月为监察御史，二十一年坐王叔文党贬黜。《柳宗元集》卷二十六《监察御史壁记》云："贞元十九年十二月，御史多缺，予班在三人之下，进而领焉。"《柳宗元集》"御史多缺"句下注引《集注》谓《旧史》：贞元十九年十一月，监察御史崔薳入台近不练故事，违式，流崖州。十二月，监察御史韩愈、李方叔皆得罪。据此，则贞元十九年十二月宗元既领监察御史，祀事自当为其所主。问禘之说，应为初主祀事时所有。

闰十月，刘禹锡以京兆渭南主簿入京为监察御史，卜居于长安光福坊，识韦执谊、王叔文、牛僧孺。颇为叔文所器重，并时与令狐楚相和，与韩愈、柳宗元等讨论学术，切磋诗文。

是年冬，韩愈自四门博士拜监察御史，十二月因上章论宫市之弊贬为阳山令。

韩愈《韩昌黎集》卷三十七《御史台上论天旱人饥状》云："臣伏以今年已来，京畿诸县，夏逢亢旱，秋又早霜，田种所收，十不存一。陛下恩逾慈母，仁过春阳，租赋之间，例皆蠲免。所征至少，所放至多；上恩虽弘，下困犹甚：至闻有弃子逐妻，以求口食，拆屋伐树，以纳税钱，寒馁道途，毙踣沟壑。有者皆已输纳，无者徒被追征。臣愚以为此皆群臣之所未言，陛下之所未知者也！……伏乞特敕京兆府：应今年税钱及草粟等在百姓腹内征未得者，并且停征，容至来年蚕麦，庶得少有存立。"寥寥数百字，却以明白流畅的语言，把要述说的话曲曲折折地倾诉了出来。虽非锋芒毕露，却也单刀直入，道出了问题的症结，体现了韩文风骨刚劲的特点。

按，关于韩愈贬官的原因，学界说法不一，甚而疑是为二王、柳、刘排挤所致，兹略作辨析。

唐李翱《李文公集》卷十一《故正议大夫行尚书吏部侍郎上柱国赐紫金鱼袋赠礼部尚书韩公行状》云："为幸臣所恶，出守连州阳山令"（所谓"幸臣"，即李实）；皇甫湜《皇甫持正文集》卷六《韩文公神道碑》云："（贞元）十九年，关中旱饥，人死相枕藉，吏刻取怨，先生列言天下根本，民急如是，请宽缗民徭，而免田租之弊。专政者恶之，行为连州阳山令。"《资治通鉴》卷二百三十六《唐纪》五十二德宗贞元十九年云："监察御史韩愈上疏，以'京畿百姓穷困，应今年税钱及草粟等征未得者，请俟来年蚕麦。'愈坐贬阳山令。"句下注引《考异》：韩愈《河南令张署墓志》曰："自京兆武功尉拜监察御史，为幸臣所谗，与同辈韩愈、李方叔三人俱为县令南方。"又《祭署文》曰："贞元十九，君为御史，余以无能，同诏并峙。"又曰："我落阳山，以尹鼯狖。君飘临武，山林之牢。岁弊寒凶，雪虐风餐。"与署同贬当在此年冬。洪迈《容斋随笔》卷八《韩文公佚事》云："韩文公自御史贬阳山，新、旧二《唐史》皆以为坐论宫市事。"按公《赴江陵途中》诗，自叙此事甚详，云："是年京师旱，田亩少所收。有司恤经费，未免烦征求。传闻闾里间，赤子弃渠沟。我时出衢路，饿者何其稠。适会除御史，诚当得言秋。拜疏移合门，为忠宁自谋。上陈人疾苦，无令绝其喉。下陈畿甸内，根本理宜优。积雪验丰熟，幸宽待蚕莽。天子恻然感，司空叹绸缪。谓言即施设，乃反迁炎州。"皇甫湜作公《神道碑》云："关中旱饥，人死相枕藉，吏刻取怨，先生列言天下根本，民急如是，请宽缗民徭而免田租。专政者恶之，遂贬。"然则不因论宫市明甚。根据以上列举的史实，说明韩愈被贬阳山，是由于他直言进谏，触怒了幸臣李实和德宗皇帝，与二王、柳、刘并无直接关系。

然而，韩愈在《赴江陵途中》同一首诗中又云："同官尽才俊，偏善柳与刘。或虑语言泄，传之落冤仇。二子不宜尔，将疑断还不？"指名道姓地怀疑柳宗元、刘禹锡因"语言泄露"而招祸，形成了似乎说不清、道不明的冤案。清代著名史论家王鸣盛曾就韩愈凭猜疑所加给柳、刘的无妄之罪作过一些公允的分析和批评，今将王文附录于后。

王鸣盛《蛾术编》卷七十六《赴江陵途中寄赠王二十补阙李十一拾遗李二十六员外翰林三学士》："方崧卿云：公阳山之贬，《寄三学士诗》叙述甚详。而《行状》但云'为幸臣所恶，出宰阳山。'《神道碑》亦只云：'因疏关中旱饥，专政者恶之。'而公诗云：'或自疑上疏，上疏岂其由？'则是未必上疏之罪也。又曰'同官尽才俊，偏善柳与刘。或虑语言泄，传之落冤仇。'《岳阳楼》诗云：'前年出官由，此祸最无妄。奸猜畏弹射，斥逐恣欺诳。'是盖为王叔文等所排矣。《忆昨行》云：'伾、文未揃崖州炽，虽得赦宥常愁猜。'是其为叔文等所排，岂不明甚？特无所归咎，驾其罪于上疏耳。昌黎于俱文珍不知其将为恶，而轻以文假借之；于叔文不知其忠于为国，心疑谗谮而恨之。此不知人之故也。叔文行政，首贬京兆尹李实为通州长史，而实乃毁愈者也。赠故忠州别驾陆贽兵部尚书谥曰'宣'，而贽乃愈之座主也。罢宫市为五坊小儿，而此事乃愈所谏止也。诸道除正敕卫税外，诸色杂税并禁断，除上供外不得别有进奉。贞元二十一年十月以前，百姓所欠诸色课利、租赋、钱帛共五十二万六千八百四十一贯，石、匹、束并除免。正愈诗所云'适会除御史，诚当得言秋。拜疏移合门，为忠宁自谋'者也。愈与叔文事事吻合如此。愈固大贤，叔文亦忠良，乃目为共呹，以嗣王诛之为快，非不知人邪？又疑柳、刘言泄，子厚《答许孟客书》：'与负罪者亲善，奇其能，谓可共立仁义。'《叔文母刘夫人墓铭》：'叔文坚明直亮'，'献可替否'，'利安之道，将施于人。'子厚心事，光明如此。若云'泄言''冤仇'，以卖其友，梦得亦不肯，况子厚邪？"按，此文结尾"若云'泄言''冤仇'，以卖其友，梦得亦不肯，况子厚邪？"句下注引鹤寿按："此条所驳正，远出洪容斋之上（愈诗所云），非但不识叔文，而且不识刘、柳。若使文公见之其将何辞以对？"

补正：王鸣盛说确凿无偏。一是王叔文的罢宫市、除税赋等行政举措与韩愈政见相同，二是王叔文贬李实、褒陆贽与韩愈可谓同仇敌忾，子厚、梦得与韩愈虽同在御史官为僚，绝无卖友求荣之根源。所以，韩愈《赴江陵途中》诗前一部与叙事，后一部分则由迁怒于人的猜疑与泄愤，没有事实根据。

范传正之兄范传真，由京兆武功尉调任宣州宁国令。宗元作《送宁国范明府诗序》，为其送行，约在此年。《柳宗元集》卷二十二《送宁国范明府诗序》云："有范氏传真者，始来京师，近臣多言其美。宰相闻之，用以为是职。在门下，甚获休问。初命京兆武功尉。既有成绩，复

昌进琼管儋、振、万安六州《六十二洞归降图》。

六月，始置百官待漏院于建福门外。蔡州水，平地深七八尺。

七月，敕刑部侍郎许孟容等删定《开元格后敕》。太仆寺丞令孤丕进亡父令孤峘所撰《代宗实录》四十卷，诏赠峘工部尚书。

八月，宰相武元衡兼判户部事。卢龙刘济、成德王士真、义武张茂昭互哄，遣官为宣慰使和解之。

十月，镇海军节度使李锜反，宪宗命淮南节度使王谔率诸道兵进讨。润州大将张子良等执李锜，送长安，斩之。（《旧唐书·宪宗纪》上）

十二月，礼部举人，罢试口义，试墨义十条，五经通五，明经通六，即放进士。举人曾为官司科罚，曾任州县小吏，虽有辞艺，长吏不得举送，违者举送官停任，考试官贬黜。

李吉甫撰《元和国计簿》，总计天下方镇四十八，州、府二百九十五，县一千四百五十三，户二百四十四万二百五十四，租税总入三千五百一十五万一千二百二十八贯石，除凤翔等十五道，凡七十一州，不申户口外，赋税倚办止于浙江等八道、四十九州、一百四十四万户，比天宝户减四分之三；兵八十三万余人，比天宝增三分之一。率以两户资一兵。

是年，吐蕃、回纥、奚、契丹、渤海、牂柯、南诏并朝贡。

【文坛纪事】

正月，杜佑辞知政事，诏令每月三度入朝，便于中书商量政事。韩愈在京师权知国子博士任，作《元和圣德诗》，凡千二十四言，以揄宪宗皇帝之盛德。

二月，元稹葬母于咸阳县奉贤乡洪渎原。请白居易撰墓志铭。

春，白居易与杨汝等屡会于杨家靖恭里宅。白行简、张后馀、李正封、崔咸、窦巩登进士第。礼部侍郎崔邠知贡举。

夏,白居易使骆口驿,作诗《再因公事到骆口驿》。

夏末,韩愈因避谤出京,权知国子博士分司东都洛阳。韩愈是年所作,有诗《记梦》《三星行》等七首,及文《释言》《张中丞传后叙》等。时韩愈年四十。

秋,白居易自盩厔尉调充进士考官,有《进士策问五道》。试毕帖集贤校理。

十一月四日,白居易自集贤院召赴银台候进旨。五日,召入翰林,奉敕试制诏等五首,为翰林学士。是年所作,有《唐河南元府君夫人荥阳郑氏墓志铭》《观刈麦》《月夜登阁避暑》《病假中南亭闲望》《仙游寺独宿》《早秋独夜》《听弹古渌水》《戏题新栽蔷薇》《醉中归盩厔》等诗。

刘禹锡在朗州司马任。朗州旱灾,禹锡作《观市》文,谓“沅南不雨,自季春至于六月”,“遂迁市于城门之涂”。本年与柳宗元有书寄答,叙彼此想念之情。《刘禹锡集》卷一十《答柳子厚书》:“索居三岁,俚言芜而不治,临书轧轧不具。禹锡白。”禹锡于永贞元年岁暮抵朗州,至此三岁。文有云:“零陵守以函置足下书爰来,屑末三幅,小章书仅千言,申申,茂勉甚悉。相思之苦怀,胶结赘聚,至是泮然以销。”可见虽在贬中,想念之情仍深。

【宗元事迹】

柳宗元在“纵逢恩赦,不在量移之限”的打击下,感到自己在政治上不可能有所作为,于是读百家书,复操为文之业。他相信“辅时及物之道,不可陈于今,则宜垂于后”(《柳宗元集》卷三十一《答吴武陵论〈非国语〉书》)。

柳宗元母归祔于京兆万年县栖凤原。他因“不得归奉丧事以尽其志”而感到格外悲痛。

为先君补写《先侍御史府君神道表》（《柳宗元集》卷十二）："贞元九年……是岁五月十七日，终于亲仁里第，享年五十有五，葬于万年县栖凤原。后十一年，宗元由御史为尚书郎。天子行庆于下，申命崇赠，而有司草颇缓。会宗元得罪，遂寝不行。"又"名在刑书，不得手开玄堂以奉安祔"。

健康状况急剧下降。《柳宗元集》卷三十《与杨京兆凭书》："自遭责逐，继以大故，荒乱耗竭，又常积忧恐，神志少矣，所读书随又遗忘。一二年来，痞气尤甚，加以众疾，动作不常。……每闻人大言，则蹶气震怖，抚心按胆，不能自止。"《柳宗元集》卷三十《与裴埙书》："惟楚南极海，玄冥所不统，炎昏多疾，气力益劣，昧昧然人事百不记一，舍忧栗，则怠而睡耳。"

崔敏刺永州。崔敏敬礼文士，柳宗元受到礼遇。

李睦州量移永州。《柳宗元集》卷二十三《同吴武陵赠李睦州诗序》：李锜被斩后，"论者谓宜还睦州，以明其诬。既更大赦，始移永州，去长安尚四千里，睦州未尝自言"。《与李睦州论服气书》孙注："元和二年，睦州为李诬斥南海上，更赦量移永州。"按：李睦州名幼清，字深源，原为睦州刺史。他移永州后，与宗元颇多交往。

柳宗元作《惩咎赋》（《柳宗元集》卷二），表明对被贬的看法："曩余志之修蹇兮，今何为此戾也。夫岂贪食而盗名兮，不混同于世也"，以及今后的决心："苟余齿之有惩兮，蹈前烈而不颇。死蛮夷固吾所兮，虽显宠其焉加"。

南承嗣贬来永州。《柳宗元集》卷二十三《送南涪州量移澧州序》："然而笔削之吏，以薄书校讨赢缩，受谴兹郡。"按：南承嗣是安史之乱死节睢阳的御史中丞南霁云之子，他贬永州以后，与柳宗元交往甚密。

与冯叙同修净土院。《柳宗元集》卷二十八《永州龙兴寺修净院记》：

"今刺史冯公作大门以表其位,余遂周延四阿,环以廊庑,缋二大士之象,缯盖幢幡,以成就之。"

元和二年,吴武陵登进士第。

【诗文系年】

作《酬巽上人以竹间自采新茶见赠酬之以诗》。

《柳宗元集》卷四十二《酬巽上人以竹间自采新茶见赠酬之以诗》云:"芳丛翳湘竹,零露凝清华。复此雪山客,晨朝掇灵芽。……呼儿爨金鼎,余馥延幽遐。"从题目,巽上人,谓重巽,永州龙兴寺之僧。所谓上人,《圆觉要览》云:"内有智德,外有胜行,在人之上,名上人。"后遂用以尊称僧人。宗元贬永,始居龙兴寺,与重巽关系密切。称重巽"修最上乘,解第一义",宗元称他为"超师"。新茶为上人亲手所采,使宗元倍感慰藉。故用"金鼎"烹茶,宗元作诗回赠。赠茶酬诗,当为元和二年春采新茶之事也。诗当作于此时。

作《先太夫人河东县太君归祔志》《先侍御史府君神道表》《先君石表阴先友记》。

是年宗元侄某,舅子卢弘礼扶母柩归府京兆万年栖凤原先侍御史之墓。宗元作《先侍御史府君神道表》《柳宗元集》(卷十二)、《先君石表阴先友记》(《柳宗元集》卷十二)、《先太夫人河东县太君归祔志》(《柳宗元集》卷十三)。"表"言及其母归祔,当是与"先太夫人归祔志"同时作。《先太夫人河东县太君归祔志》云:母"元和元年,岁次丙戌,五月十五日,弃代于永州零陵佛寺,明年某月日,安祔于京兆万年栖凤原先侍御史之墓。其孤有罪,衔哀待刑,不得归奉丧事以尽其志,侄泊太夫人兄之子弘礼承事焉"。按:侄应为曹婆,柳宗元堂弟。《柳宗元集》卷十二《故叔父殿中侍御史府君墓版文》:"公有男一人,始六年矣。"又《柳宗元集》卷十三《叔妣陆氏夫人志》云:"夫人生男一人曰曹婆。"

曹婆即宗元叔父子。叔父以贞元十二年二月葬,是年曹婆六岁,元和二年当为十七岁。母太夫人兄即宗元舅,舅子卢遵,永贞元年从至永州,弘礼当亦在是年至永州。又《先太夫人河东县太君归祔志》中:"明年某月日","明年",当指元和二年。《柳宗元集》卷十二《先侍御史府君神道表》云:"宗元不谨先君之教,以陷大祸,幸而缓于死。既不克成先君之宠赠,又无以宁太夫人之饮食,天殛荐酷,名在刑书。不得手开玄堂以奉安祔,罪恶益大,世无所容。"可见《志》《表》《记》作于同一年。

作《上广州赵宗儒尚书陈情启》。

宗元作《上广州赵宗儒尚书陈情启》(《柳宗元集》卷三十五),考《旧唐书》卷一百六十七及《新唐书》卷一百五十一"赵宗儒传",宗儒,未尝为广州刺史。唯赵昌以元和元年四月以安南都护为岭南节度使、广州刺史。而赵昌以武人出身,与宗元少有交情,且当时赵昌为安南都护。而赵宗儒元和元年亦正检校礼部尚书。考诸本无"广州"二字,则"广州"二字当是后人误加。启云:"天罚深重,余息苟存……顷以党与进退、投窜零陵,囚系所迫,不得归奉松槚。……偷视累息,已逾岁月。"所谓"天罚深重",指其母卢氏元和元年五月十五日弃代于零陵佛寺。所谓"己逾岁月"即已过了一年。所谓"囚系所迫,不得归奉松槚"语,应为是年宗元母归祔后所上者。补正:施子愉《柳宗元年谱》将是文系于元和元年,不确。

作《祭李中明文》。

李行敏,字中明。《新唐书》记载,李行敏是谏议大夫李叔度之子,元和宰相李吉甫堂侄。《祭李中明文》(《柳宗元集》卷四十)云:"水之绵绵,山万层兮,又淫以雨雪,纤委硒硈兮。"诗永州作无疑。又,《柳宗元集》卷三十四《答韦中立论师道书》云:"前六七年,仆来南,二年冬,幸大雪。"据文意,故系于是年。

作《禜门文》。

作《舜庙祈晴文》《禜门文》。

《春秋传》曰："日月星辰之神，则雪霜风雨之不时，于是乎禜之。"永州是年暴雨成灾。《柳宗元集》卷四十一《禜门文》云：今"淫雨斯降，害于麰麦。野夫兴忧，官守增惕"。永州刺史冯叙舜庙祈晴，柳宗元代作《舜庙祈晴文》（《柳宗元集》卷四十一）云："今阳德愆候，有潦凄凄。降是水潦，混为涂泥。岸有善崩，流或断堤。"

《柳宗元集》卷四十一《禜门文》云："禜于城门之神。惟神配阴含德，司其翕辟，能收水渗，以佑成绩。"从文意，祈止雨也。据《永州府志》载，自唐代至清代，永州零陵古郡有北门、南门、东门、大西门、小西门、太平门、潇湘门七个城门，现仍旧有遗址。姑定是年作。

作《掩役夫张进骸》。

《柳宗元集》卷四十三《掩役夫张进骸》诗云："既死给槥椟，葬之东山基。奈何值崩湍，荡析临路垂。骽然暴百骸，散乱不复支。……掩骼著春令，兹焉适其时。"役夫，服役的人。役夫张进死后葬于东山，因山洪暴发将其棺木冲到了路边，骨骸散落在外。柳宗元闻讯为其掩埋骨骸。何书置《柳宗元永州年谱》称：光绪《零陵县志》"祥异"载："宪宗元和元年春正月地震，二年大水。"是年，柳宗元有《舜庙祈晴文》《禜门文》，该诗当为元和二年作。

作《江雪》。

永州位于湘江上游，属于南岭山地以北的长江流域。柳宗元《江雪》（《柳宗元集》卷四十三）所描绘的那样的大雪，长江流域的地方都能见到。但在靠近岭南的地方，冬雪恒有，大雪则是三两年见一回。永州大雪在柳宗元的文章中亦有记载，《答韦中立论师道书》载述："仆往闻庸蜀之南，恒雨少日，日出则犬吠，余以为过言。前六七年，仆来南，二年冬，幸大雪，逾岭被南越中数州，数州之犬，皆苍黄吠噬狂走者累日，至无雪乃已，然后始信前所闻者。"按，此信写于元和八年，"前六七年"，说的是一个大致的时间；"二年冬"，则准确地认定时间为元和二年冬天。《江雪》一诗为元和二年冬柳宗元居于龙兴寺期间的诗作。

作《梦归赋》。

《柳宗元集》卷二《梦归赋》云："罹摈斥以窘束兮，余惟梦之为归。……曾罔蒙其复体兮，孰云桎梏之不固？"大约作于"（八司马）纵逢恩赦，不在量移之限"的诏命之后的元和二年。

作《咏三良》。

《柳宗元集》卷四十三《咏三良》诗云："壮躯闭幽隧，猛志填黄肠。殉死礼所非，况乃用其良。""从邪陷厥父，吾欲讨彼狂。"此诗大概为王叔文被赐死而发。王叔文元和元年赐死，诗当元和二年。

作《种白蘘荷》《植灵寿木》。

柳宗元元和初期居龙兴寺，痞气尤甚，自种中草药。《种白蘘荷》《柳宗元集》（卷四十三）诗云："窜伏常战栗，怀故逾悲辛。"《植灵寿木》（《柳宗元集》卷四十三）亦当作于是年。

作《种术》。

《柳宗元集》卷四十三《种术》诗云："守闲事服饵，采术东山阿。"《清一统志湖南永州府》载："高山在城东隅，亦名东山。"龙兴寺东即东山。从"守闲""东山"字句看，诗永州作无疑。内容以种术为主，"服饵寡术"道家服药养身之法。"单豹且理内，高门复如何？"语出《庄子达生》："鲁有单豹者，岩居而水饮，不与民共饮，行年七十而犹有婴儿之色。不幸遇饿虎，饿虎杀而食之。有张毅者，高门县薄，无不走也，行年四十而有内热之病以死。"柳贬永初期以慕单豹者明己悟拙，调养自足。而不愿学张毅奔走高门获解脱。诗可系于元和二年。

按：《先侍御史府君神道表》《先君石表阴先友记》《祭李中明文》《禁门文》篇，文安礼《柳先生年谱》未录，施子愉《柳宗元年谱》将系之于是年。

元和三年　戊子（808）　三十六岁

【时事述要】

群臣上尊号，宪宗大赦天下。《旧唐书·宪宗纪》："三年春正月癸未朔，癸巳群臣上尊号曰睿圣文武皇帝。……大赦天下。"

正月，泾原段佑请修临泾城，在泾州北九十里，扼犬戎之冲要，诏从之。

三月，宪宗亲到宣政殿试制科举人。（《旧唐书·宪宗纪》上、《资治通鉴》卷二三七）

四月，以岭南节度使赵昌为江陵尹、荆南节度使。（《旧唐书·玄宗纪》上）

五月，兵部请复武举，从之。

六月，西原首领黄少卿降，以为归顺州刺史，弟少高、少温并授官。诏以钱少，不得蓄钱。天下银坑，不得私采。

以河南尹郑余庆为东都留守。（《旧唐书·宪宗纪》上）

九月，以山南东道节度使于頔为司空、同中书门下平章事。以右仆射裴均检校左仆射、同平章事、襄阳长史，充山南东道节度使。

是年，淮南、江南、江西、湖南、山南东道旱。

【文坛纪事】

三月，白居易娶杨虞卿从妹、杨汝士妹为妻。时居易三十七岁，居长安新昌里。

四月，牛僧孺、皇甫湜、李宗闵、李正封、徐晦、王起等登贤良方正、能直言极谏科。考官杨于陵、李益、韦贯之等坐牛僧孺、皇甫湜、李宗闵等策语太切，为权幸所忌，因而被贬，王涯同坐贬。《唐会要》卷七十六《制科举》："元和三年……四月……以起居舍人、翰林学士王涯为都官员外，吏部员外郎韦贯之为果州刺史。先是策贤良，诏杨于陵、郑敬、李益与贯之同为考官。是年，牛僧孺、皇甫湜、李宗闵条对甚直，无所畏避，考官考三策，皆在第。权幸或恶其诋己，而不中第者乃注解其策，同为唱诽。又言涯居翰林，其甥皇甫湜中选，考核之际不先上言，故同坐焉。居数日，贯之再黜巴州司马，涯虢州司马，杨于陵遂出为广州节度使。裴垍时为翰林学士，居中覆视，无所同异，乃为贵幸泣诉，情（请）罪于上。上不得已，罢洎翰林学士，除户部侍郎。"文中"权幸""贵幸"究竟指谁，语焉不详。

白居易为制策考官，除左拾遗，依前充翰林学士，对牛僧孺等三人因对策切直而坐贬考官事深表不满，作《论制科人状》，极言不当贬黜。

九月，裴垍为中书侍郎、同平章事。李吉甫出为淮南节度使。裴垍擢用裴度、李夷简、韦贯之、张正甫等。淮南节度使王锷入朝，多进奉，贿宦官，谋为宰相。白居易上《论王锷欲除官事宜状》，力谏不可。

十月，吕温因与窦群一道劾奏宰相李吉甫交通术士，十五日，贬为均州刺史，十七日复贬为道州刺史。

十月九日，韩愈真授国子博士分司后，与处士石洪、吏部员外郎王仲舒、水部员外郎郑楚相、洛阳县令潘宿阳、前左武卫胄李演等同游洛阳福先寺塔并题名。是月，窦群以御史中丞为湖南观察使，既行，改为黔中观察使。

韩愈劝李渤出山入仕，作《与少室山李拾遗渤书》。按：李渤隐于少室山，刻志于学。元和元年，李篑、韦况交章荐之，诏以右拾遗召，杜兼遣使持诏币至山敦促，渤上书谢不就。是年，又以谏官征，不起；韩愈因此作此书劝之。渤心善其言，遂出山，家于东都，至元和九年始应著作郎之命。

是年，孟郊丧子。韩愈在洛阳，作《孟东野失子》诗。愈是年所作诗，尚有《赠唐衢》《陆浑山火和皇甫湜用其韵》等八首。

【宗元事迹】

《旧唐书·宪宗纪》："三年春正月癸未朔，癸巳群臣上尊号曰睿圣文武皇帝。……大赦天下。"因大赦，冯叙北移，崔敏由归州刺史迁永州刺史。按：崔敏元和五年九月卒于永州刺史任。柳宗元《祭崔君敏文》（《柳宗元集》卷四十）："至于是邦，率由旧俗……出令三岁，人无怨诉，进律未行，归神何速？"三岁，习惯以前后三年计，崔敏来刺永州当在元和三年。宗元与之交厚。秋，陪永州刺史崔敏游南亭、南池。

二月，衡山龙安寺海禅师卒，宗元应其弟子浩初等请，作《龙安海禅师碑》（《柳宗元集》卷六）、《南岳般舟和尚第二碑》（《柳宗元集》卷七）。张后余进士及第后于是年病卒。闻京师进士王参元家失火，作贺文。吴武陵贬永，原睦州刺史李幼清贬循州后量移永州。是年，完成了在长安着手撰写的《贞符》等诗文。

吴武陵贬来永州。《柳宗元集》卷三十《与杨京兆凭书》："去年吴武陵来，美其齿少，才气壮健，可以兴西汉之文章。"按：吴武陵流放永州以后，与柳宗元建立了深厚的友谊。

复操为文之业。《柳宗元集》卷三十一《答吴武陵论非国语书》："仆之为文久矣，然心少之，不务也，以为是特博奕之雄耳。故在长安时，不以是取名誉，意欲施之事实，以辅时及物为道。自为罪人，舍恐惧则闲无事，故聊复为之。"《柳宗元集》卷三十一《寄许京兆孟容书》："贤者不得志于今，必取贵于后，古之著书者皆是也。宗元近欲务此。"

《柳宗元集》卷三十三《贺进士王参元失火书》："仆近亦好作文，与在京城时颇异。"

健康状况有所好转。《柳宗元集》卷三十一《与李翰林建书》："仆自去年八月来，痞疾稍已。往时间一二日作，今一月乃二三作。"

接受武陵之邀，写完《贞符》（《柳宗元集》卷一）："臣为尚书郎时，尝着手《贞符》……会贬逐中辍，不克备究。"

致书刘禹锡并寄新作。刘禹锡《答柳子厚书》："零陵守以函置足下书……书竟获新文二篇，且戏余曰：将子为巨衡以揣其钧石铢黍。"按：所谓"零陵守"，指崔敏。刘在书中评柳文云："顾其词甚约，而味渊以长，气为干，文为支，跨砾古今，鼓行垂空，附离不以凿枘，咀嚼不有文字，端而曼，苦而腴，佶然以生，癯然以清。"禹锡这一评论，准确地反映了柳文风格的变异和特点，故常安称其"评刘文佳处，是真相知"（《古文披金》卷十五）。

吴武陵"坐事流永州"，柳宗元"美其齿少，才气壮健，可以兴西汉之文章，日与之言，因为之出十数篇书"（《与杨京兆凭书》）；吴武陵则请求柳宗元写完《贞符》，二人情谊甚笃。柳宗元写完《贞符》，并献给唐宪宗，表明"苟一明大道施于人代，死而无憾"。这是一篇研究思想的重要著作。

柳宗元陪永州崔使君游宴南池。

《旧唐书·宪宗纪》上：元和元年十一月，"以吏部侍郎赵宗儒为东都留守，东畿汝防御使。"三年四月，"以岭南节度使赵昌为江陵尹、荆南节度使。"六月，"以河南尹郑余庆为东都留守。"《旧唐书·卷一百五十一》：赵昌……元和三年，迁镇荆南，征为太子宾客。及得见，拜吏部尚书，兼大理卿。赵宗儒、郑余庆、赵昌三人元和三年职位变动交替的时间顺序应为，赵昌四月任江陵尹、荆南节度使，宪宗召见后即改为工部尚书，兼大理寺卿；五月任赵宗儒为江陵尹；六月河南尹郑余庆任东部台守。符载受赵宗儒辟为记室，应在本年七月后。柳宗元致书宗儒贺之。《柳宗元集》卷三十五《贺赵江陵宗儒辟符载启》："伏闻以武都符载为记室。……夫以符君之艺术志气，为时闻人，才位未会，盘桓固久。中间因缘，陷在危邦，与时偃仰，不废其道，而为见嫉者横致唇吻。房给事以高节特立，明之于朝。王吏部以清议自任，辩之于外……"据《唐刺史考》，赵宗儒于元和三年为江陵尹、荆南节度使。房给事，房式。《旧唐书》卷一百一十一："式，琯之侄。……属刘辟反，式留不得行。……高崇文既至成都，式与王良士、崔从、卢士玖等白衣麻硗衔士请罪，崇文宽礼之，乃表其状，寻除吏部郎中。……李吉甫荐式为给事中，将命于河朔。"《旧唐书》卷一百一十一。

吕温自刑部郎中，贬均州刺史，元和三年十月再贬道州刺史。吕温元和五年五月移刺衡州，南北均邻永州，与柳宗元情谊笃厚。

秋，柳宗元游永州南亭，并作长诗《游南亭夜还叙志七十韵》。赵宗儒征用符载为记室，看重符载的才华，因为不计政治前嫌大胆启用，这十分契合柳宗元当时的心境。柳宗元在给赵宗儒征用符载的贺启发出后，将自己的文章整理，再写《上江陵赵相公寄所著文启》。

吴武陵贬永州，与柳宗元交谊甚厚。柳宗元约于本年为吴武陵父集作序，柳宗元作《非国语》，并与吴武陵、吕温作书讨论。又有序送薛存义之零陵任。《柳宗元集》卷二十一《濮阳吴君文集序》："会其子侃，更名武陵，升进士，得罪来永州，因奉其先人文集十卷，再拜请余以文冠其首。"吴武陵于元和二年登进士第，《柳宗元集》卷三十《与杨京兆凭书》云"去年吴武陵来"，书作于元和四年，知吴武陵于三年贬至永州，柳序当作于本年。同前卷二十三《送薛存义之任序》云："存义假令零陵二年矣。"然未言自何年始，无从系年，姑附于此。

【诗文系年】

作《龙安海禅师碑》。

二月，衡山龙安寺海禅师卒，年八十一，其弟子玄觉、怀直、浩初等至永州拜谒宗元为碑。《柳宗元集》卷六《龙安海禅师碑》云："凡年八十一，为僧五十三期，元和三年二月九日而没。其弟子玄觉洎怀直、浩初等，状其师之行，谒余为碑。"此碑文写于是年无疑。

作《哭张后余辞》。

张后余进士及第后于是年病卒，宗元作《哭张后余辞》（《柳宗元集》卷四十）云："……既得进士，明年，疽发髀卒。"据世彩堂本柳集注，张后余以元和二年登进士第。孙注："元和二年，中进士第。""明年"，当是元和三年。此诗当为是年作。

作《惩咎赋》。

《新唐书》载此赋："宗元不得召，内悯悼，悔念往咎，作赋自儆。"盖为永州司马时作。元和三年也。且《柳宗元集》卷二《惩咎赋》云："罪通天而降酷兮，不殛死而生为。逾再岁之寒暑兮，犹贸贸而自持。"盖其母返京而葬，自己以罪贬不得护送，故悔咎发而为赋。其母元和元年去世。"逾岁"，过了一年，即元和二年（这种用法有《上广州赵宗儒尚书陈情启》："投窜零陵……已逾岁月"可证）。"逾再岁"，即又过了一年，当为元和三年。

作《南岳般舟和尚第二碑》。

《柳宗元集》卷七《南岳般舟和尚第二碑》载：般舟和尚"当贞元二十年正月十七日，化于兹室"。易新鼎点校此文："是岁贞元二十年甲申，公年三十二……公尝作《南岳弥陀和尚碑》，与此碑合。按碑云：前永州司马员外置同正员柳宗元撰并书。元和三年十月二十九日僧景秀立。"又《五百家注柳先生文集》卷七注此文引"孙曰：按碑云：'前永州司马员外置。柳宗元撰并书。元和三年十月二十九日僧景秀立。刻者林鸿。'"据此，碑文可系于是年三月前。

作《唐故特进赠开府仪同三司扬州大都督南府君睢阳庙碑》。

《柳宗元集》卷五《唐故特进赠开府仪同三司扬州大都督南府君睢阳庙碑》题注："南府君，名霁云，魏州顿丘人。禄山反，张巡、许远守睢阳，遣南霁云乞师于贺兰进明，不果如请。事详碑中。"《庙碑》云："有子曰承嗣……历刺施、涪二州。……惧祠宇久远，德音不形，愿斫坚石，假辞纪美。"南承嗣贞元末为涪州刺史，元和元年贬永州。此碑为受南霁云子承嗣之托而作。南霁云睢阳庙碑，以旌其义烈。韩愈元和三年四月作《张中丞传后序叙》，其中述张巡、许远、南霁云事可为参证。此文姑系于是年。

作《送赵大秀才往江陵谒赵尚书序》。

《柳宗元集》卷二十二《送赵大秀才往江陵谒赵尚书序》云："赵生……来谓余曰：'宗人尚书，以硕德崇功，由交、广临荆州。'"考《旧唐书》卷十四云：元和元年四月，"以前安南都护赵昌为广州刺史，岭南节度使"。元和三年四月，"以岭南节度使赵昌为江陵尹、荆南节度使"。可见，赵大秀才之宗人，即赵昌也。《序》又云："……自吾窜永州三年，赵生亟见。……自尚书之为荆州。"此文系年，序自可见。

作《濮阳吴君文集序》。

是年吴武陵坐事流永州。宗元与之交游。吴君即吴武陵之父。观"序"，似吴武陵初见宗元后即以文集相示。《柳宗元集》卷二十一《濮阳吴君文集序》："会其子侃，更名武陵，升进士，得罪来永州，因奉其先人文集十卷，再拜请余以文冠其首。"据传，吴武陵于元和二年登进士第，《柳宗元集》卷三十《与杨京兆凭书》云"去年吴武陵来"，书作于元和四年，知吴武陵于三年贬至永州，此序当作于是年。

作《湘岸移木芙蓉植龙兴精舍》。

《柳宗元集》卷四十三《湘岸移木芙蓉植龙兴精舍》诗云："有美不自蔽，安能守孤根！盈盈湘西岸，秋至风露繁。丽影别寒水，秾芳委前轩。芰荷谅难杂，反此生高原。"宗元所住龙兴精舍，即永州龙兴寺，世俗谓佛寺为精舍。所谓木芙蓉，一曰，荷花；一曰拒霜。从"盈盈湘西岸，秋至风露繁"句，湘水与潇水在零陵城北湘江，潇水自南绕城环北，潇湘二水皆统称为湘。宗元从潇水西岸移木芙蓉至潇水东龙兴寺，约为元和三年秋后。

作《同吴武陵赠李睦州诗序》。

李睦州，柳宗元于文中又称李深源、李幼清，原睦州刺史，元和二年，为李锜排挤贬循州。《柳宗元集》卷二十三《同吴武陵赠李睦州诗序》云："论者谓宜还睦州，以明其诬。既更大赦，始移永州，去长安尚四千里，睦州未尝自言。既更大赦，始移永州。"所谓"大赦"，元和三年正月，宪宗以群臣上尊号，曾大赦（见《旧唐书》卷十四），则李睦州移永州当在是年。《与李睦州论服气书》孙汝听注："元和二年，睦州为李锜诬，斥南海上，更赦，量移永州"，其意相同。李睦州始移永州亦为员外司马，柳宗元《谢李夷简尚书委曲抚问启》有"当州员外司马李幼清传示尚书委曲"句可证。据此文系于元和三年。

作《游南亭夜还叙志七十韵》。

是秋，宗元作《游南亭夜还叙志赋诗七十韵》（《柳宗元集》卷四十三）诗云："投迹山水地，放情咏《离骚》。……岷凶既云捕，吴虏亦已鏖"。"山水地"，谓永州也。"岷凶既云捕"，指元和元年擒西川刘辟，"吴虏亦已鏖"，元和二年十月诛浙西李锜也。诗中又有"木落寒山静，江空秋月高"句，诗当作于次年秋天，即元和三年。

作《永州法华寺新作西亭记》《构法华寺西亭》《法华寺西亭夜饮赋

诗序》《法华寺西亭夜饮》。

是年，宗元以官禄在永州法华寺筑西亭成。《永州府志》载："法华寺在零陵县东山。……宋改名万寿寺，明洪武初改名高山寺。"柳宗元《法华寺西亭夜饮赋诗序》（《柳宗元集》卷二十四）："余既谪永州，以法华浮图之西临陂池丘陵，大江连山……遂伐木为亭。……间岁，元克己由柱下吏亦谪焉而来。无几何，以文从予者多萃焉。是夜会兹亭者凡八人，既醉，克己欲志是会以贻于后，咸命为诗，而授余序。"八人会饮于亭，各为赋诗，宗元序之。"间岁"，隔一岁也，筑亭的第二年元克己谪永州。据西小丘记，元和四年十月初，元克己已在永州与宗元同游，《法华寺西亭夜饮赋诗序》（《柳宗元集》卷二十四）、《法华寺西亭夜饮》（《柳宗元集》卷四十三）应作于元和三年。

作《晋问》。

《柳宗元集》卷十五《晋问》云："吴武陵问于柳先生曰：'先生晋人也，晋之故宜知之'。"吴武陵元和三年流放永州。此文当作于元和三年间。

作《贞符》。

《柳宗元集》卷一《贞符》言："臣所贬州有流人吴武陵为臣言：'董仲舒对三代受命之符'。"元和四年，《与杨京兆书》云："去年吴武陵来，美其齿少，才气壮健，可以兴西汉之文章。"吴武陵之来永州，盖元和三年也。又《贞符》序云："臣为尚书郎时，尝著《贞符》……会贬逐中缀，不克备究。武陵即叩头邀臣：'此大事，不宜以辱故休缺。'……臣不胜奋激，即具为书。"宗元为尚书礼部员外郎时，曾动笔作《贞符》，元和三年，吴武陵来永州，宗元接受其邀请于是年续作《贞符》。柳宗元写完《贞符》，并献给唐宪宗，表明"苟一明大道，施于人世，死而无憾，用是自决"。盖元和三年作。

作《裴墐崇丰二陵集礼后序》。

崇丰二陵，即唐德宗、唐顺宗陵。柳宗元的二姐夫裴墐约于元和一年与二年，"悉取其所刊定，及奏复于上，辨列于下，联百执事之仪，以为《崇丰二陵集礼》"。《柳宗元集》卷二十一《裴墐崇丰二陵集礼后序》中云："今相国郇公，其宗子也。"孙注："倩（裴倩）子均，字君齐，元和三年九月同平章事，封郇国公。"《新唐书·裴均传》云："元和三年……为山南东道节度使，累封郇国公。"故序系于是年。

作《贺进士王参元失火书》。

京师进士王参元遇火灾，宗元有书以贺，借抒愤思。《柳宗元集》卷三十三《贺进士王参元失火书》云："得杨八书，知足下遇火灾，家无余储。仆始闻而骇，中而疑，终乃大喜，盖将吊而更以贺也。道远言略，犹未能究知其状，若果荡焉泯焉而悉无有，乃吾所以尤贺者也。……吴二十一武陵来，言足下为《醉赋》及《对问》，大善，可寄一本。仆近亦好作文，与在京城时颇异。思与足下辈言之，桎梏甚固，未可得也。因人南来，致书访死生。"宗元有《奉酬杨侍郎丈因送八叔拾遗戏赠诏追南来诸实》诗，此诗中不称官衔。此书中所谓"杨八"，当为杨敬之，又名杨凌子。《新唐书》卷一六〇有传：子厚妻父杨凭侄，元和二年擢第，位终国子祭酒。"吴二十一武陵来"，吴武陵元和二年与王参元同榜进士及第，元和三年流永。故此文系于是年。

作《永州龙兴寺东丘记》。

《柳宗元集》卷二十八《永州龙兴寺东丘记》云："屏以密竹，联以曲梁。桂桧松杉楩柟之植，几三百本，嘉卉美石，又经纬之。俯入绿缛，幽荫荟蔚。步武错迕，不知所出。"规模之大，非数日之工。柳宗元元和三年建造法华寺西亭，与刺史冯叙共同修缮净土院，元和四年后游踪移到愚溪一带，故记作于是年。

作《衡山中院大律师塔铭》。

《柳宗元集》卷七《衡山中院大律师塔铭》云："凡所受教，若华严照公，兰若真公。"据《唐会要》载：元和二年，薛平奏请赐中条山兰若额为大和寺。塔铭约为元和三年作。

作《杨评事文集后序》。

杨评事，即杨凌。《先君石表阴先友记》云："杨氏兄弟者，弘农人。凭由江南西道入为散骑常侍。凝以兵部郎中卒，凌以大理评事卒。"柳宗元《杨评事文集后序》（《柳宗元集》卷二十一）云："宗元以通家修好，幼获省谒，故得以奉公元兄命，论次编简。遂述其制作之所诣，以系于后。"所谓"公之元兄命"，即杨凌的长兄杨凭之命。又《先君石表阴先友记》云："凌以大理评事卒，最善文。"卒年不详，杨凭命宗元为杨凌编文集当在宗元被贬之后，大约元和三年事。

作《巽公院五咏》《晨诣超师院读禅经》。

《柳宗元集》卷四十二《晨诣超师院读禅经》云："汲井漱寒齿，清心拂尘服。闲持贝叶书，步出东斋读。真源了无取，妄迹世所逐。遗言冀可冥，缮性何由熟？道人庭宇静，苔色连深竹。日出雾露余，青松如膏沐。澹然离言说，悟悦心自足。"家居寺院，晨读禅经，精神上感受到一番新的悟悦。正如《诗眼》云："子厚《晨诣超师院读禅经》诗，一段至诚洁清之意，参然在前。"超师院、巽公院，皆指重巽所住之净土院。柳宗元《巽公院五咏·净土堂》（《柳宗元集》卷四十三）云"华堂开净域，图像焕且繁"，言佛堂修葺一新，《五咏·芙蓉亭》有"新亭俯朱槛"句，可证所述是重修净土院后参与佛事的情景，诗作于元和三年，《巽公院五咏》在前，《读禅经》在后。

作《赠江华长老》。

《柳宗元集》卷四十二《赠江华长老》诗云："去岁别春陵，尚流此投迹。"春陵，在道州宁远一带。江华，道州县名。长老由道州沿潇水而下至零陵，投宿于龙兴寺净土院。揣其诗意大约作于元和三年间。

作《酬娄秀才寓居开元寺早秋月夜病中见寄》《娄二十四秀才花下对酒唱和序》。

娄秀才、娄二十四秀才者，娄图南也。《柳宗元集》卷四十二《酬娄秀才寓居开元寺早秋月夜病中见寄》诗云："客有故园思，潇湘生夜愁。"客，谓娄图南也。潇、湘，永州二水名。据诗意，永州作无疑。娄生元和二年至永州，《酬娄秀才寓居开元寺早秋月夜病中见寄》诗、《娄二十四秀才花下对酒唱和序》（《柳宗元集》卷二十四）序大约元和三年作。

作《梅雨》。

《柳宗元集》卷四十三《梅雨》诗云："素衣今尽化，非为帝京尘。"抒发了思念京城长安的情怀，也寓指服母丧毕，大约作于元和三年间。

作《同吴武陵送桂州杜留后序》。

陈景云《柳集点勘》云："杜留后，即《童区寄传》中之桂部从事杜周士。周士为桂帅颜证宾佐在贞元、元和之交。其出桂幕而来永州，宗元与吴武陵以诗文送之、则元和中事也。"柳宗元元和四年送内弟卢遵游桂林时，作《上桂州李中丞荐卢遵启》，这说明颜证、杜周士在元和四年前已离桂。吴武陵元和三年流永州。杜周士当元和三年冬离桂经永州北上。《童区寄传》云："桂部从事杜周士为余言之。"可见区寄的事是从杜周士口里听说的，故《同吴武陵送桂州杜留后序》（《柳宗元集》卷二十二）定于是年。

作《贺赵江陵宗儒辟符载启》。

《柳宗元集》卷三十五《贺赵江陵宗儒辟符载启》，是一封祝贺赵宗儒选拔有争议的符载任记室的书启，明里祝贺暗况自身。为了让赵宗儒更好地了解自己，宗元接着又写一封书启致赵宗儒。

作《上江陵赵相公寄所著文启》。

《柳宗元集》卷三十六《上江陵赵相公寄所著文启》，在前一封祝贺书启引路之后，宗元将自己的著作整理后寄给赵宗儒，希冀得到赵宗儒的援引帮助。赵宗儒任江陵尹在元和三年六月。这两封书启作于元和三年下半年。

作《唐铙歌鼓吹曲十二篇》。

《柳宗元集》卷一《唐铙歌鼓吹曲十二篇》云："臣幸以罪居永州，受食府廪，窃活性命，得视息，无治事，时恐惧，小闲，又盗取古书文句，聊以自娱。""臣沦弃既死，言与不言，其罪等耳。犹冀能言，有益国事。不敢效怨怼默已，谨冒死上。"宋郭茂倩《乐府诗集》卷二十曰："唐鼓吹铙歌十二曲，柳宗元作以纪高祖，太宗功德及征伐勤劳之事……按此诸曲，史书不载，疑宗元私作而未尝奏，或虽奏而未尝用，故不被于歌，如何承天之造宋曲云。"铙歌不为宪宗所纳，作于元和三年前后。

补正：同年尚有作《四维论》（《柳宗元集》卷三）、《天爵论》（《柳宗元集》卷三）、《守道论》（《柳宗元集》卷三）、《时令论上》（《柳宗元集》卷三）、《时令论下》（《柳宗元集》卷三）、《六逆论》（《柳宗元集》卷三）、《晋文公向守原议》（《柳宗元集》卷四）、《桐叶封弟辨》（《柳宗元集》卷四）、《辩列子》（《柳宗元集》卷四）、《辩文子》（《柳宗元集》卷四）、《论语辩二篇》（《柳宗元集》卷四）、《辩鬼谷子》（《柳宗元集》卷四）、《辩晏子春秋》（《柳宗元集》卷四）、《辩亢仓子》（《柳宗元集》卷四）、《辩鹖冠子》（《柳宗元集》卷四）、《观八阵图说》（《柳宗元集》卷十六）、《舜禹之事》（《柳宗元集》卷二十）、《咏荆轲》（《柳宗元集》卷四十三）、《读书》（《柳宗元集》卷四十三）。

《读书》诗云："幽沈谢世事，俯默窥唐虞。上下观古今，起伏千万

途。……道尽即闭口，萧散捐因拘。"柳宗元于元和四年《与李翰林建
书》云："仆近求得经史诸子数百卷，常候战悸稍定，时即伏读，颇见圣
人用心、贤士君子立志之分。"著书亦数十篇。《答吴武陵论非国语书》
云："仆之为文久矣，然心少之，不务也，以为是特博奕之雄耳。故在长
安时，不以是取名誉，意欲施之事实，以辅时及物为道。自为罪人，舍
恐惧则闲无事，故聊复为之。"柳宗元《寄许京兆孟容书》："贤者不得志
于今，必取贵于后，古之著书者皆是也。宗元近欲务此。"柳宗元《贺进
士王参元失火书》："仆近亦好作文，与在京城时颇异。"上述各篇，为宗
元"读百家书"留下的论作，大致作于元和三年至四年间。

　　又补：元和三年，《南岳般舟和尚第二碑》（《柳宗元集》卷七）、
《晋问》（《柳宗元集》卷十五）、《濮阳吴君文集序》（《柳宗元集》卷二
十一）、《送赵大秀才往江陵谒赵尚书序》（《柳宗元集》卷二十二）、《同
吴武陵赠李睦州诗序》（《柳宗元集》卷二十三）、《尊胜幢赞》（《柳宗元
集》卷十九）、《陪永州崔使君游宴南池序》（《柳宗元集》卷二十四）、
《哭张后余辞》（《柳宗元集》卷四十），以上篇文安礼《柳先生年谱》文
谱未录，施子愉《柳宗元年谱》系之是年。《非国语》《与吕道州书》
《与王参元书》《答吴武陵书》《同吴秀才赠李睦州诗序》以上篇，文安
礼《柳先生年谱》系之元和三年，施子愉《柳宗元年谱》未录。

元和四年　己丑（809）　三十七岁

【时事述要】

三月，成德军节度使王士真卒，其子王承宗自为留后。

五月，吐蕃请和，许之。

八月，王承宗献德、棣二州于朝。

九月，以王承宗为成德节度使，领恒、冀、深、赵四州；置保信军，

领德、棣二州，以德州刺史薛昌朝为德棣节度使。制才下，承宗听魏博田季安谗言，即出兵至德州，执囚薛昌朝以归真定，朝廷遣使谕解之，承宗不听。

十月癸未，以神策左军中尉吐突承璀为镇州行营招讨处置等使，率众军攻讨成德王承宗。白居易上奏，以为不宜令宦官作统领，京兆尹许孟容、给事中穆质、右补阙独孤郁等亦极言其不可。宪宗不听，仅改处置为宣慰。

十一月，彰义军节度使吴少诚卒，其弟吴少阳杀少诚子自为留后，逾年以为节度使。（《旧唐书·宪宗纪》上，《资治通鉴》卷二百三十七、卷二百三十八）

【文坛纪事】

正月，吕温到道州任上。十八日，李翱自洛阳赴岭南为节度使杨于陵掌书记，韩愈与处士石洪假舟送行。十九日，孟郊偕行，洪先归。二十日，登景云山上方题名纪别。韩愈有《送李翱诗》。

二月，元稹因宰相裴（泊）提拔，为监察御史。

三月，韩愈与著作郎樊宗师等自洛阳至少室山谒山人李渤。同月，元稹以御史充剑南东川详覆使，往剑南东川，详覆泸州监官任敬仲脏犯。

四月，武功人张英奴撰《回波辞》惑众，被杖杀。权德舆以兵部侍郎为太长卿，仍赐金紫。

六月，韩愈改都官员外郎分司东都，并判祠部。李益作《酬张舍人弘静夏夜寓直思雅琴》诗。诗已逸。

七月，杨凭由京兆尹贬临贺尉。张籍作歌伤之。《旧唐书·宪宗纪》上：元和四年七月"壬戌，御史中丞李夷简弹京兆尹杨凭前为江西观察使时脏罪，贬凭临贺尉"。《张司业诗集》卷一《伤歌行》："黄门诏下促收捕，京兆尹系御史府。……辞成谪尉西南州，受命不得须臾留。"元稹因弹劾严砺等违法加税，并平八十八家冤事，为朝中执政者所恶，乃命分务东都台。

八月，元稹与吕炅同宿于东都洛阳陶化坊。

九月，韩愈与同僚李宗闵、牛僧孺、郑伯义等迎河南尹水陆运使杜兼与洛阳郊外并在福先塔下题名。是年，韩愈作诗，有《送李翱》《赤藤杖歌》《送侯参谋（继）赴河中幕》等三首。

十月，元稹遣家人葬韦从于咸阳县奉贤乡洪渎原。韩愈为撰墓志铭，沈传师书石。

是年，元稹在东台，弹奏数十事。被弹劾者有杜兼、王绍、韩皋、田季安、韩弘、袁滋、李公佐等人。稹是年所作诗，有《和李校书新题乐府十二首》《黄明府诗》《褒城驿》等。白居易在长安，仍为左拾遗、翰林学士。屡陈时政，请降系囚，蠲租税，放宫人，绝进奉，禁掠卖良人等，皆从之。白行简为秘书省校书郎。白居易内兄杨汝士、李贺好友张彻和韦瓘、鲍溶等同登进士第。户部侍郎张宏靖知贡举。刘禹锡在朗州，托程异献诗二篇于李吉甫。作《上淮南李相公启》，并作诗《奉和淮南李相公早（一作暮）秋即事寄成都武相公》。

【宗元事迹】

是年，朝廷因立皇太子，颁布赦令，柳宗元、刘禹锡等仍不在被赦令之列。崔敏为永州刺史。柳宗元服母丧已满三年，贬永州已五年矣。因不得移官，又患痞疾，心情抑郁忧伤，思旧怀乡，唯寄书亲友、潜心读书写作和寄情山水。以马室女雷五之姨为妾，《柳宗元集》卷三十《寄许京兆孟容书》："今抱非常之罪，居夷獠之乡。……茕茕孤立，未有子息。荒隅中少士人女子，无以为婚；世亦不肯与罪大者亲昵，以是嗣续之重，不绝如缕。"《柳宗元集》卷十三《马室女雷五葬志》："马室女雷五，父曰师儒，业进士。……以其姨母为妓于余也。"按：以雷五之姨为妾，大约在是年冬。

宗元在永州，以地处荒僻，又病瘴气，故居恒郁郁不欢；唯刻苦读书或游山水以自适。所为文乃视前大进。柳宗元本年前后，读经史诸子书数百卷，著文数十篇、《非国语》六十七篇。《柳宗元集》卷三十《与李翰林建书》："前过三十七年，与瞬息无异。……仆近求得经史诸子数百卷……著书亦数十篇。"求得经史诸子数百卷。

南承嗣移澧州。《柳宗元集》卷二十三《送南涪州量移澧州序》："朝廷建大本，贞万邦，庆泽之濡，洗濯生植。又况涪州家声之大，裕蛊之志，宜尤被显宠者也。"按：涪州于是年量移澧州长史。

元克己被贬永州。《柳宗元集》卷二十九《钴鉧潭西小丘记》："今弃是州也，农夫渔父过而陋之，贾四百，连岁不能售。而我与深源、克己独善得之，是其果有遭乎？"《柳宗元集》卷二十四《法华寺西亭夜饮赋诗序》："间岁，元克己由柱下史谪焉而来。"按：元克己贬永州以后，与柳宗元常漫游永州山水。

柳宗元岳父杨凭，为御史中丞李夷简所劾，贬为临贺尉。

柳宗元本年寄书杨凭、萧俛、李建、许孟容陈述久贬郁缮痛苦之状。《柳宗元集》卷三十《与杨京兆凭书》："五年之间，四为天火所迫。……中心之悃幅郁结，具载所献许京兆丈人书，不能重烦于陈列。"

柳宗元游永州山水，得西山诸胜，作西山、钴鉧潭、小丘、小石潭等记，是为"永州八记"之首四记。《柳宗元集》卷二十九《始得西山宴游记》："今年九月二十八日，因坐法华西亭，望西山……是岁，元和四年也。"同前同卷《钴鉧潭记》。又《钴鉧潭西小丘记》："得西山后八日，寻山口西北道二百步，又得钴鉧潭。潭西二十五步，当湍而浚者为鱼梁，梁之上有丘焉。"又《至小丘西小石潭记》："从小丘西行百二十步……下见小潭。"后三记同为本年十月作。

柳宗元内弟杨诲之往临贺省亲，途经永州。携韩愈所作《毛颖传》；宗元因作《读韩愈所著（毛颖传）后题》《柳宗元集》卷二十一，并作《说车赠杨诲之》《柳宗元集》卷十六。《说车》云："杨诲之将行，柳子起而送之门。"按：十一月，内弟杨诲之往临贺省亲，途经永州，拜访柳宗元；宗元留之数日。

　　娄图南离永州游淮南。柳宗元《送娄图南秀才游淮南将入道序》《柳宗元集》卷二十五："仆自尚书郎谪来零陵，觐娄君，犹为布衣……因为余留三年。"考：《柳宗元集》卷二十四《序饮》有娄生，娄生离永游淮南当在是年冬。

　　宗元向李中丞荐举卢遵。《柳宗元集》卷二十四《送内弟卢遵游桂州序》："以桂之迩也，而中丞之道光大，多容贤者，故洋洋焉乐附而趋。"《柳宗元集》卷三十五《上桂林李中丞荐卢遵启》："则施泽于遵，过于厚赐小人也远矣。"按：李中丞接受了宗元的荐举，令卢遵治全义。

　　宗元托人拜岳父杨凭。《柳宗元集》卷三十《与杨京兆凭书》："役人胡要返命，奉教诲。"按：是年冬，柳宗元派役人胡要赴临贺拜岳父杨凭；杨凭写一信让胡要带回给柳宗元。柳宗元给杨凭写了长篇回信。信末云："今复得好官，犹不辞让，何也？以人望人，尚足自进。如其不至，则故无憾，进取之意息矣。"这说明他对"为量移官"已听其自然了。

　　柳宗元在永州，七月后，得京兆尹许孟容书，宗元于答书中述其郁结之状。《柳宗元集》卷三十《寄许京兆孟容书》："伏念得罪来五年，未尝有故旧大臣肯以书见及者。何则？罪谤交积，群疑当道，诚可怪而畏也。"又云："忽捧教命，乃知幸为大君子所宥。"书中又云："近世礼重拜扫，今已阙者四年矣，每遇寒食，则北向长号，以首顿地。"据《旧唐书·宪宗纪》上，许孟容于本年七月由尚书左丞为京兆尹。柳宗元书当于本年七月或稍后作。

柳宗元在永州，除秋日所作"永州八记"前四记外，尚有《柳宗元集》卷四十三《法华寺西亭夜饮》、《柳宗元集》卷二十八《永州法华西亭记》、《柳宗元集》卷二十四《序饮》、《柳宗元集》卷二十六《全义县复北门记》等诗文。又作《柳宗元集》卷三《梦归赋》、《柳宗元集》卷三《守道论》、《柳宗元集》卷三《六逆论》、《柳宗元集》卷四《晋文公问守原议》、《柳宗元集》卷五《南霁云睢阳庙碑》等文。

柳宗元在永州寄诗吕温，对其不幸遭遇深表不平和同情。《柳宗元集》卷四十二《酬韶州裴曹长使君寄道州吕八大使因以见示二十韵一首》并序："韶州幸以诗见及，往复奇丽，邈不可慕，用韵尤为高绝。余因拾其余韵酬焉。凡为韶州所用者置不取。其声律言数如之。"

《柳宗元集》卷四十四《非国语》，卷三十一《与吕道州温论非国语书》，知柳书作于元和四年前后，《非国语》作于元和四年或稍前。

【诗文系年】

作《唐相国房公德铭之阴》。

《柳宗元集》卷九《唐相国房公德铭之阴》云："今刺史太原王涯，嘉公之道……为之刻石。"《旧唐书》卷一百六十九：王涯，元和三年贬虢州司马；元和五年，为吏部员外郎。袁州刺史事不载。《新唐书》卷一百七十九：王涯"元和初，会其甥皇甫湜以贤良方正对策异等，忤宰相，涯坐不避嫌，罢学士，再贬虢州司马，徙为袁州刺史。宪宗思之，以兵部员外郎召，知制诰"。《全唐诗》卷三百四十四韩愈《祖席前字》诗注："送王涯徙袁州刺史作。"郁贤皓《唐刺史考全编》卷一百六十六称，约元和三年—五年，王涯为袁州刺史。可以认定，王涯因宪宗册立皇太子大赦而徙袁州刺史，当在元和四年。

作《故连州员外司马凌君墓后志》。

《柳宗元集》卷十有《故连州员外司马凌君墓后志》，作于元和元年。《旧唐书》卷十四《宪宗纪》："庚寅，诏册广陵郡王淳为皇太子。癸巳，以册储肆赦。"凌准返葬在元和四年十月，《故连州员外司马凌君墓后志》云："元和某年月日，立太子，赦下，尝有非其罪，柩得返葬。"所谓"立太子，赦下"，即元和四年册立长子王淳为皇太子，大赦天下。凌准之柩得返葬，《故连州员外司马凌君墓后志》当是年作。

作《小侄女子墓砖记》。

《柳宗元集》卷十三《小侄女子墓砖记》："生甲申，死己丑。日十二，月在九。是日葬，东冈首。""己丑"，即元和四年，文中所云小侄女子柳雅（804—809），疑为柳宗直之女，柳宗元侄女，夭折于永州。《小侄女子墓砖记》应作于是年。按：《柳宗元集》卷四十一《祭弟宗直文》云："知在永州，私有孕妇，吾专优恤，以俟其期。"可知宗直在永州留有怀孕的小妾。又据《永州府志》《零陵柳氏三修族谱》，孕妇生下一男孩，成为现零陵阳河柳家村柳氏家族的始祖。

作《杜兼对》。

前濠州刺史杜兼杀无罪士，朝廷仍用之不废，宗元疑朝廷不公不明，柳宗元作《杜兼对》（《柳宗元集》卷十四）云："杜兼为濠州，幸兵之乱，杀无罪士二人。蓄货足欲，吾以为唐梼杌、饕餮者亡以异。然而卒入为郎中、给事中，出由商至河南尹，乃死。夫何取于兼者若是幸也？"文中言及杜兼死。据《旧唐书》卷十四《宪宗纪》载，杜兼死于元和四年十一月。文是年或次年作。

作《说车赠杨诲之》《读韩愈所著毛颖传后题》。

杨诲之，杨凭之子也。杨凭"秋七月，以贪污僭侈之罪，自京兆尹贬临贺尉"（《资治通鉴》卷二百三十八）。十一月，杨诲之往临贺省亲，途经永州拜访柳宗元，柳留之数日，以其性过刚，作《说车赠杨诲之》

（《柳宗元集》卷十六）云："杨诲之将行，柳子起而送之门，有车过焉，指焉而告之曰：'若知是之所以任重而行于世乎？材良而器攻，圆其外而方其中然也。材而不良，则速坏。工之为功也，不攻则速败。中不方则不能以载，外不圆则窒拒而滞。方之所谓者箱也，圆之所谓者轮也。匪箱不居，匪轮不途。吾子其务法焉者乎？'"宗元作是说以赠。又《柳宗元集》卷二十一《读韩愈所著毛颖传后题》云："杨子诲之来，始持其书，索而读之。"故系二文同作于是年。

作《送南涪州量移澧州序》《为南承嗣请从军状》《为南承嗣乞两河效用状》。

南涪州，南霁云之子南承嗣，官涪州刺史。刘辟叛，以无备失事贬永州。《柳宗元集》卷三十九《为南承嗣请从军状》云："伏见某月日敕，以王承宗负恩干纪、命将徂征。"王承宗干纪在元和四年十月。《柳宗元集》卷二十三《送南涪州量移澧州序》云："庆泽之濡，洗濯生植，又况涪州家声之大，裕盅之志，宜尤被显宠者也。……优诏既至。"所谓"庆泽之濡""优诏既至"，指是年宪宗册立长子邓王宁为皇太子，大赦天下。《旧唐书·宪宗纪》："冬十月癸酉朔……庚寅，册邓王宁为皇太子。癸巳，以册储，肆赦系囚，死罪从流，流以下递降一等。"南承嗣因此而量移澧州长史。故定三文均作于是年。

作《陪永州崔使君游宴南池序》。

柳宗元《陪永州崔使君游宴南池序》（《柳宗元集》卷二十四）云："崔公既来，其政宽以肆……于暮之春，征贤合姻，登舟于兹水之津。""崔公"，指崔敏，元和三年为永州刺使。"暮春之游"，当为元和四年春。

作《酬韶州裴曹长使君寄道州吕八大使因以见示二十韵》。

吕温，元和三年十月贬道州刺史，元和五年移衡州刺史。柳宗元《酬韶州裴曹长使君寄道州吕八大使因以见示二十韵》（《柳宗元集》卷四十二）诗有"疑山看积翠"句，是指春游九嶷山。以系于是年为宜。

作《送内弟卢遵游桂州序》《上桂州李中丞荐卢遵启》。

《柳宗元集》卷二十四《送内弟卢遵游桂州序》云："以桂之迩也，而中丞之道光大，多容贤者，故洋洋焉乐附而趋。"《柳宗元集》卷三十五《上桂州李中丞荐卢遵启》："则施泽于遵，过于厚赐小人也远矣。"按：李中丞接受了宗元的荐举，令卢遵治全义。柳宗元《送内弟卢遵游桂州序》云："以余弃于南服，来从余居五年矣。"当作于元和四年。《启》当与《序》同时作。

作《全义县复北门记》。

《柳宗元集》卷二十六《全义县复北门记》云："卢遵为全义。"全义属桂州。卢遵游桂州在是年，柳宗元向李中丞推荐卢遵如愿，卢任全义县丞。故定此记为是年作。

作《寄许京兆孟容书》。

据《旧唐书》卷十四《宪宗纪》上，许孟容于元和四年七月由尚书左丞为京兆尹。七月后，得京兆尹许孟容书，柳于答书中述其郁结之状。《寄许京兆孟容书》（《柳宗元集》卷三十）云："伏念得罪来五年，未尝有故旧大臣肯以书见及者。"自永贞元年至元和四年为五年。是书当于本年七月或稍后作。按：许孟容为柳宗元父辈旧友，柳宗元《先君石表阴先友记》（《柳宗元集》卷十二）有其名，并云："许孟容，吴人，读书为文口辩，为给事中，常论事。由太常少卿为荆部侍郎。"宗元上书想以真情打动许孟容，求其同情，望其援手。特别是许孟容希望他"复起为人"，他萌发了"为量移官，差轻罪累"的愿望。又据《旧唐书》卷十四《宪宗纪》上：元和四年七月"戊辰，以尚书右丞许孟容为京兆尹，锡金紫"。文即元和四年作。茅坤《唐宋八大家文钞》卷十七评："子厚最失意时最得意书，可与太史公《与报任安书》参，而气似呜咽萧飒矣。"《山晓阁选唐大家柳柳州全集》卷一:"鹿门先生谓此书与司马迁《报任安书》相似,然亦有大不同处:迁书激昂,此书悲愤;迁书写得雄快,此书写得郁结;迁书慷慨淋漓,此书呜咽怜惜。分道扬镳,各臻其妙。又前幅写被罪之由,倦倦引过;后幅写免死之故……尤是仁人之言。"

作《贺赵江陵宗儒辟符载启》。

符载,字厚之,蜀都人。符载受荆南节度使赵宗儒辟为记室,柳宗元致书宗儒贺之。柳宗元《贺赵江陵宗儒辟符载启》(《柳宗元集》卷三十五):"伏闻以武都符载为记室。符载受赵宗儒辟为记室当在是年七月后。

作《与杨京兆凭书》。

《柳宗元集》卷三十《与杨京兆凭书》云:"永州多火灾,五年之间,四为天火所迫……中心之恫愊郁结,具载所献许京兆丈人书,不能重烦于陈列。"是书在《与许京兆孟容书》之后,系于是年无疑。

作《与裴埙书》。

裴埙,瑾之弟。《柳宗元集》卷三十《与裴埙书》云:"仆之罪,在年少好事,进而不能止,俦辈恨怒,以先得官。又不幸早尝与游者,居权衡之地,十荐贤幸乃一售,不得者诬张排摈,仆可出而辩之哉!性又倔野,不能摧折,以故名益恶,势益险,有喙有耳者,相邮传作丑语耳,不知其卒云何。中心之愆尤,若此而已。既受禁锢而不能即死者,以为久当自明。今亦久矣,而嗔骂者尚不肯已,坚然相白者无数人。"则是对知友倾诉衷肠之语。又云:"河北之师,当已平奚虏,闻吉语矣。"考其时,盖当吐突承璀讨王承宗之时,事在元和四年,书当是年作。又,陈景云《柳集点勘》卷二:"此与寄萧、李书,皆元和四年作。时八司马中韦、凌已先殁,程独被荐擢,而子厚与二韩、刘、陈尚未离谪籍,故曰

'独呻吟者四五人'也。"陈说信然。

作《与李翰林建书》《与萧翰林俛书》。

《柳宗元集》卷三十《与李翰林建书》云："仆曩时所犯，足下适在禁中，备观本末，不复一一言之。今仆癃残顽鄙，不死幸甚。苟为尧人，不必立事程功，唯欲为量移官，差轻罪累，即便耕田艺麻，娶老农女为妻，生男育孙，以供力役，时时作文，以咏太平。摧伤之余，气力可想。假令病尽已，身复壮，悠悠人世，越不过为三十年客耳。前过三十七年，与瞬息无异。"元和四年，宗元年三十七。本文乃元和四年作。

《柳宗元集》卷三十《与萧翰林俛书》云："人生少得六七十者，今已三十七矣。"宗元年三十七，此书当为元和四年作。又云："楚、越间声音特异，鴃舌啅噪，今听之怡然不怪，已与为类矣"，柳宗元这时生活逐渐习惯了。《唐宋八大文钞》卷十七评："一悲一笑，令人破涕。"《山晓阁选唐大家柳柳州全集》卷一："篇中俱述被谤获罪之由，妙在写出一片忧谗畏讥、无由自明光景。"

作《与顾十郎书》。

《柳宗元集》卷三十《与顾十郎书》，次于前二书后，或为同年所作。顾十郎当为宗元座主顾少连之子顾师闵。文曰："四月五日，门生守永州司马员外置同正员柳宗元，谨致书十郎执事：凡号门生而不知恩之所自者，非人也。……大凡以文出门下，由庶士而登司徒者，七十有九人。执事试追状其态，则果能效用者出矣。"与《寄许京兆孟容书》《与杨凭京兆书》同一旨趣，故定是年作。章士钊《柳文指要》上《体要之部》卷三十："子厚《与顾十郎书》，哀怨愤悱，几使人难于卒读，何也？以其语之真而情之切也。"

作《始得西山宴游记》《钴鉧潭记》《钴鉧潭西小丘记》《至小丘西小石潭记》。

是年坐法华寺西亭观游，辟西山，得钴鉧潭，买西小丘。《柳宗元集》卷二十九《始得西山宴游记》云：“今年九月二十八日，因坐法华西亭，望西山，始指异之。……是岁，元和四年也。”又《柳宗元集》卷二十九《钴鉧潭西小丘记》：“得西山后八日，寻山口西北道二百步，又得钴鉧潭。潭西二十五步，当湍而浚者为鱼梁。梁之上有丘焉。”又《柳宗元集》卷二十九《至小丘西小石潭记》：“从小丘西行百二十步……下见小潭。”以上四记，皆于元和四年九至十月次第而作。

《始得西山宴游记》《唐宋八家文读本》卷九评：“从‘始得’字着意，人皆知之。苍劲秀削，一归元化，人巧既尽，浑然天工矣。此篇领起后诸小记。”《古文析义》卷十三：“全在‘始得’二字着笔。语语指划如画。千载之下，读之如置身于其际。非得游中三昧，不能道只字。”《古文眉诠》卷五十三：“‘始得’有惊有喜，得而宴游，且有快足意，此扼题眼法。”

《钴鉧潭西小丘记》《唐宋八家文读本》卷九：“结处忽发感喟，反复曲折。此神来之候也。记中又开一体。”《古文观止》卷九：“前幅平平写来，意只寻常。而立名造语，自有别趣。至末从小丘上发出一段感慨，为兹丘致贺。贺兹丘，所以自吊也。”《古文眉诠》卷五十三：“潭丘两记，合为一联，俱买得者。迁客无，感慨寄意。”《古文析义》卷十三：“子厚游记，篇篇入妙，不必复道。……乃今兹丘有遭，而已独无遭，贺丘，所以自吊。”《古文辞类纂选本》卷九：“乃此文以小丘逢己，获四百之贱价为遭，则自贬亦甚矣。终竟不如韩、欧立言之得体。然其笔力之峭厉，体物之工妙，万非庸手所及。”《柳文指要》卷二十九：“《永州八记》中，似此首稍逊，盖以金钱说明山水之贵贱，致为王夷甫之流所讪矣，略于文之高贵品质有损。”

《至小丘西小石潭记》《唐宋八家文读本》卷九：“记潭中鱼数语，

动定俱妙。后全在不尽，故意境弥深。"《古文眉诠》卷五十二："白石底潭，正宜品以清字。题脉题象，粼粼映眼。"《评校音注古文辞类纂》卷五十二："数篇一线贯穿，写景处无一雷同之笔。"《古文辞类纂选本》卷九："此等写景文字，即王维之以画入诗，亦不能肖。潭鱼受日不动，景状绝类花坞之藕香桥，桥下即清潭，游鱼百数聚日影中，见人弗游，一举手，则争窜入潭际幽兰花下，所谓'往来翕忽，与游者相乐'，真体物到极神化处矣。……文不过百余字，直是一小幅赵千里得意之青绿山水也。"

作《小石城山记》。

《柳宗元集》卷二十九《小石城山记》云："自西山道口径北"，明显与前四记融为一体。《始得西山宴游记》云："自余为僇人。居是州，恒惴栗。其隙也，则施施而行，漫漫而游。日与其徒上高山，入深林，穷回溪，幽泉怪石，无远不到。"这说明他游山水有把一个区域的山水游尽的特点。再说此记与前四记的风格完全相同。故系于是年。

作《零陵赠李卿元侍御简吴武陵》。

李深源、元克己，李卿，元侍御也。《柳宗元集》卷四十二有《西小丘记》云："李深源、元克己时同游"，时在元和四年九月。此诗有"朔云""穷秋"之语，从诗意亦当是年秋作。

作《湘口馆潇湘二水所会》诗。

韩醇《诂训柳先生文集》卷四三据原集编次定为元和四年秋作。（清）汪森《韩柳诗选》云："柳州于山水文字最有会心，幽细澹远，实兼陶谢之胜。""一题便抵一篇游记，妙在言简而曲折无穷，诗便是逐笔皴染而出。"湘口馆即因地而名的驿馆。《大唐六典》载称，最盛时全国有一千六百三十九个驿站，从事驿务的人员两万多人，其中驿兵二万七千人。驿站分为陆驿、水驿、水陆兼并三种，各驿站没有驿会，配有驿马、驿驴、驿船和驿田。湘水从西南而来，潇水从东南而来，在萍岛江汇合后向北而去。萍岛是湘水南来北往的重要节点，湘口馆就是此处的重要驿舍。柳宗元作湘口馆诗咏潇湘二水所会的景象。

作《登蒲洲石矶望横江口潭岛深迥斜对香零山》诗。

《清一统志·湖南》："香零山在（零陵）县东潇水中，山中所产草木，当春皆有香气。"此说有误。类似的说法，还有《永州府志》《永州市地名录》《永州之野》等书。事实上，潇水东南而来，几乎绕零陵城一周。城东潇水中有孤岛耸立，天生石灰岩构成，方圆约2亩，岛上少有草木。其上建有庵堂，春夏秋洪水漫江，昼鸣钟，夜岸灯，为过往舟艟示警。岛若香炉，当地人称为"香炉山"。民国十七年（1928）永州瑞梅崖石刻本《莫民族谱》所绘"永州府图"明确标注为香炉山。刘继源《柳宗元诗文研究》（珠海出版社2003年版）考证，明代徐霞客《楚游日记》（三月十三日）"至香炉山"一段记叙，详尽地描述了香炉山的位置、形状特征。"放舟湘口"一段则写了潇湘二水汇合处，"潇之东岸即湘口驿，有古潇湘祠，祀舜帝之二妃。由祠前裁潇水而西，盘龙尾而入湘。湘口之中砂碛中悬，丛林如山，湘流分两派潆之"。其中"裁潇水而西，盘龙尾而入湘"与柳诗"双江汇西奔"吻合。"孤山乃北峙，森爽凄灵神。"孤山即指香零山，在双江江流的东岸。灵神谓娥皇、女英。柳宗元作《登蒲洲石矶望横江口潭岛深迥斜对香零山》（《柳宗元集》卷四十三）诗，韩醇《诂训柳先生文集》卷四十三："与前诗同时作。"可信。《东坡题跋》卷二《题柳子厚诗》曰："子厚此诗，远出谢灵运上。"《唐诗镜》卷三十七："一起数语，峻绝孤耸。"《孙月峰评点柳柳州集》卷四："此殆所谓双声叠韵者。"蒋之翘注《柳河东集》卷四十三："不特闲静，气概又阔，可讽。"

作《游石角过小岭至长乌村》诗。

据《湖南通志》卷十八《地理·山川》："石角山在（零陵）县东北十里，山有小洞，极深远。连续十余小石峰，奇峭如画。"蒋之翘《柳集辑注》卷四三："昔人论此诗，以为逼真韦左司浏览诸作，予深不然之。子厚意志感慨已不如韦之恬淡，句调工致已不如韦之萧散，是本同道而已至，乌可谩论云乎！"柳宗元《游石角过小岭至长乌村》（《柳宗元集》卷四十三）诗与前诗同时作。

作《读书》《咏荆轲》《杨白花》《咏史》《咏三良》。

柳宗元《与杨兆凭书》："自贬官来，无事读百家书，上下驰骋，乃少得知文章利病。"《与李翰林建书》："仆近求得经史诸子数百卷，常候战悸稍定，时即伏读。颇见圣人用心、贤士君子立志之分。"章士钊《柳文指要》上《体要之部》卷三《六逆论》："吾尝怪子厚诗中有《杨白花》词一首……集中厪刊白文，别无线索可资省释，子厚果何所为，而必著录此词，使人长言咏叹以自感其不足乎？……虽《杨白花歌》，比之子厚《杨白花词》高下如何？吾未尝深加比覈，然料定此终是宫中淫乱之象，持较'梁家宅里秦宫入，赵后楼中赤凤来'，娇艳一无逊色。"柳宗元《读书》《咏荆轲》《杨白花》《咏史》《咏三良》（同《柳宗元集》卷四十三）皆是年前后读书有感之作。

作《送元十八山人南游序》《与吕恭论墓中石书书》。

元十八，末详其名，有人说是元集虚，疑是。《柳宗元集》卷三十一《与吕恭论墓中石书书》云："元生至，得弟书，甚善，诸所称道具之。元生又持部中庐父墓者所得石书，模其文示余。"《柳宗元集》卷二十五《送元十八山人南游序》云："及至是邦，以余道穷多忧，而尝好斯文，留三旬有六日。……今又将去余而南，历营道，观九嶷，下潇水。"《送僧浩初序》云："近陇西李生础自东都来，退之又寓书罪余，且曰：'见送元生序，不斥浮图。'"退之在东都送李础还湖南是元和五年的事，故定此《序》《书》作于元和四年。

作《与吕道州温论非国语书》《答吴武陵论非国语书》《非国语》。

《柳宗元集》卷三十一《与吕道州温论非国语书》："尝读国语，病其文胜……凡为六十七篇……惟少留视役虑，以卒相之也。"《柳宗元集》卷三十一《答吴武陵论非国语书》："拘囚以来，无所发明……以告夫游乎中道者焉。"考《旧唐书》卷一百三十七《吕温传》，吕温元和三年忤李吉甫，自户部员外郎贬均州刺史，再贬道州刺史。元和五年移衡州刺史。书首云"四月三日"，当是元和四年四月所作也。又吕温与子厚同为叔文党，两人俱受春秋学于陆质，其政治主张与学术思想相互契合，故宗元以《非国语》文寄往，请其评论。吴武陵，元和三年贬永州，柳宗元《与吕道州温论非国语书》书云："吕道州善言道，亦若吾子之言。"知撰作当在与吕书之后。

柳宗元致书吕温，讨论其所著《非国语》一书之宗旨。《柳宗元集》卷三十一《与吕道州温论非国语书》："尝读《国语》，病其文胜而言厖，好诡以反伦，其道舛逆。而学者以其文也，咸嗜悦焉。伏膺呻吟者，至比《六经》，则溺其文必信其实，是圣人之道翳也。余勇不自制，以当后世之讪怒，辄乃黜其不臧，救世之谬。凡为六十七篇，命之曰《非国语》。既就，累日怏怏然不喜，以道之难明而习俗之不可变也，如其知我者果谁欤？凡今之及道者，果可知也已。后之来者，则吾未之见，其可忽耶？故思欲尽其瑕颣，以别白中正。度成吾书者，非化光而谁？辄令往一通，惟少留视役虑，以卒相之也。往时致用作《孟子评》，有韦词者告余曰：吾以致用书示路子，路子曰：'善则善矣，然昔人为书者，岂若是掎前人耶？'韦子贤是言也。余曰：'致用之志以明道也，非以掎《孟子》，盖求诸中而表乎世焉尔。'今余为是书，非左氏尤甚。若二子者，固世之好言者也，而犹出乎是，况不及是者滋众，则余之望乎世也愈狭矣，卒如之何？苟不悖于圣道，而有以启明者之虑，则用是罪余者，虽累百世滋不憾而恶焉，于化光何如哉？激乎中必厉乎外，想不思而得也。"按，此文说明了柳宗元的思想受吕温启发和影响的程度，正是思想上的契合，使他们成了站在时代前列的坚定的革新者。亦足以见宗元读古之识见焉。《黄氏日钞》卷六十："子厚以《国语》文深闳杰异而说多诬淫，作《非国语》。愚观所作，非独驳难多造理，文亦奇峭。"王柏《鲁斋集》（四库本）卷四《续国语序》："唐之柳宗元，乃以《国语》文胜而言庞，好怪而反伦，学者溺其文必信其实，是圣人之道翳也，遂作《非国语》六七十篇，以望乎世者愈狭，而求相于吕化光，岂不愚哉。司马公曰：《国语》所载，皆国家大节、兴亡之本，宗元岂足以望古君子藩篱，妄着一书以非之。"柳宗元《非国语》当成书于是年。又《答吴书》云："伏而不出累月方示足下，足下乃以为当，仆然后敢自是也。吕道州善言道，亦若吾子之言，意者斯文殆可取乎？"可见《与吕道州温论非国语书》《答吴武陵论非国语书》《非国语》（《柳宗元集》卷四十四、卷四十五）同作于是年。

作《守道论》《六逆论》《晋文公问守原议》。

《古文关键》卷上："《晋文公问守原议》，'看回互转换，贯珠相似，辞简意多。大抵文字使事，须下有力言语。'"《朱子语类》卷一百三十九："《伐原议》极局促不好，东莱不知如何喜之。"《文章轨范》卷二："字字经思，句句有法，无一字一句懈怠，此柳文得意者也。"《唐宋八大家文钞》卷二十四："精悍严谨。"《古文渊鉴》卷三十七："竖议精严，遣调警拔，森然法戒之文。"《金圣叹批才子古文》卷十二："不遗余力之文。全篇中多作倒注之笔，最难学。若学得，最是好看。"《守道论》（《柳宗元集》卷三）、《六逆论》（《柳宗元集》卷三）、《晋文公问守原议》（《柳宗元集》卷四）

三篇与《非国语》作意同，故亦以之隶于是年。

作《梦归赋》。

赋云："指故都以委坠兮，瞰乡闾之修直；原田芜秽兮，峥嵘榛棘；乔木摧解兮，垣庐不饰。"移官不得，怀思乡闾，便有梦归赋之作。与《寄许京兆孟容书》同一旨趣，盖宗元是时归心最切。故定为是年作。

作《送薛判官量移序》。

《柳宗元集》卷二十三《送薛判官量移序》云："朝廷施恩泽，凡受谪者，罪得而未薄，乃命以近壤。"薛判官盖亦以赦而得量移者。故定为是年作。

作《种仙灵毗》。

仙灵毗又名淫阳藿，中草药，有助于"益气力，坚筋骨"。柳宗元《与李翰林建书》云："仆自去年八月来，痞疾稍已。往时间一二日作，今一月乃二三作。……行则膝颤，坐则髀痹。所欲者补氖丰血，强筋骨，辅心力，有与此宜者，更致数物。"书作于元和四年，《种仙灵毗》（《柳宗元集》卷四十三）诗亦是年作。诗曰："神哉辅吾足，幸及儿女奔。"可见女和娘尚健在，为证。

作《杨氏子承之哀辞》。

考杨凭子侄盖以"之"字命名，曰浑之，曰后之，曰诲之。承之当亦其子侄辈。"辞"云："世父孔悲兮，湘水滔滔。"先生为世父，后生为叔父。世父当是杨凭。按，"水经注"卷三十八："营水又西经营道县，冯水注之。水出临贺郡冯乘县东北冯冈……营水又北流，注淤湘水。"杨凭以是年七月贬临贺尉，《杨氏子承之哀辞》（《柳宗元集》卷四十）文或是是年所作。

作《桐叶封弟辩》。

这篇《桐叶封弟辩》（《柳宗元集》卷四）史评，当是读书之作。

作《佩韦赋》。

《柳宗元集》卷二《佩韦赋》诗云："柳子读古书，睹直道守节者即壮之，盖有激也，恒惧过而失中庸之义，慕西门氏佩韦以戒，故作是赋。"元和四年与故旧大臣书及《说车赠杨诲之》主旨相近。

作《愬螭文》。

《柳宗元集》卷十八《愬螭文》序云："零陵城西有螭，室于江。"立足于零陵城，当未移居前作。补注：《说文》：螭，若龙而黄。一说无角曰螭。

作《与崔连州论石钟乳书》。

崔简服药石，柳宗元作《与崔连州论石钟乳书》（《柳宗元集》卷三十二）加以劝说。崔连州即宗元姊夫崔简也。崔简，贞元五年进士。官刑部员外郎，出守连州，改刺永州，流骧州。崔简服食药石（石钟乳），宗元以书论其事。崔简元和七年正月以服食钟乳而卒，宗元有墓志及祭文。唐代士人多以服食丹砂药石可以久寿，故服食之风至为盛行。宗元有《答周君巢饵药久寿书》云："饵药可以久寿，将分以见与，固小子之所不欲得也。《柳宗元集》卷四一"《祭姊夫崔使君简文》："悍石是饵，元精以沦。"是崔盖死于石钟乳也。朝廷任命崔简为永州刺史为元和五年，《书》当作于元和四年间。

作《上宰相启》。

《柳宗元集·外集补遗》《上宰相启》云："某罪责未明，拘守荒服，庆抃徒至，称贺无阶。将尽力于缣绸，冀流芳于遐迩。"柳宗元元和三年复操为文之业，《启》大约作于元和四年间。

是年宗元在永州，常郁郁不欢，故以游山玩水、刻苦读书以自愉。所作山水诗文颇多。韩愈《柳子厚墓志铭》："贬州司马，居闲自刻苦……自肆于山水间。"《旧唐书》卷一百六十《柳宗元传》："既遭窜逐……动必以文。"《新唐书》卷一百六十八《柳宗元传》："既窜逐，地又荒疠……读者感悲恻。"《柳宗元集》卷二十九《始得西山宴游记》："自余为僇人……幽泉怪石，无远不到。"《柳宗元集》卷三十《与李翰林建书》："仆近求得经史诸子数百卷，常候战悸稍定，时即伏读。……甘如饴矣。"《柳宗元集》卷三十《寄许孟容书》："残骸余魂，百病所集……复观姓氏，旋又废失。"《柳宗元集》卷三十《与杨京兆凭书》："自贬官来无事，读百家书，上下驰骋，乃少得文章利病。"

作《饮酒》。

《柳宗元集》卷四十三《饮酒》诗云："蔼蔼南郭门，树林一何繁。"南郭门指永州城南，南门城边，距龙兴寺不远，故元和四年作。

作《独觉》。

《柳宗元集》卷四十三《独觉》诗云："良游怨迟暮，末事惊纷扰。为问经世心，古人谁尽了？"元和四年前后之情怀。

作《鹘说》。

《柳宗元集》卷十六《鹘说》云；"毛耶翮耶？胡不我施？寂寥太清，乐以忘饥。"韩醇注："观公此说，必有当途者昔资子厚之气力而不知报，其篇末意昭然。"韩说是。当是元和四年致故旧大臣书求援未遂后的心情抒发。

作《封建论》《四维论》《天爵论》《时令论》《断刑论》。

诸论谓天道与人事无关，驳斥汉儒'五行政治'之谬说。《封建论》（《柳宗元集》卷三）是柳宗元的重要理论著作。苏轼曰："柳宗元之论出，而诸子之论废矣。虽圣人复起，不能易也。"无论从内容还是篇幅来看，作于永州无疑。宗元在柳州忙于政务，已无精力撰写鸿篇巨制。有学者根据"今矫而变之，垂二百祀，大业弥固"，推算《封建论》写于817年，柳宗元正任柳州刺史，不妥。《封建论》云："今矫而变之，垂二百祀。"唐高祖即位至元和十三年为二百纪。此概言之，故《封建论》《四维论》《天爵论》《时令论》《断刑论》（同《柳宗元集》卷三）系于元和四年间作。

　　按：元和四年，柳宗元文《与顾十郎书》《梦归赋》（《柳宗元集》卷二）、《与吕道州论非国语书》（《柳宗元集》卷三十一）、《与吴武陵论非国语书》（同上）、《非国语》六十七篇（《柳宗元集》卷四十四、卷四十五）、《守道论》（《柳宗元集》卷三）、《六逆论》（同上）、《晋文公问守原议》（《柳宗元集》卷四）、《杜兼对》（《柳宗元集》卷十四）、《连州员外司马凌君墓后志》（《柳宗元集》卷十）、《南霁云睢杨庙碑》（《柳宗元集》卷五）、《为南承嗣乞两河效用状》（同上）、《送薛判官量移序》（《柳宗元集》卷二十三）、《唐相国房公德铭之阴》（《柳宗元集》卷九）、《辩伏神文》（《柳宗元集》卷十八）、《杨氏子承之哀辞》（《柳宗元集》卷四十）、《说车同赠杨诲之》（《柳宗元集》卷十六）、《读韩愈所为毛颖传后题》（《柳宗元集》卷二十一）、《全义县复北门记》（《柳宗元集》卷二十六）、《法华寺西亭夜饮赋诗序》（《柳宗元集》卷二十四）、《钴鉧潭西小丘记》（《柳宗元集》卷二十九）、《序饮》（《柳宗元集》卷二十四）。柳宗元诗《酬韶州裴使君寄道州吕八大使见示二十韵》（《柳宗元集》卷四十二）、《构法华寺西亭》（《柳宗元集》卷四十三）、《法华寺西亭宴饮》（同上）、《法华寺石门精舍三十韵》（同上）、《戏题石门长老东轩》（同上）、《游朝杨岩遂登西亭二十韵》（同上）。以上篇文谱未录，施谱将系之于是年。

元和五年　庚寅（810）　三十八岁

【时事述要】

正月，幽州节度使刘济自将兵七万人击王承宗，拔饶阳、束鹿二城。

吐突承璀至行营，威令不振，与王承宗战，屡败。七月，王承宗上表自首，请输常赋，朝廷除授官吏。淮西李师道亦为之请。丁未，下制洗雪，复其官爵，以为承德节度使，并以德、棣二州与之；进讨诸道将士，并以罢兵加赏。总自领军务。九月，吐突承璀自讨王承宗还，朝臣奏以其无功，应加贬黜，乃罢其中尉之职，降为军器使，中外相贺。（《旧唐书·宪宗纪》上、《资治通鉴》卷二百三十八）

二月，礼院奏东宫殿阁名及宫臣姓名，与太子名同者改之。

四月，镇州行营招讨使吐突承璀以昭义节度使卢从史暗结王承宗，计擒之，载送京师。后贬卢从史为骧州司马。

五月，吐蕃使者论思即热来朝贡，并归郑叔矩、路泌之枢。

奚扰灵州。

六月，奚、回纥、室韦扰镇武。

七月，幽州节度使刘济为其子刘总毒死，总又杀其兄，自领军务。

十月，义武节度使张茂昭请举族入朝，许之，以任迪简代，军乱，旋定。

【文坛纪事】

正月，元稹为东台监察御史，时韩愈亦在东都，任都官员外郎，两人时有交往。是月，元稹曾向韩愈索辛夷花，并作《辛夷花》诗。

五月，白居易左拾遗任满，改官京兆府户曹参军，仍充翰林学士。所作组诗《秦中吟》十首于是年脱稿，《新乐府》五十首也于是年完成。

六月，杜佑奉命与吐蕃使者议事于中书令厅，吐蕃归还秦、原、安乐州地。

六月，吕温赴任。初发道州，有诗《回寄连州刺史崔简及酬别江华毛令》。

八月，裴度以起居舍人为司封员外郎，知制诰。

九月，权德舆为礼部尚书、同中书门下平章事。李绛为中书舍人。宰相裴垍进所撰《德宗实录》五十卷。按：此书蒋武、樊绅、林宝、韦处厚、孤独郁撰，裴垍监修。时称信使。

十一月，裴垍罢相，为兵部尚书。吏部郎中柳公绰献《太医箴》。

冬，韩愈因取禁假冒军人，为军吏所讼，有启上郑馀庆；愈本不为馀庆所喜，乃左迁河南县令。时愈四十三岁。

是年，刘禹锡在朗州司马任，作诗《送李策秀才还湖南因寄幕中亲故兼简衡州吕八郎中》。按：吕八郎中指吕温，时为衡州刺史。李贺应河南府试，获隽。冬，举进士入长安。吕温在道州任上。重书元结《道州刺史厅壁记》于道州刺史厅中，并感而作《道州刺史厅后记》。吕温奏立舜庙于州西之九疑山上。吕温治理道州仅一年半，效绩实著。御史中丞、湖南团练观察使李众表荐吕温为衡州刺史。五月十一日，诏改吕温衡州刺史。六月赴任，有《初发道州答崔三连州题海阳亭见寄绝句》（《吕衡州文集》卷一）。今按：吕温元和三年至五年在道州刺史任。其罢道州时崔简正在连州任，则崔三当即崔简。

【宗元事迹】

四月，柳宗元在长安所生之女卒，有《下殇女子墓砖铭》。铭中云："下殇女子生长安善和里……元和五年四月三日死永州，凡十岁，其母微也，故为父子晚。"

六月，吕温移衡州过永州。柳宗元《唐故衡州刺史东平吕君诔》（《柳宗元集》卷九）："君由道州以陟为衡州。"韩注："元和三年贬道州刺史"，"五年以政闻改衡州"。《柳宗元集》卷三十六《谢李吉甫相公示手札启》："宗元启。六月二十九日，衡州刺史吕温道过永州，辱示相公手札。"吕温自道州移衡州刺史，过道永州，将李吉甫手札转致柳宗元，柳宗元很受感动："省录狂瞽，收抚羁缧，沐以含弘之仁，忘其进越之罪。感深益惧，喜极增悲。五情交战，不知所措。"按：李吉甫此时仍在扬州，为淮南节度使。柳宗元在此之前曾有《上扬州李吉甫相公献所著文启》（《柳宗元集》卷三十六）："宗元启：始阁下为尚书郎，荐宠下辈，士之显于门阀者以十数，而某尚幼，不得与于厮役。及阁下遭谗妒，在外十余年，又不得效薄伎于前，以希一字之褒贬。公道之行也，阁下乃始为赞书训辞，擅文雅于朝，以宗天下。而某又以此时去表著之位，受放逐之罚。荐仍囚锢，视日请命。进退违背，思欲一日伏在门下而不可得，常恐抱斯志以没，卒无无以知于门下。冥冥长怀，魂魄忧愤。故敢及其能言，贡书编文，冒昧严威，以毕其志，伏惟观览焉。幸甚幸甚。阁下相天子，致太平，用之郊报，则天神降，地祇出；用之经邦，则百货殖，万物成；用之文教，则经术兴行；用之武事，则暴乱剪灭。依倚而冒荣者尽去，幽隐而怀道者毕出。然后中分主忧，以临东诸侯，而天下无患。盛德大业，光明如此，而又有周公接下之道，斯宗元所以废锢滨死，而犹欲致其志焉。阁下傥以一言而扬举之，则毕命荒裔，固不恨矣。谨以杂文十首上献，缧囚而干丞相，大罪也。宁为有闻而死，不为无闻而生。去就乖野，不胜大惧。谨启。"文中盛赞李吉甫之治绩，谓为"相天子，致太平"，"盛德大业，光明如此"，后即献文，请为援引。则可以推知，李吉甫接到柳宗元的书信后，当曾致书于吕温，并请吕温转致宗元。意者吉甫之回信可能随朝廷任命吕温刺衡的诏书一同下达，惜吉甫之书信今已不存。

九月，刺史崔敏薨于位。柳宗元《唐故朝散大夫永州刺史崔公墓志》："维元和五年九月十五日壬子，永州刺史崔公薨于位，享年六十八。"按：崔敏刺永州近三年，颇多政绩。柳宗元为其写墓志和祭文。

从弟柳谋是年"过永州，为吾留信次"，有《送从弟谋归江陵序》。

柳宗元向扬州李吉甫相公湖南李中丞献所著文。与杨诲之、李吉甫等有信札往来，并曾将所著文寄李吉甫、李吉丞。

按，湖南李中丞，新旧唐书均不载。《新唐书·卷一百六十三·柳公绰》："公绰本与裴垍善，李吉甫复当国，出为湖南观察使。……"《新唐书·李吉甫》卷一百四十六："（元和）六年，裴垍病免，复以前官召吉甫还秉政。"《柳宗元集》卷二十五《送巽上人赵中丞叔父召序》："今连帅中丞公，具舟来迎。"李中丞为系柳公绰湖南观察使前任。

十月，柳宗元在永州，闻宪宗诏来年正月十六日东郊籍田，作诗《闻籍田有感》。又《与杨诲之书》："今日有北人来，示将籍田敕。是举数十年之坠典，必有大恩泽。"《与杨诲之第二书》："忧悯废锢，悼籍田之罢。"《唐大诏令集》卷七十四《元和五年罢籍田敕》："元和五年十一月十九日敕，来年正月十八日籍田礼宜暂停。"

所纳之妾生一女。考：柳宗元元和四年纳妾，是年得女符合常情。又《迭前》诗云："在家弄土唯娇女，空觉庭前鸟迹多。"这说明周六尚未出世。"在家弄土"，这大约五六岁。由此推断，其女大约生于是年。

由龙兴寺迁居冉溪侧畔。柳宗元《与杨诲之书》："方筑愚溪东南为室。"又《送从弟谋归江陵序》："筑室茨草，为圃乎湘之西，穿池可以渔，种黍可以酒，甘终为永州民。"按：柳宗元由龙兴寺迁居冉溪侧畔的原因有以下五个方面。一是"爱是溪，入二三里，得其尤绝者家焉"（《愚溪诗序》）。二是在冉溪侧畔买了田与小丘。三是"永州多火灾，五年之间，四为天火所迫"（《与杨京兆凭书》）。四是已纳妾，要迁出寺外安个家。五是建愚溪草堂，安静优美的环境有利于读书写作。他定居以后，在新居前后种竹、种橘柚等。这里"屏居负山郭"（《郊居岁暮》），"闲依农圃邻"（《溪居》），"寓居湘岸四无邻"（《从崔中丞过卢少府郊居》）。与龙兴寺相比，完全是另一种环境。

将冉溪改名为愚溪。柳宗元《愚溪诗序》："灌水之阳有溪焉，东流

入于潇水。或曰：冉氏尝居也，故姓是溪为冉溪。或曰：可以染也，名
之以其能，故谓之染溪。……今余家是溪，而名莫定，土之居者犹龂龂
然，不可以不更也，故更之为愚溪。"得愚溪，所近丘、泉、池、堂、
亭、岛皆命名为愚，作愚溪等系列诗文。

【诗文系年】

作《冉溪》《溪居》《茅檐下始栽竹》《新植海石榴》《愚溪诗序》。

《柳宗元集》卷二十四《愚溪诗序》云："余以愚触罪，谪潇水上，
爱是溪，入二三里，得其尤绝者家焉。古有愚公谷，今予家是溪，而名
莫定。土之居者犹龂龂然，不可以不更也，故更之为愚溪。愚溪之上，
买小丘为愚丘。自愚丘东北行六十步，得泉焉，又买居之，为愚泉。愚
泉凡六穴，皆出山下平地，盖上出也，合流屈曲而南，为愚沟。遂负土
累石，塞其隘为愚池。愚池之东为愚堂。其南为愚亭。池之中为愚岛。
嘉木异石错置，皆山水之奇者，以余故，咸以愚辱焉。"集中关于愚溪之
诗甚多，其胜可想见矣。柳宗元"方筑愚溪东南为室"（《与杨诲之
书》），柳宗元元和五年四月后居冉溪，诸诗作于是年无疑。"始栽""新
植"，当迁居后不久所为，故以上诗亦系于是年。

作《旦携谢山人至愚池》《夏初雨后寻愚溪》《雨后晓行独至愚溪北
池》《雨晴至江渡》。

《瀛奎律髓汇评》卷一十四方回评《旦携谢山人至愚池》："诗不纯
于律，然起句与五、六，乃律诗也。幽而光，不见其工而不能忘其味，
与韦应物同调。韦达，故淡而无味。"纪昀评："七句太激，便少蕴藉。"
《唐诗镜》卷三十七："起调迥仄，'霞散'二韵气韵高标。"《孙月峰评
点柳柳州集》卷四十三："意兴洒然。"《唐诗快》卷九："发付机心甚
妙。"以上诗均在愚溪作。《柳宗元集》卷三十三《与杨诲之书》："方筑
愚溪东南为室，耕野田，圃堂下。"书元和五年十月或稍后作，知其始卜

居愚溪，诸作约在是年秋。

作《下殇女子墓砖铭》。

四月，柳宗元在长安所生之女卒，柳宗元作《下殇女子墓砖铭》（《柳宗元集》卷十三）云："下殇女子生长安善和里，其始名和娘。……元和五年四月三日死永州，凡十岁，其母微也，故为父子晚。"和娘，柳宗元女。

作《马室女雷五葬志》。

《柳宗元集》卷十三《马室女雷五葬志》云："以其姨母为妓于余。"事在元和四年。雷五之死当在元和四年后。

作《尊胜幢赞》《太府李卿外妇马淑志》。

李卿，即李睦州，盖从太府出守，故称其前官。《柳宗元集》外集卷上载：马淑"为南康讴者"；元和二年，李卿为李锜所诬，得罪贬循州，"过而幕焉，纳为外妇。偕窜南海上，及移永州……元和五年五月十九日，积疾卒于湘水之东"。所谓"湘水"，实潇水也。《太府李卿外妇马淑志》（《柳宗元集》外集卷上）与《尊胜幢赞》（《柳宗元集》卷十九）皆同作于是年。"尊胜幢赞并序"按：罗谱系文三年，应归为元和五年。

作《送李判官往桂州序》。

李判官何人也？陈景云《柳集点勘》："韩子《送李生础返湖南序》，称其'有诗八百篇传咏于时'，此序言'李生学于诗有年矣，吟咏讽赋，颇闻乎人'，疑即础也。"《送李判官往桂州序》（《柳宗元集》卷二十二）云："以府丧罢去，择而之乎有礼之邦。"府丧，指永州刺史崔敏卒，故系于是年。

作《送从弟谋归江陵序》。

从弟柳谋是年"过永州，为吾留信次"，柳宗元有《送从弟谋归江陵序》（《柳宗元集》卷二十四），对谋抱很大希望。《序》云："吾不智，触罪摈越楚间六年，筑室茨草，为圃乎湘之西。""湘"，实潇水也。又云："筑室茨草，为圃乎湘之西，穿池可以渔，种黍可以酒，甘终为永州民。"《山晓阁选唐大家柳柳州全集》评："此篇妙在处处写出天性至情。前幅叙少时相依，娓娓写来，便见天良至性。中幅述谋自言为人，并自信称道从弟，津津说来，两人如话。后幅忽然自悔一段，忽然称羡从弟一段，忽又过虑一段，忽又安慰一段。反复写来，天性至情，活活画出。而文之激扬反复，沉郁顿挫已极，毫发无遗憾矣。"① 《义门读书记》（《柳宗元集》卷三十六）："从伏波将军念从弟少游哀吾志大之语，拓为大章，意味甚隽永。"②

作《序饮》《与李睦州论服气书》。

柳宗元《序饮》（《柳宗元集》卷二十四）云："买小丘，一日锄理，二日洗涤，遂置酒溪石上。向之为记所谓牛马之饮者，离坐其背，实觞而流之，接取以饮。"《与李睦州论服气书》（《柳宗元集》卷三十二）云："前四五日，与邑中可与游者游愚溪，上池西小丘，坐柳下，酒行甚欢。坐者咸望兄不能俱。以为兄由服气以来，貌加老，而心少欢愉，不若前去年时。"李睦州元和三年量移永州，他今年的身体不如"前去年"了。前年，元和三年；去年，元和四年。《书》当作于元和五年。故系二文于是年。

作《送娄图南秀才游淮将入道序》《酬娄秀才将之淮南见赠之什》。

柳宗元《送娄图南秀才游淮将入道序》（《柳宗元集》卷二十五）云："仆自尚书郎谪来零陵，觐娄君，犹为白衣……因为余留三年。他日，又曰：'吾所以求于心者未克，今其行也。'"诗云："远弃甘幽独，谁言值故人。"又《序饮》云："客有娄生图南者，其投之也，一洄一止一沉，独三饮。众大笑欢甚。"说明元和五年娄图南尚在永。综合来看，

---

① 孙琮：《山晓阁选唐大家柳柳州全集》卷二，民国上海广益书局石印本。
② （清）何焯：《义门读书记》卷三十六，北京中华书局 1987 年版。

娄图南元和二年来永，被柳宗元留三年，当是元和五年秋冬离永。章士钊云"夫图南去永而之淮南，在元和三年"，不确。

作《送僧浩初序》。

《柳宗元集》卷二十五《送僧浩初序》云："近陇西李生础自东都来，退之又寓书罪余。"洪兴祖《韩子年谱》："元和五年《送李判官正字础归湖南序》。……序云：……今愈以都官郎守东都省，侍御自衡州刺史为亲王府长史，亦留此掌其府事，李生自湖南从事请告来觐。"既然李础归湖南在元和五年，《序》称"近"，知浩初离亦当是年。

作《与杨诲之书》《闻籍田有感》。

《柳宗元集》卷三十三《与杨诲之书》云："今日有北人来，示将籍田敕。……方筑愚溪东南为室。"《唐大诏令集》卷七十四载：《元和五年罢籍田敕》："元和五年十一月十九日敕：其来年正月十八日籍田礼宜暂停。"诗题下孙注："元和五年十月，宪宗诏来年正月十六日东郊籍田，敕有司修撰仪注。""十六日"，当为"十八日"。诗当作于是年十一月十九日前。

元和五年十月宪宗诏来年正月十八日东郊籍田。柳宗元《闻籍田有感》（《柳宗元集》卷四十三）题下吴文治集："元和五年十月，宪宗诏来年正月十六日东郊籍田。"

作《上杨州李吉甫相公献所著文启》《谢李吉甫相公示手札启》。

六月，吕温自道州移衡州刺史，途经永州，将李吉甫手札相示柳宗元，柳宗元很受感动，作《谢李吉甫相公相示手札启》（《柳宗元集》卷三十六）云："六月二十九日，衡州刺史吕温道过永州，辱示相公手札……感深益惧，喜极增悲，五情交战，不知所措。"吕温元和五年由道州刺史移衡州刺史。《献文启》当相继而作。按李吉甫此时仍在扬州，为淮南节度使，柳宗元在此之前曾有《上扬州李吉甫相公献所著文启》（《柳宗元集》卷三十六）。文中盛赞李之治绩，谓"阁下相天子，致太平"，"盛德大业，光明如此"，后即献文，请为援引："阁下傥以一言而扬举之，则毕命荒裔，固不恨矣。谨以杂文十首上献。"李吉甫当曾致书于吕温，并请转致宗元。但李吉甫之书信已不存。李吉甫于元和三年罢相，出为淮南节度使，六年正月罢节度使任，复入朝为相。见《旧唐书》卷十四《宪宗纪》上。宗元致李吉甫二文或同为元和五年作。

作《为安南杨侍御祭张都护文》。

韩注："张都护，安南都护御史中丞张舟也。"元和元年，舟自安南经略副使迁都护本管经略使。《旧唐书·宪宗纪》载：元和五年秋七月，"以虔州刺史马总为安南都护，本管经略使"。由此推知舟死于元和五年。柳宗元《为安南阳侍御祭张都护文》（《柳宗元集》卷四十）乃作于是年。

作《祭崔君敏文》《唐故朝散大夫永州刺史崔公墓志》。

九月，永州刺史崔敏"薨于位"。柳宗元《唐故朝散大夫永州刺史崔公墓志》（《柳宗元集》卷九）云："维元和五年九月十五日壬子，永州刺史崔公薨于位，享年六十有八。"柳宗元为作墓志和祭文，称赞崔的为人、政绩以及"邦人"对他的"永思"。《崔公墓志》又云："公克有声，迁永州刺史朝散大夫。……崔公宽厚以容纳万物，正直以统率下属。"世彩堂本注："志当是五年作云。"故系于是年。《祭崔君敏文》（《柳宗元集》卷四十）、《唐故朝散大夫永州刺史崔公墓志》（《柳宗元集》卷九）皆作于是年。

作《唐故贵州刺史邓君墓志铭并序》。

柳宗元《唐故贵州刺史邓君墓志铭并序》（《柳宗元集》卷十）曰："邓君'元和五年五月二十一日，疾卒于公馆，年五十五。明年某月日，返葬于潭州某原。'"杨凭对部下"知之最厚"，且以志授宗元。可知作于是年。

作《赵秀才群墓志》。

柳宗元《赵秀才群墓志》（《柳宗元集》外集卷上）有"元和庚寅神永戡"句，"元和庚寅"，即元和五年。

作《读韩愈所著毛颖传后题》。

柳宗元《读韩愈所著毛颖传后题》（《柳宗元集》卷二十一）："自吾居夷，不与中州人通书，有来南者。时言韩愈为《毛颖传》，不能举其辞，而独大笑以为怪，而吾久不克见。杨子诲之来，始持其书，索而读之，若捕龙蛇，搏虎豹，急与之角而力不敢暇．信韩子之怪于文也。……且世人笑之也，不以其俳乎？而俳又非圣人之所弃者。"《与杨诲之书》云："足下所持韩生《毛颖传》来，仆甚奇其书，恐世人非之，今作数百言，知前圣不必罪俳也。""今作数百言"，即指前文。书作于元和五年杨诲之来永州后，知柳文作于是年，韩愈《毛颖传》作于此前。

《唐宋八大家文钞》卷二十五评："子厚深服昌黎，故其题如此，亦其让能之一端也。"《韩柳文研究法》"柳文研究法"："昌黎每有佳制，柳州必有一篇与之抵敌。独《毛颖传》一体无之，故有《读毛颖》之作。……引诗，引史书，均为昌黎出脱。"

作《南岳云峰和尚塔铭》。

云峰和尚俗姓郭，法号"法证"，贞元十七年九月十七日圆寂，享年七十八岁。其门徒修"南岳云峰和尚塔"。柳宗元应重巽邀，作《南岳云峰和尚塔铭》（《柳宗元集》卷七）云："云峰和尚，族郭氏，号法证，为竺干道五十有七年，年七十有八。贞元十七年九月十七日终，十月二十七日葬。凡度学者五万人，弟子者三千人。色厉而仁，行峻而周，道广而不尤，功高而不有……故为其铭。"子厚贬永州居龙兴寺与重巽为邻，塔铭为受重巽当面请托而作，自不得早于元和元年。又重巽元和六年秋七月后应柳公绰之聘赴潭州，是知塔铭之作不得至晚于元和六年七月。《东坡后集》十九《书柳子厚大鉴禅师碑后》云："柳子厚南迁，始究佛法，作曹溪、南岳诸碑，妙绝古今。"案，曹溪大鉴禅师碑，元和十年在柳州作；南岳般舟和尚第二碑，元和三年在永州作；合南岳云峰和尚塔铭并在子厚南迁后撰作。东坡之说自有据而云。

柳宗元应云峰弟子重巽之请写《南岳云峰和尚塔铭》（《柳宗元集》卷七）云："余既与大乘重巽游，巽其徒也，亟为余言，故为其铭。"柳宗元元和五年前居龙兴寺，与住在龙兴寺净土院的重巽和尚为邻；重巽和尚元和六年离永。云峰和尚塔《铭》作于元和五年无疑。

作《送澥序》。

柳宗元《送澥序》（《柳宗元集》卷二十四）云："而季父公绰更为刑部郎。"《新唐书·卷一百六十三》："柳公绰……累迁开州刺史……迁侍御史、吏部员外郎。……召为吏部郎中。……李吉甫复当国，出为湖南观察使。"柳文"刑部郎"当误。《新唐书·卷一百四十六》："（元和）六年，裴垍病免，复以前官召吉甫还秉政。"公绰当在元和六年出为湖南观察使。是文元和五年作无疑。

作《零陵郡复乳穴记》。

柳宗元《零陵郡复乳穴记》（《柳宗元集》卷二十八）云："今刺史崔公至，逾月，穴人来以乳复告。"崔公，崔敏，元和三年由连刺永，元和五年九月薨于位。崔敏刺永期间与子厚亲善，连人复乳穴之事，当为崔敏言之柳宗元，柳深有感慨而为之记，当作于元和五年。

作《从崔中丞过卢少府郊居》。

崔中丞，崔敏曾任衔史中丞。崔敏元和三年刺永。卢少府即卢遵，元和四年出任桂林全义县县丞（县令称明府，县丞称少府），有政声，旋即弃官返回永州居于潇水西岸的寓居。据刘继源《柳宗元诗文研究》（珠海出版社 2003 年版）书中《谈柳宗元与永州刺史崔敏的关系》考证，崔敏的后夫人卢氏是卢遵的亲姑妈，即柳宗元的亲姨妈，崔敏元和五年秋去世。"蓍药闲庭"点明《从崔中丞过卢少府郊居》（《柳宗元集》卷四十三）诗写于元和五年春，可信。

作《闵生赋》。

《柳宗元集》卷二《闵生赋》云："孟轲四十乃始持兮，犹希勇乎黝贲。顾余质愚而齿减兮，宜触祸以阽身。"柳宗元元和七年四十岁：此云"齿减"，姑为元和五年作。

作《答问》。

《柳宗元集》卷十五《答问》云："跰跰蓬藋，乐吾囚兮。"《送从弟谋归江陵序》云："筑室茨草，为圃乎湘之西，穿池可以渔，种黍可以酒，甘终为永州民。"该《序》作于元和五年，此文大约于元和五年作。

作《乘桴说》。

《柳宗元集》卷十六《乘桴说》云："或问曰：'子必圣人之云尔乎？'曰，'吾何敢？以广异闻，且使遁世者得吾言以为学，其于无闷也，揵焉而已矣'！"这是柳宗元贬永后期的思想。大约于元和五年作。

作《捕蛇者说》《罴说》《宥蝮蛇文并序》。

《柳宗元集》卷十八《宥蝮蛇文并序》云："是谓蝮蛇。犯于人，死不治。又善伺人，闻人咳喘步骤，辄不胜其毒，捷取巧噬肆其害。然或慊不得于人，则愈怒，反啮草木，草木立死。"柳宗元《捕蛇者说》（《柳宗元集》卷十六）云："永州之野产异蛇，黑质而白章，触草木尽死，以啮人，无御之者。"素材相同，"蝮蛇"在前，"异蛇"在后。这三篇或"农谈四邻夕"所得来的素材，或直书接触群众的情况，姑为元和五年作。

作《骂尸虫文》。

《柳宗元集》卷十八《骂尸虫文》云："余既处卑，不得质之于帝，而嫉斯虫之说，为文而骂之。"其愤怒之情溢于言表。韩醇注："公此文盖有所寓耳。永贞中，公以党累贬永州司马。宰相惜其才，欲澡濯用之，诏补袁州刺史。其后谏官颇言不可用，遂罢，当时之谗公者众矣，假此以嫉其恶也，当是谪永州后作也。"所谓"诏补袁州刺史"，史书无载，柳集无迹，不知事在何年。然而，笔者相信韩注是有据的。此文与上文明显为此类事而发，姑系为元和五年。

作《霹雳琴赞引》。

《柳宗元集》卷十九《霹雳琴赞引》云："霹雳琴，零陵湘水西。震余枯桐之为也。……超道人闻，取以为三琴。"所谓"湘水西"，即潇水西；"道人"和尚之旧称，"超道人"即重巽和尚，作者有《晨诣超师院读禅经》诗可证。重巽元和六年离永，此《赞引》作于元和五年间。

作《诫惧箴》。

《柳宗元集》卷十九《诫惧箴》云："人不知惧，恶可有为，知之为美，莫若去之。"这是元和五年后的思想情趣。易新鼎注："或谓公惧、忧二箴，当王叔文将败时作，恐未必然。观其辞意，亦贬谪后作也。"

作《梁丘据赞》。

《柳宗元集》卷十九《梁丘据赞》韩醇注："梁丘据不毁晏子之贤，是诚可取。公之窜逐远方，左右近臣无一人为之地者，其曰激赞梁丘，诚有以哉。"韩说是。《梁丘据赞》曰："后之嬖君，罕或师是。导君以谀，闻正则忌，谗贤协恶，民蠹国圮。……激赞梁丘，心焉孔瘁。"这种忧国忧民、痛恨小人的思想感情，贬永后期最为突出。

作《与顾十郎书》。

《柳宗元集》卷三十《与顾十郎书》云："长为孤囚，不能自明"，"今惧老死瘴土"。这是元和五年后的处境和思想。

作《为广南郑相公奏部内百姓产三男状》。

郑相公，即郑絪，元和五年三月为广州刺史、岭南节度使；元和九年为工部尚书（见《旧唐书·宪宗纪》）。《柳宗元集》卷三十九《为广南郑相公奏部内百姓产三男状》当作于元和五年后。

按：元和五年，《永州刺史崔公墓志》（《柳宗元集》卷九）、《祭崔君敏文》（《柳宗元集》卷四十）、《送李判官往桂州序》（《柳宗元集》卷二十二）、《愚溪诗序》（同上）、《愚溪对》（《柳宗元集》卷十四）、《与李睦州论服气书》（《柳宗元集》卷三十二）、《谢李吉甫相公示手扎启》（同上）、《为安南阳侍御祭张都护文》（《柳宗元集》卷四十）、《雨晴至江陵》（同上）、《雨后晓行独至愚溪北池》（同上）、《旦携谢上人至愚池》（同上）、《冉溪》（同上）。以上篇"文谱"未录，"施谱"将系之于是年。又：《下殇女子墓砖记》《读韩愈所作毛颖传后题》《说车赠杨诲之》，"文谱"系作于元和五年，"施谱"未录。

又：柳宗元给湖南李中丞先后写过三封书启，都是元和六年六月柳公绰接任湖南观察使之前所写。《上李中丞献所著文启》当为元和五年所作，柳宗元已先在元和三年给江陵赵宗儒，四年给李吉甫等人献过自己新的文书，不给湖南李中丞献文书，就有点不成体统了，因此《上李中丞所著文启》应写于元和五年。

《上李中丞献所著文启》（与《柳宗元集》卷三十六），元和五年作。

元和六年　辛卯（811）　三十九岁

【时事述要】

正月，甲辰，以彰义留后吴少阳为节度使。庚申，以前淮南节度使李吉甫为中书侍郎、同平章事。二月，李藩罢为太子詹事。四月戊辰，以兵部尚书裴垍为太子宾客；户部侍郎、判度支李夷简检校礼部尚书、襄州大都督府长史、山南东道节度使。前荆南节度使赵宗儒为刑部尚书；东都留守郑余庆为兵部尚书，依前留守。七月，太子宾客裴垍卒。九月，用宰相李吉甫言，并省内外官八百八员，诸司统外一千七百六十九人。（《旧唐书·宪宗纪》上、《资治通鉴》卷二百三十八）

三月，严绶为江陵尹、荆南节度使。

六月，以御史中丞柳公绰为湖南观察使。

【文坛纪事】

正月，李吉甫复知政事。韩愈在河南县令任。

二月，李绛以中书舍人、翰林学士为户部侍郎。贾岛自长安赴河南洛阳，始谒见韩愈。

吕温游黄溪、合江亭。《吕衡州文集》卷二《衡州早春偶游黄溪口号》："偶寻黄溪口欲没，早梅未尽山樱发。无事江城闭此身，不得坐待花间月。"黄溪，源出湖南宁远县北阳明山，西流经零陵县东北，折北又东北流至祁阳县合白水入湘。《柳宗元集》卷二十九亦有柳宗元《游黄溪记》。

五月，吕温奉敕祭南岳。《吕衡州文集》卷二《奉敕祭南岳》："皇家礼赤帝，谬获司封域。致斋紫盖下，宿设祝融侧。鸣涧惊宵寐，清猿递时刻。澡洁事夙兴，簪佩思尽饰。危坛象岳趾，秘殿翘翠翼。登拜不遑顾，酌献皆累息。赞道仪非繁，祝史词甚直。忽觉心魂悸，如有精灵逼。漠漠云气生，森森杉柏黑。风吹虚箫韵，露洗寒玉色。寂寞有至公，馨香在明德。礼成谢邑吏，驾言归郡职。憩桑访蚕事，遵畴课农力。所愿风雨时，回首瞻南极。"诗中具体记叙了祭祀南岳的过程和诗人的感受，极具史料价值。唐代五岳、四渎、四海、四镇，每年一祭，各自于五郊迎气之日祭祀。南郊于立夏之日进行，祭赤帝祝融。唐五岳之祭，开始由皇帝派使节分别祭祀，后来遂令地方官代为祭祀（以上据《唐会要》卷九"杂郊议"）。则吕温奉授祭南岳时值夏至，即本年五月间。

夏，韩愈自河南令入朝为员外郎。贾岛随韩愈入长安，居青龙寺，作诗《题青龙寺》及《题青龙寺镜公房》。

本年春末夏初，刘禹锡有诗寄吕温。《全唐诗》卷三百五十四刘禹锡《送李策秀才还湖南因寄幕中亲故兼简衡州吕八郎中》："深春风日净，昼长幽鸟鸣。仆夫前致词，门有白面生。摄衣相问讯，解带坐南荣……昔日马相如，临邛坐尽倾。勉君刷羽翰，蚕取凌青冥。"诗中叙述了自己当年与吕温相得相知的亲密友谊，希望李策取道衡州干谒吕温，以图荐送。从诗中所言时间，可以推知当作于春末夏初。

八月，吕温卒于衡州（772—811），年四十。《柳宗元集》卷九《唐故衡州刺史东平吕君诔》："维唐元和六年八月日，衡州刺史东平吕君卒。"吕温卒后，柳宗元作《祭吕衡州文》《唐故衡州刺史东平吕君诔》《同刘二十八哭吕衡州》诗，刘禹锡为作《哭吕衡州六首》，窦巩为作《哭吕衡州八郎中》诗。

十二月，李绛同中书门下平章事。

是年，刘禹锡在朗州贬所作《上杜司徒启》，乞杜佑援救。佑此年卒，未获相见。

【宗元事迹】

在永州司马任。

正月，作开籍田有感诗一首（《柳宗元集》卷四十三）。按：元和五年十月宪宗诏来年正月十六日东郊籍田（已见前）。有感诗云："留滞长沙岁又除"当为元和六年正月作。据《柳宗元集》卷三十三《与杨诲之第二书》旧注云："元和五年十一月九日敕罢来岁籍田。"

姊夫连州刺史崔简，服食药石（石钟乳），宗元有书论其事。按：崔简，字子敬，宗元姊夫，贞元五年进士。累官刑部员外郎，出守连州，改刺永州，流骧州，元和七年正月卒，宗元有墓志及祭文。唐代士人多以为服食丹砂药石可以久寿，故服食之风至为盛行。宗元有《答周君巢饵药久寿书》云：“饵药可以久寿，将分以见与，固小子之所不欲得也。”（《柳宗元集》卷三十二）宗元独不为药石所惑。崔简既嗜此道而不能改，惟劝其求药石当得其精英，不应重视土宜，宗元赞许其服食也。崔简改刺永州，未至任，四月流骧州。《柳宗元集》卷三十五《谢李中丞安抚崔简戚属启》：“伏见四月六日敕：刺史崔简以前任赃罪，决一百，长流骧州。”据《永州刺史崔君权厝志》，崔流骧州后不久即卒，时在元和七年正月。则其初流骧州当在六年四月。

三月，尚书右仆射严绶移镇江陵，宗元献启投文，请蠲除缧绁。《柳宗元集》卷三十六《上江陵严司空献所著文启》：“伏念往岁司空由尚书郎出贰太原，宗元获于天长，专用候谒。伏蒙叙以世旧，许造门阑。……宗元得罪朝列，窜身湘南，霄汉益高，泥尘永弃，瞻仰辽绝，陈露无由。司空统临旧荆，控制南服，道路非远，德化所覃，是敢奋起幽沦，仰希光耀。优惟悯怜孤贱，特赐抚存，则缧绁之辱，有望蠲除，鸣吠之能，犹希效用。谨献杂文七首，伏惟以一字定其褒贬，终身之幸，无以加焉。”按：《旧唐书》卷一百四十六严绶传：“父丹，殿中侍御史。绶大历中登进士第。……贞元中由侍御史充宣歙团练副使。……十二年……召为刑部员外郎。……〔元和〕四年入拜尚书右仆。”《旧唐书》卷十四《宪宗纪》，元和六年三月“以检校右仆射严绶为江陵尹、荆南节度使”。宗元献启投文当在元和六年三月严绶至江陵之后。又宗元父镇，贞元四年为殿中侍御史，五年贬夔州司马，八年复为侍御史，九年五月卒。严绶尝任侍御史，与宗元父为同僚。柳宗元《上江陵严司空献所著文启》称：“世旧”，盖由于此。

四月，临贺杨诲之复书宗元，不以《说车》所谓“柔外刚中”之说

为然，宗元又作《第二书》反复论之。《柳宗元集》卷三十三《与杨诲
之第二书》："张操来，致足下四月十八日书，始复去年十一月书，言说
车之说及亲戚相知之道。……仆之言车也，以内可以守，外可以行其道。
今子之说曰：柔外刚中，子何取于车之疏耶？果为车柔外刚中，则未必
不为弊车；果为人柔外刚中，则未必不为恒人。夫刚柔无恒位，皆宜存
乎中，有召焉者在外，则出应之。应之咸宜，谓之时中，然后得名为君
子。……吾以为刚柔同体，应变若化，然后能志乎道也。今子之意近是
也，其号非也。内可以守，外可以行其道，吾以为至矣，而子不欲焉，
是吾所以惕惕然忧且疑也。……凡吾之致。书、为说车，皆圣道也。今
子曰：'我不能为车之说，但当则法圣道而内无愧，乃可长久。'呜呼，
吾车之说，果不为圣道耶：吾以内可以守，外可以行其道告子。今子曰：
'我不能蕲蕲拘拘，以同世取荣。'吾岂教子为蕲蕲拘拘者哉？子何考吾
说车之不详也？……今子素善士，年又甚少，血气未定，而忽欲为阮咸、
嵇康之所为，守而不化，不肯入尧舜之道，此甚未可也。吾意足下所以
云云者，恶佞之尤，而不悦于恭耳。观过而知仁，弥见吾子之方其中也，
其乏者独外之圆耳。……至永州七年矣，蚤夜惶惶，追思咎过，往来甚
熟，讲尧舜孔子之道亦熟，益知出于世者之难自任也。……忧闵废锢，
悼籍田之罢，意思恳恳，诚爱我厚者。吾自度罪大，敢以是为欣且戚耶！
但当把锄荷锸，决溪泉为圃以给茹，其隙则浚沟池，艺树木，行歌坐钓，
望青天白云，以此为适，亦足老死无戚戚者。时时读书，不忘圣人之道，
已不能用，有我信者，则以告之。朝廷更宰相来，政事益修。丈人日夕
还北阙，吾待子郭南亭上，期口言不久矣。至是，当尽吾说。"按，杨凭
元和四年七月贬临贺，后徙杭州长史。七年秋，入朝为王傅（详后）。元
和六年四月杨凭子诲之寄书来，宗元复之云："丈人日夕还北阙，吾待子
郭南亭上。""还北阙"当谓杨凭徙杭州长史而北还。自临贺北还，须经

永州，是年四五月杨凭犹在临贺，其徙杭州殆在是年夏秋。

襄阳李夷简来书抚问，有谢启。《柳宗元集》卷三十五《谢襄阳李夷简尚书委曲抚问启》："当州员外司马李幼清传示尚书委曲，特赐记忆，过蒙存问，捧读喜惧。……某负罪沦伏，声销迹灭，固世俗之所弃，亲友之所遗，敢希大贤，曲见存念，是以展转觑歆，昼咏宵兴，愿为厮役，以报恩遇。"按：《旧唐书》卷一十四《宪宗纪》，元和六年四月，"庚午以户部侍郎、判度支李夷简检校礼部尚书、襄州大都督府长史、山南东道节度使"。又八年正月"癸酉以山南东道节度李夷简……充剑南西川节度使"。夷简致书抚问或在元和六年莅任襄阳不久。

六月御史中丞柳公绰为潭州刺史湖南观察使，莅任后，宗元为《代作谢上表》（《柳宗元集》卷三十八）按，《旧唐书》卷一百六十五《柳公绰传》："拜御史中丞。公绰素与裴垍厚。李吉甫出镇淮南深怨垍，元和六年吉甫复辅政，以公绰为潭州刺史兼御史中丞充湖南观察使。……八年移为鄂州刺史、鄂岳观察使。"《旧唐书》卷十四《宪宗纪》载：元和六年"六月……甲申（二十一日）以御史中丞柳公绰为湖南观察使"。又元和八年"十月……庚寅（十一日）以湖南观察使柳公绰为岳、沔、蕲、安、黄观察使"。公绰出镇湖南以元和六年六月二十一日任命，《代作谢上表》云："肃恭修命，晨夜趋程"计其到任时日，当不晚于是年七月。

永州龙兴寺重巽上人应柳公绰之召，赴潭州宣教，宗元作序赠行。《柳宗元集》卷二十五《送巽上人赴中丞叔父召序》云："……凡世之言佛者，于吴则惠诚师，荆则海云师，楚之南则重巽师。师之言存，则佛之道不远矣。惠诚师已死，今之言佛者加少。其由儒而通者，郑中书（韩醇注：当是郑絪）洎孟常州。（韩醇注：孟简字几道）中书见上人，执经而师受，且曰：'于中道吾得以益达。'常州之言曰：'从佛法生，得佛法分。'皆以师友命之。今连帅中丞公，具舟来迎，饰馆而俟，欲其道之行于远也。……夫众人之和，由大人之倡。洞庭之南，竟南海，其士汪汪也，求道者多半天下。一唱而大行于远者，是行有之，则和焉者，将若群蛰之有雷，不可止也。"按：重巽上人，居永州龙兴寺。永贞元年子厚始至永州寓龙兴寺时与之相识。连帅中丞公，谓湖南观察使柳公绰。公绰以元和六年六月受命出镇湖南，其"具舟来迎"重巽，当在莅任后不久。公绰，字起之，京兆华原人。以天资仁孝为时所称。弟公权、公谅，子仲郢亦皆有名于实（《旧唐书》本传）。据《新唐书》卷七十三上《宰相世系》，公绰为晋太常卿平阳太守纯之后。纯为宗元十三世祖东晋汝南太守耆之弟。耆一支号西眷，纯一支号东眷。宗元称公绰为叔父，盖出于当时风习与门第观念，并无亲属关系。

八月七日从兄宽卒于广州。丧枢归葬邓州过零陵，宗元作墓志及祭文，《柳宗元集》卷十一《故大理评事柳君（宽）墓志》："……试大理评事，为岭南节度使推官、荆南永安军判官。府罢，为游士，出桂阳，下广州，中厉气呕泄，卒于公馆，元和六年八月七日也，年四十七。……君之从弟，以君之丧归，过零陵，哭且告于宗元曰……今将以某月日祔葬，苟又不得令辞而至焉，是无以盖前人之大痛，敢固以请。……"按：柳宽，字存谅，与子厚同出于高祖楷。《柳宗元集》卷四十一《祭从兄文》："逝归从祔，于邓之原。"邓谓邓州（今河南南阳），宽父开，葬于邓州。

八月，挚友衡州刺史吕温卒，年四十。吕温丧至江陵，藁葬于江陵之野。藁葬，草草埋葬。时元稹、刘禹锡、柳宗元皆在贬所，有诗哭之。《柳宗元集》卷九《衡州刺史东平吕君诔》："维唐元和六年八月日，衡州刺史东平吕君卒，爰用十月二十四日，藁葬于江陵之野。"《刘禹锡集》卷三十《哭吕衡州时予方谪居》："一夜霜风凋玉芝，苍生望绝士林悲。空怀济世安人略，不见男婚女嫁时。遗草一函归太史，旅坟三尺近要离。

朔方徙岁行当满，欲为君刊第二碑。"《柳宗元集》卷四十二《同刘二十八哭吕衡州兼寄江陵李元二侍御》："衡岳新摧天柱峰，士林憔悴泣相逢。只令文字传青简，不使功名上景钟。三亩空留悬磬室，九原犹寄若堂封。遥想荆州人物论，几回中夜惜元龙。"《元稹集》卷八《哭吕衡州六首》其一："气敌三人杰，交深一纸书。我投冰莹眼。君报水怜鱼。髀股惟夸瘦．膏肓岂暇除。伤心死诸葛，忧道不忧余。"

西川（成都）节度使武元衡来书抚问，有谢启。《柳宗元集》卷三十五《上西川武元衡相公谢抚问启》云："伏匿岭下，于今七年。追念往愆，寒心飞魄。幸蒙在宥，得自循省。岂敢彻闻于廊庙之上，见志于樽俎之际，以求必于万一者哉！相公以含弘光大之德，广博渊泉之量，不遗垢污，先赐荣示。奉读流涕，以惧以悲；屏营舞跃，不敢宁处。是将收孟明于二败，责曹沫于一举。俾折胁膑脚之伦，得自拂饰，以期效命于鞭策之下，此诚大君子并容广览、弃瑕录用之道也。"按：贞元二十一年，武元衡为御史中丞以不肯依附叔文左降为左庶子。《旧唐书·宪宗纪》，武元衡以元和二年正月为相，十月出镇西川，八年复入中书知政事。《上西川武元衡谢抚问启》云："伏匿岭下，于今七年"，知为元和六年作。

是年冬韦彪刺永州，宗元代作谢上表。《柳宗元集》卷三十八《代韦永州谢上表》："伏奉月日制书，除臣永州刺史。以月日到州上讫。……此州地极三湘，俗参百越，左衽居椎髻之半，可垦乃石田之余。旷牧守于再秋，弥骄犷俗。代征赋于三郡，重困疲人；分灾本出于一时，积弊遂逾于十稔。抚安未易，知法出而奸生；子育诚难，惧力劳而功寡。夙夜忧切，不敢遑宁。庶当宣布天慈，奉扬神化，以日系月，傥或有成，少裨恺悌之风，用答生成之造，无任感恩陨越之至。"谢表题下书注云："元和七年八月，刺史即此所谓韦永州也。表云'旷牧守于再秋'，正言〔崔〕

简以罪去后无其人耳!"表当作于七年云。按:韦永州,名彪。《柳宗元集》卷三十六《上岭南郑相公献所著文启》云:"伏见与当州韦使君书。……一自得罪,八年于今。"知元和七年韦彪已到永州。又《柳宗元集》卷二十九《石渠记》云:"予从州牧得之,揽去翳朽,决疏土石。……元和七年正月八日蠲渠至大石。"知元和七年正月之前永州已有刺史,韦彪来永州当在元和六年冬。又崔敏元和三年为永州刺史,五年九月十五日卒。崔简受命接替崔敏刺永州,未至流骦州,事在元和六年四月。韦彪受命接替崔简刺永州当在元和六年冬月。所谓"旷刺守于再秋",当指元和五年及六年之秋,韩注"元和七年八月"未是。韦彪莅任逾月,在永州郊邑筑新堂。堂成,子厚作《新堂记》刻石。

《柳宗元集》卷二十七《永州韦使君新堂记》:"永州实为九疑之麓,其始度土者,环山为城。有石焉,翳于奥草;有泉焉,伏于土涂。……韦公之来既逾月,理甚无事,望其地,且异之,始命芟其芜,行其涂,积之丘如,蠲之浏如。……乃作栋宇,以为观游。……已乃延客入观,继以宴娱。或赞且贺曰:'见公之作,知公之志。公之因土而得胜,岂不欲因欲以成化?公之择恶而取美,岂不欲除残而佑仁?……夫然,则是堂也,岂独草木土石水泉之适欤?山原林麓之观欤?将使继公之理者,视其细,知其大也。'宗元请志诸石,措诸屋漏,以为二千石楷法。"按:本记题下韩醇有注,柳宗元永州十年"其州刺史见公集者六"。元和元年,刺史韦公。二年至三年,刺史冯公。五年以前,刺史崔君敏,后又有崔简者,来上,以罪去。十年,刺史崔能。此记所谓韦公,盖在七八年间者。郁贤皓《唐刺史考全编》(安徽大学出版社2000年版)卷一七一,江南西道永州(零陵郡)永贞元年至元和十年的刺史,韦某,冯叙,崔敏,崔简(未之任),韦彪,崔能。其中,韦彪莅任时间"元和七、八年",采用韩醇题注的说法。柳宗元《石渠集》"元和七年正月八日蠲渠至大石"，成此事"予从州牧得之"，是在当政刺史支持下完成，韦彪必定在元和七年正月之前的六年冬月到任永州，韦彪莅任时间应为元和六年至八年。韦彪以六年冬莅任，逾月筑堂，堂成宗元作《永州韦使君新堂记》，其事当在本年冬或翌年春。

【诗文系年】

三月，尚书右仆射严绶为江陵尹，宗元作启，请助解囚籍。四月，大姐夫崔简由连州改刺永州，未至，被流配驩州。崔简服药石，以书加以劝说。与杨诲之进一步阐述"外柔内刚"的为人之道。是月，户部侍郎、判度支李夷简检校礼部尚书、襄州大都督府长史、山南东道节度使，曾致书抚问。六月，代柳公绰谢上任表。八月，族叔柳宽卒于广州。是月，挚友吕温卒于衡州。十月，西川节度使武元衡来书抚问，宗元作启望其弃瑕录用。是年，应杭州长史杨凭嘱，应重巽邀，各有序义。就刘禹锡《辨易六九论》作补充，撰《与刘禹锡论周易六九书》；饶州刺史元冀来函请政理，作书答之。系于元和六年诗文。

作《愚溪诗序》《愚溪对》。

宗元元和五年四月后迁居河西冉溪东南，写有《冉溪》诗。可见他迁来时，此溪名冉溪。冉溪，又名染溪。《愚溪诗序》（《柳宗元集》卷二十四）云："今予家是溪，而名莫能定，士之居者犹断断然，不可以不更也，故更之为愚溪。""愚溪"一词，最早见于元和五年的《与杨诲之书》："方筑愚溪东南为室，耕野田，圃堂下，以咏至理，吾有足乐也。"元和五年冬，柳宗元改"冉溪"为"愚溪"。而这篇序是为《八愚诗》写的诗序，所谓"八愚"，指愚丘、愚泉、愚沟、愚池、愚堂、愚亭、愚岛和愚溪。其设施建设较多，需要半年以上时间才能完成，故系于元和六年。居愚溪五月，宗元梦愚溪，又作《愚溪对》《柳宗元集》（卷十四）。

作《郊居岁暮》。

柳宗元《郊居岁暮》（《柳宗元集》卷四十三）中"郊居"指迁居愚溪，"离索"谓离群而索居。诗中描绘了一幅永州田野风情画。"默默谅何为，徒成今与昨"，抒发了岁月迟暮、碌碌无为的感叹。作于贬永后期元和六年间。

作《送僧浩初序》。

是年春，《柳宗元集》卷二十五《送僧浩初序》："儒者韩退之与余善，尝病余嗜浮屠言，訾余与浮屠游。近陇西李生础自东都来，退之又寓书罪余。"且曰："'见《送元生序》，不斥浮屠。'浮屠诚有不可斥者，往往与《易》《论语》合逸……不与孔子异道。"韩愈责柳宗元"不斥浮屠"之书已佚。李础为湖南从事，元和六年请告省其父东都。可证是年作。有学者云"乃柳州时作"，不确。

作《初秋夜坐赠吴武陵》。

《柳宗元集》卷四十二《初秋夜坐赠吴武陵》诗云："稍稍雨侵竹，翻翻鹊惊丛。"这是愚溪新居一带的景色。"美人隔湘浦"，"湘"即潇水，宗元元和五年移居愚溪后，与居住零陵城内的吴武陵一水相隔。吴武陵大约元和七年离永北还，故此诗大约作于元和六年间。

作《旦携谢山人至愚池》《夏初雨后寻愚溪》《雨后晓行独至愚溪北池》《雨晴至江渡》。

柳宗元移居愚溪侧畔，生活增添许多情趣。《柳宗元集》卷四十三《夏初雨后寻愚溪》云："沉吟亦何事？寂寞固所欲。幸此息营营，啸歌静炎燠。"携谢山人至愚池，作《旦携谢山人至愚池》（卷四十三）诗云："新沐换轻帻，晓池风露清。自谐尘外意，况与幽人行。……"又作《雨后晓行独至愚溪北池》（卷四十三）："宿云散洲渚，晓日明村坞。高树临清池，风惊夜来雨。予心适无事，偶此成宾主。"愚池、北池二地，应同为一处。作《雨晴至江渡》（卷四十三）云："日西独向愚溪渡"，

"江渡",即愚溪渡口。故上述四诗作于元和六年间。

作《中夜起望西园值月上》。

《柳宗元集》卷四十三《中夜起望西园值月上》诗云:"觉闻繁露坠,开户临西园。寒月上东岭,泠泠疏竹根。"这是移居愚溪后的环境。作于元和六年间。

作《南涧中题》。

《柳宗元集》卷四十三《南涧中题》诗云:"去国魂已游,怀人泪空垂。孤生易为感,失路少所宜。索寞竟何事,徘徊只自知。"当是元和四年为量移官希望破灭后的思想感情。"南涧",在宗元愚溪新居之南,故称。汪藻《永州柳先生祠堂记》:"其谓之南涧、朝阳岩、袁家渴、芜江、百家濑者,溯潇水而上也,皆在愚溪数里间,为先生杖履徜徉之地。"故知此诗作于元和六年间。

作《秋晓行南谷经荒村》。

《柳宗元集》卷四十三《秋晓行南谷经荒村》诗云:"机心久已忘,何事惊麋鹿?"这是宗元贬永后期的心理状态。"南谷",在宗元愚溪新居之南,故知诗作于元和六年间。

作《夏昼偶作》。

《柳宗元集》卷四十三《夏昼偶作》诗云:"隐机熟眠开北牖。"当为愚溪新居所有。因龙兴寺"其户北向","潇水西墉以为户"。"山童隔竹敲茶臼",乃潇水两岸之环境和生活情景。诗作于元和六年间。

作《红蕉》。

《柳宗元集》卷四十三《红蕉》诗之首尾流露出深深的迟暮之感,与"今惧老死瘴土"(《与顾十郎书》)的思想感情合拍。作于元和六年间。

作《闻黄骊》。

《柳宗元集》卷四十三《闻黄骊》诗云:"我今误落千万山,身同伧人不思还"，与《送从弟谋归江陵序》"甘终为水州民"的心境相同。"此时晴烟最深处，舍南巷北遥相语。"这是柳宗元新居的环境。故为元和六年作。

作《始见白发题所植海石榴树》。

宗元元和四年作《法华寺西亭夜饮》云："其厌樽前醉，相看未白首。"此《始见白发题所植海石榴树》（卷四十三）诗题云"始见白发"，当元和六年后作。

作《觉衰》。

柳宗元《觉衰》（《柳宗元集》卷四十三）诗云："久知老会至，不谓便见侵。"《始见白发题所植海石榴树》云："从此休论上春事，看成古木对衰翁。"此诗对衰翁进行了形象性的描绘。诗又云："出门呼所亲，扶杖登西林。"乃迁居愚溪后的环境和人与人之间的亲切关系。当元和六年后作。

作《上江陵严司空献所著文启》。

三月，尚书右仆射严绶为江陵尹，宗元作《上江陵严司空献所著文启》（《柳宗元集》卷三十六），请助解囚籍。严绶元和元年因刘辟叛，表请出师讨伐，拜检校尚书，寻拜司空。《旧唐书·宪宗纪》载：元和六年三月，"以检校右仆射严绶为江陵尹荆南节度使"。宗元献启投文当在元和六年三月严绶至江陵之后。

作《谢李中丞安抚崔简戚属启》《上湖南李中丞干廪食启》。

《谢启》《干廪食启》（《柳宗元集》卷三十五）两篇，《谢启》在前，简写眷灶永州安置，柳宗元自身受荒年欠俸禄拖累，帮助不了姐姐家，不得不直接给上司写信求援。《谢李中丞安抚崔简戚属启》云："伏见四月六日敕：刺史崔简以前任脏罪，决一百，长流骥州。伏奉去月二十三日牒，崔简家口，滕州安存，并储官宅什器，差人与役使。"崔简由连州刺史移永州刺史，"未至永，而连之人诉君，御史按章具狱"（《故永州刺史流配骧州崔君权厝志》）。"四月六日敕后，伏俸去月二十三牒"，又看到上个月二十三日的文书，对崔简家人在永州安置，宗元心生感激，投书致谢。当属元和六年五月的事。《上湖南李中丞于廪食启》称"以当恶岁而无廪食"，当指元和五年暴雨成灾给次年青黄不接所造成的困难。

作《东海若》。

《东海若》（《柳宗元集》卷二十）："我固同矣，吾又何求于若？吾之性也，亦若是而已矣，秽者自秽，不足以害吾洁；狭者自狭，不足以害吾广；幽者自幽，不足以害吾明。"章士钊云："此殆子厚久处贬所，郁闷不堪，援者绝迹于外，而己亦无意求援于人，因以陈愿安粪秽之本怀。"章说甚是。与《送从弟谋归江陵序》中的"甘终为永州民"合，大致作于元和六年前后。

作《与杨诲之第二书》。

《与杨诲之第二书》（《柳宗元集》卷三十三）云："至永州七年矣"，进一步阐述"外柔内刚"的为人之道。是年作无疑。

作《谢襄阳李夷简尚书委曲抚问启》。

《旧唐书·宪宗记》载：元和六年四月"以户部侍郎判度支李夷简检校礼部尚书襄州大都督府长史山南东道节度使"。宗元致书抚问，作《谢襄阳李夷简尚书委曲抚问启》（《柳宗元集》卷三十五）云："当州员外司马李幼清传示尚书委曲。"李幼清是年离开永州。《启》当李离永前作。

作《送巽上人赴中丞叔父召序》《代柳公绰谢上任表》。

是年六月，永州龙兴寺重巽上人应柳公绰之召，赴潭州宣教，宗元作《送巽上人赴中丞叔父召序》（《柳宗元集》卷二十五）赠行。柳公绰为宗元叔父，其召巽上人当在其拜湖南观察使后，《旧唐书·宪宗纪》载：元和六年六月甲申，"以御史中丞柳公绰为湖南观察使"。《送巽上人赴中丞叔父召序》云：“今连帅中丞公具舟来迎，饰馆而俟。”故定“序”为是年作。按：宗元学佛并非始于南迁，柳宗元《龙兴寺西轩记》云：“余知释民之道且久。”又《送巽上人赴中丞叔父召序》云：“吾自幼好佛，求其道积三十年。世之言者罕能通其说，于零陵吾独有得焉。”序元和六年作，宗元三十九岁，据此则宗元九岁左右，已知佛好佛，远在南迁以前。宗元至永州与重巽交游后深得佛学。

作《故大理评事柳君墓志》《祭从兄文》。

八月，族叔柳宽卒于广州，柳宗元作《故大理评事柳君墓志》（《柳宗元集》卷十一）：“卒于公馆，元和六年八月七日也，年四十七。”故系《故大理评事柳君墓志》（卷十一）、《祭从兄文》（卷四十一）墓志、祭文同作于是年。

作《唐故衡州刺史东平吕君诔》。

八月，吕温卒于衡州刺史任。柳宗元很悲痛，写有诔、诗和祭文。《唐故衡州刺史东平吕君诔》（《柳宗元集》卷九）云：“维唐元和六年八月日，衡州刺史东平吕君卒。爰用十月二十四日，藁葬于江陵之野……。君由道州，以陟为衡州。君之卒，二州之人哭者逾月。湖南人重社饮酒，是月上戊，不酒去乐，会哭于神所而归。余居永州，在二州中间，其哀声交于北南，舟船之下上，必呱呱然，盖尝闻于古而睹于今也。”宗元在诔文中，对吕温之才行，道德，文章均推尊备至：“李、元二侍御”指李景俭、元稹。此文作于是年。

作《祭吕衡州温文》。

《柳宗元集》卷四十《祭吕衡州温文》是柳集中真挚、沉痛之文：“维元和六年，岁次辛卯，九月癸己朔某日，友人守永州司马员外置同正员柳宗元，谨遣书吏同曹，家人襄儿，奉清酌庶羞之奠，敬祭于吕八兄化光之灵。……聪明正直，行为君子，天则必速其死；道德仁义，志存生人，天则必夭其身。吾固知苍苍之无信，莫莫之无神，今于化光之殁，怨逾深而毒逾甚，故复呼天以云云。天乎痛哉！尧舜之道，至大以简；仲尼之文，至幽以默。千载纷争，或失或得。倬乎吾兄，独取其直。贯于化始，与道咸极。推而下之，法度不忒。旁而肆之，中和允塞。道大艺备，斯为全德。而官止刺一州，年不逾四十。佐王之志，没而不立。"此文作于是年无疑。

作《同刘二十八哭吕衡州兼寄江陵李元二侍御》。

《柳宗元集》卷四十二《同刘二十八哭吕衡州兼寄江陵李元二侍御》诗："衡岳新摧天柱峰，士林憔悴泣相逢。袛令文字传青简，不使功名上景钟。三亩空留悬磬室，九原犹寄若堂封。遥想荆州人物论，几回中夜惜元龙。"即和刘禹锡之作。诗中元侍御为元稹，时由监察御史贬江陵府士曹参军，作《哭吕衡州六首》。李侍御为李景俭，《旧唐书·李景俭传》："自负王霸之略，于士大夫无所屈降。贞元末，韦执谊。王叔文东宫用事，尤重之，侍以管，葛之才。叔文窃政，属景俭居母丧，故不及从坐。"景俭于元和三年以监察御史贬江陵府士曹参军，故此诗即寄李景俭。

作《上西川武元衡相公谢抚问启》。

十月，西川节度使武元衡来书抚问，并有"大赐"。柳宗元有启《上西川武元衡相公谢抚问启》（《柳宗元集》卷三十五）表示感谢。《启》云："伏匿岭下，至今七年。"启是年作。

作《岳州圣安寺无姓和尚碑》《碑阴记》。

应杭州长史杨凭嘱，作《岳州圣安寺无姓和尚碑》（《柳宗元集》卷六）云："弟子之首曰怀远师，居长沙安国寺，为南岳戒法。岁来侍师，会其终。"《碑阴记》（卷六）云："弘农公自余杭命以行状来，怀远师自长沙以传来，使余为碑。既书其辞，故又假其阴以记。"弘农公，指杨凭，元和四年七月自京兆尹贬临贺尉，是年迁余杭长史。故二文是年作。

作《与刘禹锡论周易九六书》。

就刘禹锡《辨易九六论》作补充，柳宗元撰《与刘禹锡论周易九六书》（《柳宗元集》卷三十一）。陈景云《柳集点勘》云："案，此书乃元和中在永州作，董生名挺，字庶中，以荆部从事退居朗州，适梦得谪官来此，因邂逅相契耳。"挺应作"俇"。据刘禹锡《董府君墓志》，董俇卒于元和七年四月，知书作于元和七年前。

作《送表弟吕让将仕进序》。

吕让来永州对柳宗元说："道不可特出，功不可徒成，必由仕以登，假辞以通，然后及乎物也。吾将通其辞，干于仕，庶施吾道。"宗元作《送表弟吕让将仕进序》（《柳宗元集》卷二十四）回答："今以子之志，且学而文之，又当主上兴太平，贤士大夫为宰相卿士，吾子以其道从容以行，由于下，达于上，旁施其事业，若健者之升梯，举足愈多，身愈高，人愈仰之耳。"从柳宗元鼓励表弟吕让从学和吕让元和十年中第来看，大致作于元和六年间。

作《安南都护张公墓志铭并序》。

《柳宗元集》卷十《安南都护张公墓志铭并序》云："某年月薨于位……明年，其孤某官与宗人号奉裳帷，率其家老……卜宪于潭州某原。"张公，即张舟。元和五年卒。此称"明年"，故系于元和六年。

作《南中荣橘柚》。

宗元作《南中荣橘柚》（《柳宗元集》卷四十三）："橘柚怀贞质，受命此炎方。密林耀朱绿，晚岁有余芳。殊风限清汉，飞雪滞故乡。攀条何所叹？北望熊与湘。"王逸注云："南国，谓江南也。橘受命于江南，不可移徙。种于北地，则化而为枳。永州在唐属江南道，故云。"位于江南的永州多产橘柚，宗元有感于橘柚"受命不迁"的品格，发抒屈原的

《橘颂》之音自喻。刘禹锡《伤愚溪三首》云："草圣数行留断壁，木奴千树属邻家。"可证。据"密林耀朱绿""攀条何所叹"，应作于元和五年搬迁愚溪后，定于元和六年为宜。

作《闵生赋》。

《柳宗元集》卷二《闵生赋》云："孟轲四十乃持心兮，犹希勇于黝贲。顾余质愚而减齿兮，宜触祸以陷身。"宗元是年三十九岁，故定赋为元和六年作。

按：元和六年，《闵生赋》（《柳宗元集》卷二）、《安南都护张舟墓志》（《柳宗元集》卷十）、《邕管招讨副使邓君墓志》（《柳宗元集》卷十）、《祭从兄文》（《柳宗元集》卷四十一）、《永州龙兴寺修净土院记》（《柳宗元集》卷二十八）、《与崔饶州论石钟乳书》（《柳宗元集》卷三十二）、《谢李中丞安抚崔简戚属启》（《柳宗元集》卷三十五）、《上李中丞献所著文启》（《柳宗元集》卷三十六）、《上湖南李中丞干廪食启》（《柳宗元集》卷三十五）、《送巽上人赴叔父中丞召序》（《柳宗元集》卷二十五）、《谢襄阳李夷简尚书委曲抚问启》（《柳宗元集》卷三十六）、《上江陵严司空献所著文启》（《柳宗元集》卷三十六）、《酬巽上人以竹间自采新茶见赠》（《柳宗元集》卷四十三）、《巽公院五咏》（《柳宗元集》卷四十三）。以上篇文安礼《柳宗元年谱》未录，施子愉《柳宗元年谱》系于是年。

元和七年　壬辰（812）　四十岁

【时事述要】

正月，振武河溢，毁东受降城。

二月，以兵部侍郎许孟容为河南尹。

三月，以惠昭太子葬，罢曲江上巳宴。

四月，诏民田每亩种桑二树，长吏逐年检计以闻。

七月，立遂王宥为皇太子。《旧唐书·宪宗纪》：七月乙亥，"制立遂王宥为皇太子，改名恒"。《新唐书·本纪七》："十月……庚戌降死罪以下，赐文武官子为父后者勋两转。"

八月，魏博节度使田季安卒，其妻元氏立子怀谏为副大使，知军府事；因怀谏年幼（十一岁）军政一决于家僮蒋士则，数易大将，军情不安。魏博军乱，拥步射都知兵马使田兴为留后，兴不从，请命于朝。

十月，以田兴为魏博节度使，改名弘正。以郑滑节度使袁滋为户部尚书。

十一月，吏部尚书郑余庆请复置吏部考官三员，吏部郎中杨于陵执奏以为不便。乃诏考官韦颛等三人祇考及第科目人，其余吏部侍郎自定。宰相李绛请于振武、天德二军开置营田，后四书中，开田四千八百顷，收谷四千余万斛，岁省军费二十余万缗。

十二月，魏博奏管内州县官员二百五十三员，请吏部铨选。是年，吐蕃掠泾州。

【文坛纪事】

二月，韩愈为职方员外郎，因奏论华阴令柳涧事，不为宰相所察，复左迁为国子博士。时宰相为李吉甫、权德舆、李绛三人。

春，贾岛在范阳，韩愈有书寄之，岛作《双鱼谣》。

四月，董侹卒，生年、里居不详。元和间官荆南从事，与刘禹锡交往甚密，时有歌酬唱。侹卒后，禹锡为作墓志铭；其文集《武陵集》，禹锡为之作序。

六月，杜佑累表恳请致仕，许之。王涯以兵部侍郎知诰。贾岛自范阳赴长安，途径易水，赋《易水怀古》诗；既至长安，适沈亚之下第东归，岛又作《送秀才下第东归》诗。本年，岛居长安延寿里，与张籍为邻，有诗《延寿里精舍寓居》。

十一月，杜佑卒，年七十八。德宗时，历任户部侍郎判度支，岭南、淮南节度使，同平章事等职。顺宗即位，充度支盐铁使。宪宗朝，拜司徒同平章事，又加弘文馆大学士，封岐国公。佑嗜学，该涉古今。以刘秩所撰《政典》条目未尽，用三十年之功，编成《通典》二百卷。为我国第一部记述历代典章制度专书。

十二月，郑余庆以吏部尚书为太子少傅。

十二月，刘禹锡在朗州，僧元景南游，有诗送之。后柳宗元亦作有序。《刘禹锡集》卷二十九《送僧元暠南游并引》云："予策名二十年，百虑而无一得。"禹锡自贞元九年登第，至本年为二十年。《柳宗元集》卷二十五《送元暠师序》："元暠师居武陵，有年数矣，与刘游久且暱，持其诗与引而来。"即指禹锡此诗及诗引。

冬，窦常为朗州刺史，与朗州司马刘禹锡日共欢宴，赋诗唱和。

是年，白居易以丁忧，仍居下邽金氏村。元稹因李景俭之请，编次自十六岁以后所作诗八百余首，成诗集二十卷。吴武陵遇赦北还。《新唐书·吴武陵传》："吴武陵，信州人。元和初，擢进士第。淮西吴少阳闻其才，遣客郑平邀之，将待以宾客，武陵不答。"《旧唐书·吴少阳传》："元和九年九月卒。"武陵北还当在元和九年前。章学诚《韩柳二先生年谱书后》云："考吴武陵北还在元和十年。"按：柳集中的《小石潭记》《与杨京兆凭书》《与李睦州论服气书》《初秋夜坐赠吴武陵》，都说元和六年前，吴武陵尚在永州。自元和六年至十年，唯有元和七年有过赦令。武陵北还，当是此年。

【宗元事迹】

正月，宗元姊夫崔简卒于骧州，儿子守遵、守讷扶父枢渡海遇风暴溺死。宗元作《永州刺史流配骧州崔君权厝志》《祭姊夫崔君简文》《祭崔氏外甥文》。

九月，崔简弟崔策来永州，宗元与之游西山，并作诗序赠行。《柳宗元集》卷四十三《与崔策登西山》："鹤鸣楚山静，露白秋江晚。……吾子幸淹留，缓我愁肠绕。"同前卷二十三《送崔子符罢举诗序》："仆智不足，而独为文，故始见进而卒以废。居草野八年。……崔子幸来而亲余……未及悉而告余以行。惧其惮时之往而不得于内也，献之酒，赋之诗而歌之，坐者从而和之，既和而叙之。"子符，崔策字。据"居草野八年"及"露白秋江晚"语，知为本年秋作。

十月，游袁家渴、石渠、石涧、小石城山，作后四记。《柳宗元集》卷二十九《袁家渴记》《石渠记》《石涧记》《小石城山记》。《石渠记》云："元和七年正月八日，蠲渠至大石，十月十九日，踰石得石泓小潭，渠之美于是始穷也。"袁家渴、石渠、石涧、小石城山为距西山十里之景点，四记均本年作。按：柳宗元由朝阳岩东南水行，游袁家渴，继游石渠、石涧，游后皆有记。后人合前《始得西山宴游记》等称为"永州八记"。

十月，杨凭复为大僚。考：杨凭元和四年秋七月贬临贺尉，不久移为余杭长史，是年十月复为大僚。柳宗元献弘农公五十韵。

十月，湖南观察使柳公绰以平蛮有功，十月移镇武昌，宗元作《武岗铭并序》记事。按：《旧唐书》卷十五宪宗纪，元和七年十月"以湖南观察使柳公为岳鄂……"铭当是在柳公移镇武昌所作。

是年，郑絪为广州刺史、岭南节度使，宗元献所著文三十六首。以叔舅命崔媛归于薛《朗州员外司户薛君妻崔氏墓志》："唐永州刺史博陵崔简女讳媛，嫁为朗州员外司户河东薛巽妻。……以叔舅命归于薛。"《送薛判官量移序》："朝廷施恩泽，凡受谪者，罪得而未薄，乃命以近壤。薛君去连而吏于朗，是其渐于显欤？"按：薛君是年由连至朗，途经永州拜会宗元，宗元将外甥女崔媛许配给薛巽。薛伯高刺道州。隆庆《永州府志》："元和七年儒师薛伯高由尚书刑部郎中为道州守。"《道州志》："州学旧在城东，唐元和七年刺史薛伯高迁建于城西营川门外，柳子厚为之记。"郡人和麟《道州学记》："舂陵之有学，始于唐刺史薛公伯高，而儒雅之风亦由薛公以起。盖以元和八年建立文宣庙于州西舜祠之左，九年柳子厚为之记。"

【诗文系年】

作《永州刺史流配驩州崔君权厝志》《祭姊夫崔使君简文》《祭崔氏外甥文》。

正月，大姐夫崔简卒于驩州，儿子处道、守讷扶父柩渡海遇风暴溺死。七月，柩至永州，子厚为之草葬，作《故永州刺史流配驩州崔君权厝志》（《柳宗元集》卷九）、《祭姊夫崔使君简文》（《柳宗元集》卷四十一）、《祭崔氏外甥文》（《柳宗元集》卷四十一）。《权厝志》云："元和七年正月二十六日卒。孤处道泊守讷，奉君之丧，逾海水，不幸遇暴风，二孤溺死。七月某日，柩至于永州。八月甲子，藁葬于社壝之北四百步。"谓崔简二子，处道、守讷以奉父丧溺于海，故系三文同作于是年。

作《与崔策登西山》《送崔子符罢举诗序》《小石城山记》。

柳宗元姐夫崔简之弟崔策，字子符，来永州。宗元与之游西山，作《与崔策登西山》（《柳宗元集》卷四十三），并作《送崔子符罢举诗序》（《柳宗元集》卷二十三）赠行。《送崔子符罢举诗序》有"居草野八年"句，故系于是年。《小石城山记》（《柳宗元集》卷二十九）开篇云："自西山道口径北。"联系《与崔策登西山》一文，当是登西山后探访小石城山，且本记在"永州八记"中篇幅最短，写景与议论几乎各占一半内容，与登西山下来后余程游记的体验相似，《小石城山记》应为元和七年作。

作《代韦永州谢上表》《永州韦使君新堂记》。

是年韦某为永州刺史。《代韦永州谢上表》（《柳宗元集》卷三十八）题下，韩醇注："元和七年八月，刺史即此所谓韦永州也。"时间不确定。宗元《石渠记》有记："予从州牧得之……元和七年正月八日，蠲渠至大石。"此处言元和七年正月已有州牧，柳宗元随同到"蠲渠至大石"，州牧即刺史应不迟于六月年冬到任。《谢上表》当在元和七年正月代写。章士钊认为："韦使君者，韦彪也。"（《柳文指要》）《代韦永州谢上表》："此州地极三湘，俗参百越，左衽居椎髻之半，可耕乃石田之余。……无任感恩陨越之至。"韦彪莅任逾月，在永州郊邑筑新堂。堂成，宗元作新堂记刻石。《永州韦使君新堂记》（《柳宗元集》卷二十七）云："永州实惟九疑之麓，其始度土者，环山为城，有石焉，翳于奥草，有泉焉，伏于土涂。……韦公之来既逾月，理甚无事，望其地，且异之。始命芟其芜，行其涂……乃作栋宇，以为观游。"既为"栋宇""新堂"，不可能一蹴而就，马上建成，修建时间至少在半年以上。《新堂记》当为元和七年下半年所作。施子愉将《代韦永州谢上表》系于元和四年，不知所措。

作《送元暠师序》。

《柳宗元集》卷二十五《送元暠师序》云："元皓师居武陵有年数矣，与刘（禹锡）游久且昵。持其诗与引而来。"刘《送僧元皓南游并引》（见《刘宾客文集》卷二十九）其引开头曰："予策名二十年，百虑而无一得。"刘、柳于贞元九年登进士第。"策名二十年"，当是元和七年作。

作《袁家渴记》《石渠记》《石涧记》。

十月，游袁家渴、石渠、石涧。柳宗元《石渠记》（《柳宗元集》卷二十九）云："元和七年正月八日，蠲渠至大石，十月十九日，逾石，得石泓小潭。"《石涧记》（《柳宗元集》卷二十九）："石渠之事既穷……"

石涧记游当在石渠之后。又云："由渴而来者，先石渠，后石涧；由百家濑上而来者，先石涧，后石渠。"这里点明袁家渴先游已记，又标注从不同方向前来的次序。故三记依次同年作。

作《渔翁》。

《柳宗元集》卷四十三《渔翁》诗云："渔翁夜傍西岩宿，晓汲清湘燃楚竹。"诗中环境描写皆潇水西之特点。元和七年宗元由朝阳岩东南水行，游袁家渴，继游石渠，石涧，游后皆有所记。从内容和风格看，此诗亦元和七年作。

作《上岭南郑相公献所著文启》。

郑䌹元和五年二月即为广州刺史，岭南节度使。见《旧唐书》卷十四《宪宗纪》上。宗元作启，望其收抚。《上岭南郑相公献所著文启》（《柳宗元集》卷三十六）启云："宗元素乏智能，复阙周慎，一自得罪，八年于今。"启作于元和七年。

作《乞巧文》。

《柳宗元集》卷十八《乞巧文》云："跪呈豪杰，投弃不有。眉眼颊蹙，喙唾胸欧。大赦而归，填恨低首。"柳宗元于元和四年上书故旧大臣，元和五六年前后向镇帅上启献文，均无结果。《乞巧文》大约作于元和七年间。

作《答元饶州论政理书》《答元饶州论春秋书》。

章士钊据王应麟《困学纪闻》断定"元饶州"即"元藇"。陈景云《柳集点勘》谓作于元和七年后。据郁贤皓《唐刺史考》，元洪于元和七年至九年为饶州刺史。元藇在元和十五年始知制诰，任饶州刺史。柳宗元答书对象应为元洪。饶州刺史元藇来函请政理，柳宗元作《答元饶州论政理书》（《柳宗元集》卷三十二）。《答元饶州论春秋书》（《柳宗元集》卷三十二）亦作于同期。

作《伊尹五就桀赞》。

《柳宗元集》卷十九《伊尹五就桀赞》云："柳子曰：恶，是吾所以见伊尹之大者也。彼伊尹，圣人也。圣人出于天下，不夏商其心，心乎生民而已。"贬永后期宗元更重生民之患，因迁愚溪后与百姓有了更多接触，此文作于元和七年前后。

作《复吴子松说》。

吴武陵元和七年遇赦北还。从《复吴子松说》（《柳宗元集》卷十六）中"然有可恨者，人或权褒贬黜陟为天子求士者，皆学于圣人之道，皆又以仁义为的，皆曰我知人，我知人"的情况来看，当是遇赦北还的思想感情的倾泻。

作《弘农公以硕德伟材屈于诬枉左官三岁复为大僚天监昭明人心感悦宗元窜伏湘浦拜贺未由谨献诗五十韵以毕微志》。

"弘农公"即杨凭，元和四年秋七月由京兆尹贬临贺尉。"左官三岁"，即至元和七年。是年七月，宪宗立遂王宥为皇太子，逢赦，杨凭由余杭长史"复为大僚"。岳父杨凭复官，入朝为王傅，宗元作《弘农公以硕德伟材屈于诬枉左官三岁复为大僚天监昭明人心感悦宗元窜伏湘浦拜贺未由谨献诗五十韵以毕微志》（《柳宗元集》卷四十二）诗五十韵以志贺，七年作无疑。

作《送薛判官量移序》。

薛判官，即薛巽，宗元甥婿。薛巽量移，经永州赴朗州。柳宗元作《送薛判官量移序》（《柳宗元集》卷二十三）云："薛生司货贿于军兴之际……而竟连大狱，以至于放。"于皋谟、董溪得罪在元和六年（见《资治通鉴·唐纪》），"巽坐贬"连州亦当于是年。《序》又云："朝迁施恩泽"，指元和七年宪宗立遂王宥为皇太子逢赦。"薛君去连而吏于朗"，永州与连州相接，又是去朗州必经之地。薛巽途经永州时拜见柳宗元，宗元送以别序。

作《送宁国范明府诗序》。

范明府，即范传真。柳宗元《送宁国范明府诗序》（《柳宗元集》卷二十二）云："初命京兆武功尉。既有成绩，复于有司，为宣州宁国令。""明府"，原指郡守，唐以后多专以称县令。章士钊认为：子厚草序，以传正所告语为据。传正，乃传真之季弟。韦瓘《大农陂记》载：元和四年，传真以宣之宁国令摄南极县，因大农废陂置石堰三百步，水所及者六十里，寻迁御史，后三年，传正观察宣部，允邑人请，勒石为记。《祭李中丞文》："宣德郎行监察御史范传正。"柳宗元贞元二十年五月二十二日祭李中丞时，范传正官监察御史。此诗序称"季弟为殿中侍御史"，当五月后迁官也。《诗序》又云："夫为吏者，人役也。役于人而食其力，可无报耶？"以"元和四年"的"后三年"推之。当作于元和七年。

作《南涧中题》。

南涧，今零陵杨梓塘街南面田垌中的涧水，它由西向东注入潇水。元和五年柳宗元已迁居愚溪，因涧水在新居之南，故称南涧。南涧处于朝阳岩与愚溪之间，故能"独游亭午时"，《南涧中题》（《柳宗元集》卷四十三）诗约作于元和七年。

作《送薛存义之任序》《零陵三亭记》。

薛存义，河东人，元和年间为湘源令，后代理永州零陵县令。《送薛存义序》（《柳宗元集》卷二十三）云："河东薛存义将行，柳子载肉于俎，崇酒于觞。追而送之江之浒，饮食之。且告曰：凡吏于土者，若知其职乎？盖民之役，非以役民而已也。……存义假令零陵二年矣。蚤作而夜思，勤力而劳心，讼者平，赋者均，老弱无怀诈暴憎。其为不虚取直也的矣，其知恐而畏也审矣。"按：细揣文意，似乎存义行前曾向柳宗元道别，故柳宗元"追而送之江之浒"饯行，柳宗元从愚溪新居追送到

"江渡"。陈景云曰："一本题中无'之任'二字为是。文中言'假令零陵二年'，则非初官也。观篇末'不得与考绩幽明之说'，盖惜其去官而送之。"

"三亭"，为薛存义所建。《零陵三亭记》（《柳宗元集》卷二十七）云："更衣膳食，列置备具，宾以燕好，旅以馆舍。"《送易师杨君序》称："馆于燕堂，馈之侯食。"所谓"燕堂"即"三亭"之一。故章士钊云；"一切唯'三亭'是赖，不难推知矣。"杨君元和九年离开永州，故《送薛存义序》《零陵三亭记》大约作于元和七年间。

按：元和七年，《永州韦使君新堂记》《祭姊夫崔使君简文》《代韦永州谢上表》《与崔子符登西山》《南涧中题》，以上篇文安礼《柳宗元年谱》未录，施子愉《柳宗元年谱》系之于是年。《武冈铭》《弘农公左官三岁复为大僚献诗五十韵》《小石城山记》《贺皇太子笺》，以上篇文安礼《柳宗元年谱》认为作于元和七年，施子愉《柳宗元年谱》未录。

元和八年　癸巳（813）　四十一岁

【时事述要】

正月，以山南东道节度使李夷简检校户部尚书、成都尹，充剑南西川节度使。以户部尚书袁滋检校兵部尚书、襄州刺史，充山南东道节度使。

二月，贬宰相于頔多死为恩王傅。其子驸马都尉于季友削所任官。

四月，黔中经略使崔能讨张伯靖。河中尹张弘靖奏修古舜城。

五月，荆南节度使严绶讨张伯靖。大隗山崩。

六月，以东都留守韩皋检校吏部尚书，兼许州刺史，充忠武军节度使。京师大风雨，毁屋飘瓦，人多压死。所在川渎暴涨，行人不通。出宫人二百车，任从所适，以水灾故也。

七月，中受降城为河所毁，镇将请修复之，用李吉甫议罢修，移其军于振武。剑南东川节度使潘孟阳讨张伯靖。

八月，以蕲州刺史裴行立为安南都护、本管经略招讨使。废天武军，并入神策军。

湖南观察使柳公绰讨溆州"蛮"张伯靖。伯靖降。

九月，赐群臣宴于曲江。以恩王傅于頔为太子宾客。

十月，以大雪放朝，人有冻踣者，雀鼠多死。回鹘度碛自柳谷击吐蕃，振武节度使李进贤发兵备之。

十二月，以河溢浸滑州羊马城之半，滑州薛平、魏博田弘正征役万人，于黎阳界开古黄河道，南北长十四里，决旧河水势，滑人遂无水患。振武军乱，逐其节度使李进贤，并屠其家。乃以夏州节度使张煦代进贤。

【文坛纪事】

正月，权德裕守礼部尚书，罢知政事。

二月，武元衡至长安，李夷简自西川寄诗，元衡酬之。韩愈、白居易及朝士能诗者争和元衡蜀中诗。《全唐诗》卷三百零九李夷简《西亭暇日书怀十二韵献上相公》"献上"下注："一本有武元衡三字。""相公"下注："亭为衡镇蜀时构。"同前卷三百一十七武元衡《酬李十一尚书西亭暇日书怀见寄》。李十一尚书，李夷简，《旧唐书·宪宗纪》下：元和八年正月"癸未，以山南东道节度使李夷简检校户部尚书、成都尹、充剑南西川节度使。"知继元衡镇西川。《全唐诗》卷三百一十六武元衡《四川使宅有韦令公时孔雀存焉暇日与诸公同玩座中兼故府宾妓兴嗟久之因赋此诗用广其意》诗，韩愈、白居易、王建有和作，分别见《韩昌黎诗系年集释》卷八、《白居易集》卷十五、《王建诗集》卷五。《全唐诗》卷三百一十七武元衡《春晓闻莺》诗，韩愈、李益、王建、皇甫镛、许孟容、杨巨源有和作，分别见钱仲联《韩昌黎诗系年集释》卷八，《全唐诗》卷二百八十三，《王建诗集》卷九，《全唐诗》卷三百一十八、卷三百三十、卷三百三十三。

同月,李吉甫进所撰《元和郡县图志》,又进《六代略》三十卷,又为《十道州郡图》五十四卷。《旧唐书·宪宗纪》下:元和八年二月辛卯,"宰相李吉甫进所撰《元和郡县图志》三十卷,又进《六代略》三十卷,又为《十道州郡图》五十四卷"。《全唐文》卷五百一十二李吉甫《上元和郡县图志序》:"臣吉甫……以为成当今之务,树将来之势,则莫若版图地理之为切也,所以前上《元和国计簿》,审户口之丰耗;续撰《元和郡县图志》,辨州域之疆理。时获省阅,或裨聪明。……谨上《元和郡县图志》,起京兆府,尽陇右道,凡四十七镇,成四十卷,每镇皆图在篇首,冠于叙事之前,并目录两卷,总四十二卷。"

三月寒食日,窦常途经朗州去武陵,作诗《之任武陵寒食日途次松滋渡先寄刘员外禹锡》,刘禹锡作《酬窦员外使君寒食日途次松滋渡先寄示四韵》。同月二十二日,韩愈自国子博士为比部郎中、史馆修撰。按:愈为国子博士时,自以才高,累被摈黜,作《进学解》以自喻。宰相李吉甫、李绛、武元衡览其文,怜其数黜,以其有史才,遂改为比部郎中、史馆修撰。盖宰相李吉甫时监修国史,亟须修史人才,李绛是韩愈同年进士,元衡又向与愈交好。同月,武元衡复入中书知政事,兼崇玄馆大学士、太清宫使。韩愈任史馆修撰后,元稹即作《与史馆韩侍郎(郎中)书》,请编甄济事于国史。

四月,窦群以开州刺史改任邕容经略使。由开州赴容州,途经江陵时,与元稹相会。

五月,朝廷命严绶讨溆州"蛮"帅张伯靖,窦常为节度判官,元稹为从事。

六月,韩愈作《答刘秀才论史书》,述及"夫为史者,不有人祸,则有天刑"。后柳宗元作书论之。马其昶、马茂元整理《韩昌黎文集校注》

外集上卷《答刘秀才论史书》云"六月九日，韩愈白秀才"，又云"今馆中非无人"。清方成珪《昌黎先生诗文年谱》谓当作于本年初为史馆修撰时。韩文历叙孔子、司马迁以来作史者之不幸遭遇，因云"夫为史者，不有人祸，则有天刑"。后柳宗元有书论之，见后。

七月，权德舆检校吏部尚书、东都留守。

九月，太常习乐，始复用大鼓。

十月，汴州韩弘进所撰《圣朝万岁乐谱》，共三百篇。宗正少卿李道古为黔中观察使。

十一月，监修李吉甫以韦处厚所撰《顺宗实录》三卷授韩愈，令与修撰左拾遗沈传师、咸阳尉宇文籍等共同采访重修。后愈增益旧录，修成《顺宗实录》五卷。吉甫慎重其事，欲更研讨，未即奏上。

是年，舒元舆、杨汉公登进士第。

十二月，士人韦中立自长安来永州，欲从柳宗元为师。柳宗元作答书，称不敢为师，且及韩愈《师说》；又论及为文之道，主张"文者以明道"，但须旁推诸书。《答韦中立论师道书》："仆自谪过以来，益少志虑，居南中九年。"知作于本年。中称"吾子自京师来蛮夷间，乃幸见取。仆自卜固无取，假令有取，亦不敢为人师"。又谓韩愈前曾"奋不顾流俗，犯笑侮，收召后学，作《师说》，因抗颜而为师。世果群怪聚骂，指目牵引，而增与为言辞，愈以是得狂名，居长安，炊不暇熟，又挈挈而东，如是者数矣"。后又论为文之道，"乃知文者以明道"，其取道之原在《书》《诗》《礼》《春秋》《易》，但同时还须"参之穀梁氏以厉其气，参之孟、荀以畅其支，参之庄、老以肆其端，参之《国语》以博其趣，参之《离骚》以致其幽，参之太史公以著其洁。此吾所以旁推交通而以为之文也"。

符载约卒于此年，生年不详。初与杨衡等隐居庐山。后授奉礼郎，继辟西川掌书记。历协律郎，监察御史。卒后，段文昌为撰墓志。有文集十四卷，皆为杂文。末附诗数首。今《全唐诗》存诗二首。

【宗元事迹】

据《旧唐书》卷十五《宪宗纪》下：元和八年二月甲子，以"武元衡复入中书知政事，兼崇玄馆大学士，太清宫使"。刘禹锡上书即在此时，而元衡阻止刘禹锡复用也在此后不久。元衡为永贞革新的主要政敌之一，多年后，还挟嫌阻挠，可见中唐党派斗争之激烈。

五月十六日，柳宗元陪永州刺史韦彪至黄溪黄神祠祈雨，游黄溪东屯，访王莽祠，作《游黄溪记》。按：一统志湖南永州府志山川条："黄溪在零陵东七十里。……府志：源泉出阳明山，流经福田山东，又北至祁阳县，合白江水入湘。"

六月二十八日，吕温弟恭卒于广州，年三十七。宗元有祭文及墓志。《吕侍御史恭墓志》："元和八年，去桂州……元月二十八日卒。……年三十七。"按：吕恭字敬叔，吕温弟。祭文中柳宗元自称"友人从内兄"，其中有"周游人间……"等语，又有《与吕恭论墓中石书》书，可知宗元、吕恭有姻亲之谊，相交甚笃。

是年，宗元在永州，为文深博，名声大振，后学之士，韦中立、严厚舆等或来永州，或投书文，皆欲奉之为师，宗元力避师名，但热情指导。有《答韦中立论师道书》《答严厚舆秀才论为师道书》《报袁君陈秀才避师名书》《师友箴》等。按：柳集中有严厚舆、袁君陈、廖有方、崔黯、吴秀才等相继来信求子厚为师，子厚均予以复信。作《永州铁炉步志》，借铁炉有名无实以讽当世尚门阀心理。文中有"余乘舟来，居九年"，知当作元和八年。与韩愈论天人之关系。是年前后作《天说》。刘禹锡以为子厚之言，非所以尽天人之际，作《天论三篇》辩之。宗元有《答刘禹锡天论书》。韩愈改比部郎中，史馆修撰。

【诗文系年】

作《游黄溪记》《入黄溪闻猿》《韦使君黄溪祈雨见召从行至祠下口号》。

是年，柳宗元陪永州刺史韦彪至黄溪黄神祠祈雨，作《韦使君黄溪祈雨见召从行至祠下口号》（《柳宗元集》卷四十三）。《柳宗元集》卷二十九《游黄溪记》："元和八年五月十六日，既归为记，以启后之好游者。"《入黄溪闻猿》（《柳宗元集》卷四十三）、《韦使君黄溪祈雨见召从行至祠下口号》（《柳宗元集》卷四十三），二诗与记当同年作。

作《吕侍御恭墓志》《祭吕敬叔文》。

六月二十八日，表弟吕恭卒于广州。柳宗元作《吕侍御恭墓志》（《柳宗元集》卷十）、《祭吕敬叔文》（《柳宗元集》卷四十）、《墓志》云："生四子，温、恭、俭、让。"吕恭是吕温之弟。云："元和八年去桂州……至广州……六月二十八日卒。"是年作无疑。

作《师友箴》《答严厚舆秀才论为师道书》《报袁君陈秀才避师名书》。

柳宗元在永州，为文深博，名声大振。后学之士，皆欲奉之为师，宗元一则力避师名，说明不敢为师之意，另则又热情传授自己的为学经验。《答严厚舆秀才论为师道书》（《柳宗元集》卷三十四）云："得生书，言为师之说，怪仆所著《师友箴》（《柳宗元集》卷十九）与《答韦中立书》（《柳宗元集》卷三十四），欲变仆不为师之志。"《报袁君陈秀才避师名书》（《柳宗元集》卷三十四）云："其大说具《答韦中立书》。"故定三文同作于是年。

作《送韦七秀才下第求益友序》《答韦中立论师道书》。

韦七者，韦中立也，永州刺史韦彪之孙。《送韦七秀才下第求益友序》（《柳宗元集》卷二十三）云："进三年连不胜。"《答韦中立论师道书》(《柳宗元集》卷三十四)宗元称"吾子自京师来蛮夷间，乃幸见取。仆自卜固无取，假令有取，亦不敢为人师"。又谓韩愈前曾"奋不顾流俗，犯笑侮，收召后学，作《师说》，因抗颜而为师。世果群怪聚骂，指目牵引，而增与为言辞，愈以是得狂名，居长安，炊不暇熟，又挈挈而东，如是者数矣"。又论为文之道，"乃知文者以明道"，其取道之原在《书》《诗》《礼》《春秋》《易》，还须"参之穀梁氏以厉其气，参之《孟》《荀》以畅其支，参之《庄》《老》以肆其端，参之《国语》以博其趣，参之《离骚》以致其幽，参之太史公以著其洁。此吾所以旁推交通而以为之文也"。《送韦七秀才下第求益友序》云："久与居，益见其贤。"韦中立自京师来蛮夷间，柳宗元与之久居。《答韦中立论师道书》："仆自谪过以来，益少志虑，居南中九年。"知作于是年。

作《武岗铭并序》。

柳宗元《武岗铭并序》(《柳宗元集》卷二十)云："元和七年四月，黔巫东鄙，蛮獠杂扰，盗弄库兵，贼胁守帅，南钩牂牁，外诱西原，置魁立帅，杀牲盟誓，洞窟林麓，啸呼成群。皇帝下铜兽符，发庸、蜀、荆、汉、南越、东瓯之师，四面讨问。畏罪凭阻，遁逃不即诛。时惟潭部戎帅御史中丞柳公绰，练立将校，提卒五百，屯于武冈。不震不骞，如山如林，告天子威命，明白信顺。乱人大恐，视公之师如百万，视公之令如风雷，怨号呻吟，喜有攸诉，投刃顿伏，愿完父子，卒为忠信，奉职输赋，进比华人，无敢不龚。"考《旧唐书》卷十五《宪宗纪》，元和八年十月，"以湖南观察使柳公绰为岳鄂沔蕲安黄观察使"。"铭"当时是在柳公绰离后所作。

作《送诗人廖有方序》《答贡士廖有方论文书》。

柳宗元《答贡士廖有方论文书》(卷三十四)云："既无以累秀才，亦不增仆之诟骂也。"书旨与上述三书相近。故系于是年。

作《永州铁炉步志》。

柳宗元《永州铁炉步志》（《柳宗元集》卷二十八）云："余乘舟来，居九年。"是年作无疑。

作《李西川荐琴石》。

《旧唐书·宪宗纪》载：元和八年正月，"以山南东道节度使李夷简检校户部尚书成都尹充剑南西川节度使"。山南东道治襄州襄阳郡，由于柳宗元在永州时曾得到李夷简来信抚问，召还途中经襄阳时引起对李的思念，借题发挥，写下《李西川荐琴石》（《柳宗元集》卷四十二）诗。

作《天说》《答刘禹锡天论书》。

韩愈改比部郎中，史馆修撰。《韩昌黎文集校注》外集上卷《答刘秀才论史书》云"六月九日，韩愈白秀才"，又云"今馆中非无人"。清方成珪《昌黎先生诗文年谱》谓当作于是年初为史馆修撰时。韩文历叙孔子、司马迁以来作史者之不幸遭遇，因云"夫为史者，不有人祸，则有天刑"。柳宗元与韩愈论天人之关系，后有书论及。是年前后作《天说》（《柳宗元集》卷十六）。刘禹锡以为宗元之言，非所以尽天人之际，作天论三篇辩之。宗元有《答刘禹锡天论书》（《柳宗元集》卷三十一）。

作《与友人论为文书》《报崔黯秀才论为文书》《答吴秀才谢示新文书》。

元和八年前后，向柳宗元求师学文的人最多，他的回书见于集者十余篇，《与友人论为文书》（《柳宗元集》卷三十一）、《报崔黯秀才论为文书》（《柳宗元集》卷三十四）、《答吴秀才谢示新文书》（《柳宗元集》卷三十四），三篇约作于元和八年间。

作《答周君巢饵药久寿书》。

《柳宗元集》卷三十二《答周君巢饵药久寿书》云："凡所设施，皆以为戾，从而吠者成群。"《答韦中立论师道书》亦云："度今天下不吠者几人。"韩愈《送李础归湖南序》称，"惟愈与河南司录周君巢独存"。韩序作于元和五年，此书大致元和八年前后作。

作《祭穆质给事文》。

《柳宗元集》卷四十《祭穆质给事文》云："黜刺南荒，义言盈口。"封章致命，志期陨首。他"黜刺南荒"的原因，《旧唐书·穆质传》云："五年，坐与杨凭善，出为开州刺史。"杨凭贬临贺尉在元和四年七月。此云"五年"，当受连累于次年贬开州。《祭文》又云："王命南下，郡符东剖。留滞湮沦，歼此遐寿。"韩醇注："必是自开移抚，未及行而卒耳。"陈景云《柳集点勘》称："马总以元和八年除广南帅，有荐质自代状。"穆质也许卒于元和八年或稍后，《祭文》大致作于元和八年间。

作《同刘二十八院长述旧言怀感时书事奉寄澧州张员外使君五十二韵之作其韵增至八十通赠二君子》。

柳宗元《同刘二十八院长述旧言怀感时书事奉寄澧州张员外使君五十二韵之作其韵增至八十通赠二君子》（《柳宗元集》卷四十二）诗云："褒德符新换，怀仁道并遮。"这是指张署由虔州刺史迁澧州刺史，虔州之人怀其仁惠，遮道留之。元和八年"张初罢郡"（见刘禹锡《酬宴员外郡斋宴客偶命柘枝因见寄兼呈张十一院长元九侍御》题注）。可见柳诗大致作于元和八年间。

作《戏题阶前芍药》。

柳宗元《戏题阶前芍药》（《柳宗元集》卷四十三）诗的前八句流露出孤芳自赏的思想感情："愿致溱洧赠，悠悠南国人。"元和八年前后，"为进士者"致书于柳宗元求师学文，柳宗元一一复书。故此诗约作于元和八年间。

作《答韦珩示韩愈相推以文墨事书》。

柳宗元《答韦珩示韩愈相推以文墨事书》（《柳宗元集》卷三十四）

云："足下所封示退之书。"又云："不忠不显，忠道不立尔。此仆以自励，亦以佐退之励足下。"此论与《与韩愈论史官书》旨意相同。《论史官书》作于元和九年，此书大致作于元和八年间。

按：元和八年，《师友箴》（《柳宗元集》卷十九）、《答严厚与秀才论为师道书》（《柳宗元集》卷三十四）、《报袁君陈秀才避师名书》（《柳宗元集》卷三十四）、《武冈铭》（《柳宗元集》卷二十）、《李西川荐琴石》（《柳宗元集》卷四十二）、《韦使君黄溪祈雨见召从行至祠下口号》（《柳宗元集》卷四十三）、《入黄溪闻猿》（《柳宗元集》卷四十三）。文安礼《柳先生年谱》未录，施子愉《柳宗元年谱》认为作于元和八年。

元和九年　甲午（814）　四十二岁

【时事述要】

正月，张煦入单于都护府，杀作乱军士苏国珍等二百五十二人。

二月，贬前振武节度使李进贤为通州刺史。

三月，太子少傅郑馀庆检校右仆射、兴元尹、山南西道节度使，代赵宗儒为御史大夫。

六月，河中节度使张弘靖为刑部尚书，同中书门下平章事。以左丞孔戣为华州刺史、潼关防御、镇国军等使。

闰八月，彰义军节度使吴少阳卒，其子吴元济匿丧自为留后，焚劫舞阳等四县。朝廷遣使吊丧，拒而不纳。

九月，严绶、李光颜、李文通、乌重胤讨吴元济。真腊国来朝贡。以给事中孟简为越州刺史、浙东观察使。

十月，严绶以山南东道节度使兼充申、光、蔡等州招抚使，崔潭峻为监军。

党项扰振武。

十一月，罢京兆府腊献狐兔。

十二月，诏刑部、大理官朔望入对。尚书右丞韦贯之同中书门下平章事。

【文坛纪事】

正月，李吉甫累表辞相位，不许。

二月，李降累表辞相位，许之，守礼部尚书。元稹自江陵赴潭州，访湖南观察使张正甫，与张同宴游。

三月，元稹自潭州返江陵府，途中作《岳阳楼》《寄庾敬休》《栽花二首》《宿石矶》等诗。是月底，杜元颖自江陵归长安，稹于陈氏馆为元颖设宴送别，并作诗《送杜元颖》。

春，白居易患眼病，仍居下邽金氏村，有诗《眼暗》《病中作》《病中得樊大书》《得钱舍人书问眼疾》等。

五、六月间，白行简赴东川节度使卢坦幕，到达梓州。

八月，白居易游蓝田县悟真寺。作《游悟真寺诗》《游悟真寺回山下别张殷衡》。前诗一百三十韵，为居易诗之最长者。

孟郊卒（751—　）。年六十四。有《孟东野诗集》传世。孟郊死后，贾岛作诗《哭孟郊》《吊孟协律》，韩愈为作《贞曜先生墓志铭》。

闰八月，淮西吴元济叛乱，严绶移山南东道节度使，赴唐州，以招抚之。元稹为从事。

以乌重胤兼汝州刺史，讨吴元济。柳宗元作《上河阳乌尚书启》。

九月五日，韩愈作《答元侍御书》，答复元稹，同意在修国史时为甄济立传。

十月三日，李吉甫卒（758—　），年五十七。经德宗、顺宗、宪宗三期，历任太常博士、州刺史、中书舍人、中书侍郎、同中书门下平章事等职。平西川节度副使刘辟、镇海节度使李锜叛乱，改换三十六藩镇，削弱藩镇势力，吉甫皆参与策划。复开河塘，减冗员，人受其惠。著有文集二十卷、《元和郡县图志》五十四卷、《十道图》十卷、《古今地名》三卷、《删水经》十卷。

同月二十一日，韩愈为考功郎中兼史馆修撰。李吉甫卒后，韩愈于其宅中取回《顺宗实录》五卷旧本，重加刊正。

同月，岭南节度使马总建飨军堂成，柳宗元为作《岭南节度飨军堂记》。严绶兼充申光蔡等州招抚使，崔潭峻为监军，元稹居戎幕，司章奏。

十一月，令狐楚以职方员外郎知制诰为翰林学士。裴度以中书舍人为御史中丞。

十二月十五日，韩愈以考功郎中知制诰。不再兼任史馆修撰。

冬，白居易奉召入朝，授太子左赞善大夫，居长安昭国里。

是年，刘禹锡贬谪朗州已九年余，作《谪九年赋》。尚有《武陵北亭记》及《送湘阳熊判官孺登府罢归钟陵因寄呈江西裴中丞二十三兄》（裴二十三指裴谊）《窦朗州见示与澧州元朗中早秋赠答命同作》《秋日过鸿举法师寺院便送归江陵》《重送鸿举师赴江陵谒马逢侍御》等诗。

【宗元事迹】

正月，柳宗元在永州，获韩愈来信，并见韩愈《答刘秀才论史书》，致书与之论辩。《柳宗元集》卷三十一《与韩愈论史官书》："正月二十一日，某顿首十八丈退之侍者前：获书言史事，云具《与刘秀才书》，及今乃见书稿，私心甚不喜，与退之往年言史事甚大谬。"柳宗元针对兵部郎中、史馆修撰韩愈去年在《答刘秀才论史书》中所言作史"不有人祸，必有天刑"的错误观点，作文进行批评和劝说，而对韩愈从事修史事业给予支持。尔后，又将是年所作《段太尉逸事状》寄韩愈，为其提供史料。但后因愈于本年十二月即辞去史职，直至宋代，宋祁等修《新唐书》

时此文才被采用。

春，崔能为永州刺史。八月，友人段弘古卒于桂州。柳宗元另作有《囚山赋》《起废答》等诗文。《柳宗元集》卷十五《起废答》："柳先生既会州刺史，即治事还，游于愚溪之上。……会今刺史以御史中丞来莅吾邦。"又云："今先生来吾州亦十年，足轶疾风，鼻知膻香，腹溢儒书，口盈宪章，包今统古，进退齐良，然而一废不复，曾不若躄足涎颡之犹有遭也。"先生笑且答曰："曳过矣，彼之病，病乎足与颡也；吾之病，病乎德也。"

应南岳大明寺和尚怀信、岭南节度使马总、道州刺史薛伯高等邀请，作文应之。

柳宗元贬谪永州亦已九年余，悲愤而作《囚山赋》。《囚山赋》："积十年莫吾省者兮，增蔽吾以蓬蒿。圣日以理兮，贤日已进，谁使吾山之囚吾兮滔滔！"按：名责永之环万山有如囚牢，实遭当权者久废贤才不用。是年所作尚有《送易师杨君序》《道州毁鼻亭神记》《祭段弘古文》及《段秀才处见亡友吕衡书迹》诗等。

十二月，诏征刘禹锡、柳宗元、韩晔等江湖逐客。《刘禹锡集》卷一《问大钧赋》："俟罪朗州，三见闰月。……因作《谪九年赋》以自广。是岁腊月诏追。"同前卷三九《子刘子自传》："又贬朗州司马。居九年诏征。"柳宗元等亦同诏征还。《刘禹锡集》卷二十《刘氏集略说》："及谪于沅湘间，为江山风物之所荡，往往指事成歌诗；或读书有所感，辄立评议，穷愁著书，古儒者之大同，非高冠长剑之比耳。"《韩昌黎集》卷三十二《柳子厚墓志铭》："例贬永州司马。居闲，益自刻苦，务记览，为词章，泛滥停蓄，为深博无涯涘，而自肆于山水间。……衡湘以南为进士者，皆以子厚为师，其经承子厚口讲指画为文词者，悉有法度可观。"《资治通鉴》："王叔文之党坐谪官者，凡十年不量移，执政有怜其才欲渐进之者，悉召至京。"

【诗文系年】

作《与韩愈论史官书》《与史官韩愈致段太尉逸事书》《段太尉逸事状》。

元和八年六月韩愈为史馆修撰，韩愈有《答刘秀才书》，具言为史者，"不有人祸，必有天刑"。宗元谨献《与韩愈论史官书》（《柳宗元集》卷三十一）云："正月二十一日，某顿首十八丈退之侍者前：获书言史事，云具《与刘秀才书》，及今乃见书稿，私心甚不喜，与退之往年言史事甚大谬。"宗元致书与之论辩。此书言正月，其作当作于元和九年正月。

《柳宗元集》卷八《段太尉逸事状》云："元和九年月日，永州司马员外置同正员柳宗元谨上史馆。"故知此篇是年作。

是年又有《与史官韩愈致段秀实太尉逸事书》（《柳宗元集》卷三十一）云："窃自冠好游边上，问故老卒吏，得段太尉最详。今所趋走州刺史崔公，时赐言事，又具得太尉实迹，参校备具。太尉大节，古固无有。然人以为偶一奋，遂名无穷，今大不然。太尉自有难在军中，其处心未尝亏侧，其莅事无一不可纪，会在下名未达，以故不闻，非直以一时取笏为谅也。"按：书状所谓州刺史崔公，谓崔能。状称元和九年，书末云："其（段太尉）逸事有状。"知书与状为同一年先后所作。

作《湘源二妃庙碑》。

柳宗元《湘源二妃庙碑》（《柳宗元集》卷五）云："元和九年八月二十日，湘源二妃庙灾……十有一月庚辰，陈奠荐辞，立石于庙门之字下。"是年作无疑。

作《送易师杨君序》。

春，崔能为永州刺史，宗元应约作《送易师杨君序》（《柳宗元集》

卷二十五）。《序》云："御史中丞崔公，博而守儒，达而好礼。故杨君之来也，馆于燕堂。"崔公，指崔能，是年刺永。

作《南岳大明寺律和尚碑》《碑阴》。

正月，应衡山大明寺修怀信，道嵩、尼无染等之请，为其师大明和尚作碑，并作碑阴，记其行事交游，作《南岳大明寺律和尚碑》。《南岳大明寺律和尚碑》（《柳宗元集》卷七）云："（和尚）贞元十三年十一月十一日卒。元和九年正月，其弟子怀信、道嵩、尼无染等"要为其立碑。《碑阴》（《柳宗元集》卷七）云："今惟无染实来，涕泪以求。"二文作于是年。

作《岭南节度使飨军堂记》。

应岭南节度使马总之邀，作《岭南节度使飨军堂记》（《柳宗元集》卷二十六）云："乃十月甲子克成，公命飨于新堂。"《旧唐书·宪宗纪》载：元和八年十二月，"以桂管观察使马总为广州刺史岭南节度使"。"公"，即指马总。《岭南节度使飨军堂记》云"十月"，当是元和九年十月。

作《道州文宣王庙碑》《道州毁鼻亭神记》。

应道州刺史薛伯高之请，宗元作《道州文宣王庙碑》（《柳宗元集》卷五）云："元和九年，河东薛公由刑部郎中刺道州。""九年"为"六年"之误。《永州府志·良吏传》：薛伯高，字景晦。"元和六年由刑部郎中为道州刺史。"查《永州府志》所载元和年间的道州刺史：元和元年至元和三年为许子良；元和三年至元和五年为吕温。吕温元和五年移衡州刺史后，薛伯高接任道州刺史。《道州文宣王庙碑》云："谨按某年月日，儒师河东薛伯高，由尚书刑部郎中为道州。明年二月丁亥，公用牲币祭于先圣文宣王之庙……逾年而克有成。……九年八月丁末，公祭于新庙。"所叙年月正合，《碑》作是年无疑。施子愉《柳宗元年谱》云：薛伯高刺道州在元和九年，则碑当作于十年。施谱失考。

作《段九秀才处见亡友吕衡州书迹》《祭段弘古文》《处士段弘墓志》。

段秀才为段弘古。八月十六日友人处士段弘古卒于桂州，其丧来永，有祭文，宗元并为作墓志："殷处士弘古……君之死，元和九年八月十六日。"又《祭段弘古文》："群昔来辱……丹旐有翩。"弘古约是年二三月曾来永州，携来吕温书迹，宗元见亡友吕温书迹，作《殷九秀才处见亡友吕衡州书迹》（《柳宗元集》卷四十二）诗悼念："交侣平生意最亲，衡阳往事似分身。袖中忽见三行字，拭泪相看似故人。"即此时吕温已死三年，宗元见手迹，尚"拭泪相看似故人"，见其友情之真挚。祭文必永州时作，另二文《祭段弘古文》（《柳宗元集》卷四十）、《处士段弘古墓志》（《柳宗元集》外集补遗）皆是年作。

作《起废答》。

宗元在愚溪与州刺史言起废事，作《起废答》（《柳宗元集》卷十五）："今先生来吾州亦十年"语，此文可定为是年作。

作《憎王孙文》。

柳宗元《憎王孙文》（《柳宗元集》卷十八）云："余弃山间久，见其趣如是，作憎王孙云。"《囚山赋》云："楚越之郊环万山兮，势腾踊夫波涛。……谁使吾山之囚吾兮滔滔。"《文》《赋》情韵相似。《囚山赋》作于元和九年，此文大约作于《囚山赋》前。

作《囚山赋》。

柳宗元谪居永州，不得出，作《囚山赋》（《柳宗元集》卷二）云："楚越之郊环万山兮，势腾踊夫波涛。纷对回合仰伏以离列兮，若重塘之相襄。……谁使吾山之囚吾兮滔滔。"又，《囚山赋》云："积十年莫吾省者兮，增蔽吾以蓬蒿。"是年作无疑。

作《忧箴》。

柳宗元《忧箴》（《柳宗元集》卷十九）云："所忧在道，不在乎祸。"这与《与韩愈论史官书》的思想相近。约作于元和九年。

作《唐故柳州司马孟公墓志铭》。

柳宗元《唐故柳州司马孟公墓志铭》（《柳宗元集》卷十）云："明年用兵于蔡，朝廷诸公泪及诸侯，咸以公为请，未及征；气乘肺，溢于水，浮肤而卒，年六十。"用兵于蔡，指元和九年讨伐吴元济的自主拒命。可知，孟常谦卒于元和九年，"铭"当作于卒后不久。

作《续荥泽尉崔君墓志》。

《柳宗元集》卷十一《续荥泽尉崔君墓志》云："元和九年，移信中，犹有累，不克如其乡，大惧缓慢兹久……又命河东柳某书缓故。"墓志当作于是年。

作《上河阳乌尚书启》。

乌尚书者，鸟重胤也。柳宗元《上河阳乌尚书启》（《柳宗元集》卷三十六）云："进临汝上，控制东方。"《旧唐书·宪宗纪》载：元和九年闰八月，"以河阳节度使乌重胤兼汝州刺史。"《上河阳乌尚书启》当是年作。

作《又寄崔简旅榇归上都文》。

《柳宗元集》卷四十一《又寄崔简旅榇归上都文》韩醇注："据简元和七年藁葬于永，公谓三年将夏故葬。自七年至十年为三年，然公十年正月已召至京，而此文谓'我生而留'，则当九年作。"韩说是。不过韩以"七年至十年为三年"，柳的习惯用法是虚岁而非足岁，自七年至九年，亦谓三年，故作于元和九年。

作《佩韦赋》《瓶赋》《牛赋》《解崇赋》。

以上诸赋虽无系年可考，而应为永州作。盖宗元谪居永州后深究古籍，发而为议论，乃有甚精辟者。《瓶赋》（《柳宗元集》卷二）云："鸱夷之为，不如为瓶……缦绝身破，何足怨咨？……何必巧曲，徼觊一时？"《牛赋》（《柳宗元集》卷二）云："慎勿怨尤，以受多福。"与《诫惧箴》（《柳宗元集》卷二）主旨相似。韩醇注："公之《瓶赋》、《牛赋》，其辞皆有所托，当是谪永州之时感慨而作。"韩说是。姑为元和九年之作。

按：是年底，诏征刘禹锡、柳宗元、韩晔等江湖逐客；刘禹锡、柳宗元在贬所十年，诗、文创作极富，从其学者甚众。《刘禹锡集》卷一《问大钧赋》："俟罪朗州，三见闰月。……因作《谪九年赋》以自广。是岁腊月诏追。"同卷三十九《子刘子自传》："又贬朗州司马，居九年诏征。"柳宗元等亦同诏征还。《刘禹锡集》卷二十《刘氏集略说》："及谪于沅湘间，为江山风物之所荡，往往指事成歌诗；或读书有所感，辄立评议，穷愁著书，古儒者之大同，非高冠长剑之比耳。"故柳宗元诸赋作于谪居永州后期。

又按：元和九年，《南岳大明和尚碑阴》（《柳宗元集》卷七）、《续荣泽尉崔君墓志》（《柳宗元集》卷十一）、《送易师杨君序》（《柳宗元集》卷二十五）、《岭南节度使飨军堂志》（《柳宗元集》卷二十六）、《与史官韩愈致段太尉逸事状》（《柳宗元集》卷三十一）、《祭段弘古文》（《柳宗元集》卷四十）、《段秀才处见亡友吕衡州书迹》（《柳宗元集》卷四十二）、《祭崔简旅榇归上都文》（《柳宗元集》卷四十）。以上篇文安礼《柳先生年谱》未录，施子愉《柳宗元年谱》系于是年。《起废答》《文宣王道州庙碑》《诏追赴都回寄零陵亲故诗》《过衡山见新花开却寄弟诗》《汨罗遇风诗》《北还登汉阳北原题临川驿诗》《界围岩水帘诗》《戏赠诏追南来诸宾诗》，以上篇，文安礼《柳先生年谱》认为作于元和七年，施子愉《柳宗元年谱》未录。

元和十年　乙未（815）　四十三岁

【时事述要】

正月，吴元济反，发十六道兵讨之。王承宗、李师道暗助吴元济。宣武军节度使韩弘为司徒，平章事并如故。

二月，严绶军为吴元济战败于磁丘，退守唐州。

三月，忠武军节度使李光颜与吴元济战于临颍，败之。

五月，御史中丞裴度兼刑部侍郎，时度自淮西行营宣慰还，所言军机，多合上旨，故以兼官宠之。李光颜大破吴元济于洄曲。

六月，宰相武元衡被刺死于靖安坊；御史中丞裴度在通化坊被刺伤，京师大索。神策将士王士则、王士平以盗名上言，且言王承宗所使，乃捕得张晏等八人诛之。御史中丞裴度为中书侍郎、同中书门下平章事。

八月，淄青节度使李师道与嵩山僧圆净谋反于东都，留守吕元鹰败之。李光颜与吴元济战于时曲，败绩。

九月，以宣武军节度使韩弘充淮西行营兵马都统。以太子宾客韩皋为兵部尚书。

十月，分山南东道为襄、复、郢、均、房及唐、随、邓两节度使。

十一月，李光颜、乌重胤与吴元济战于小澱河，败之。王承宗发兵四掠，幽州等军击之。

十二月，李愿击败李师道之众九千，斩首二千级。新造指南车、记里鼓。出宫人七十二人置京城寺观，有家者归之。

是年，渤海、新罗、奚、契丹、黑水、南诏、牂牁并遣使朝贡。

【文坛纪事】

正月，刘禹锡、柳宗元、元稹等得宪宗诏书赴长安。元稹由唐州返江陵府，然后入京。窦巩作《送元稹西归》送行。途中得李谅、白居易书，又与窦十二（名未详）会晤。因刘禹锡、柳宗元、李景俭等亦同时奉诏进京，在蓝桥驿，积题诗留呈禹锡、宗元、景俭。

刘禹锡奉诏还京，宿都亭，有诗题壁。闻独孤郁卒，有诗伤之。《刘禹锡集》卷二十四《元和甲午岁诏书尽征江湘逐客余自武陵赴京宿于都亭有怀续来诸君子》："雷雨江湘起卧龙，武陵樵客蹑仙踪。十年楚水枫林下，今夜初闻长乐钟。"诸君子，指柳宗元、韩泰、韩晔、陈谏等。同前卷三十《伤独孤舍人》并引："元和十年春，余祇召抵京师，次都亭日，舍人以疾不起，余闻，因作伤词以为吊。"独孤舍人，独孤郁，参见前条。

刘禹锡在本月赴长安前，亦有诗《郎州窦员外见示与澧州元郎中郡斋赠答倾向于长句二篇因以继和》《早春对雪奉寄澧州元郎中》，抒发其十年被贬之感慨。

柳宗元得诏书后，作《郎州窦常员外寄刘二十八见促行骑走笔酬赠》诗，抒写其喜悦之情。

二月，元稹到长安后游览寺观，又与白居易等同游城南。元稹、白居易马上吟诗，樊宗宪、李景信"无所措口"。稹拟利用此时机，编选张籍古乐府，李绅新歌行，卢拱、杨巨源律诗，窦巩、元宗简绝句，为《元白往还诗集》，后因再贬未果。

柳宗元到达长安，途中所作有《离觞不醉至驿却寄相送诸公》《界围岩水帘》《诏追赴都回寄零陵亲故》《过衡山见新花开却寄弟》《汨罗遇风》《北还登汉阳北原题临川驿》《诏追赴都二月至灞亭上》《奉酬杨侍郎丈因送八叔拾遗戏赠诏追南来诸宾》等十余首。

三月，刘禹锡、柳宗元等到达长安后，因武元衡等排挤，复出为远州刺史，官虽稍进而地益远。柳宗元改贬为柳州刺史。途中作《再上湘江》《再至界围岩水帘遂宿岩下》《长沙驿前南楼感旧》《衡阳与梦得分路赠别》《重别梦得》《三赠刘员外》《商山临路有孤松往来斫以为明好事者怜之编竹成援遂其生植感而赋诗》《答刘连州邦字》《岭南江行》等诗。

刘禹锡被贬为播州刺史。柳宗元因禹锡母老，播州远，要求以柳州易播州，时裴度亦为禹锡奏请，得改为连州刺史。临行，殷尧藩作诗《送刘禹锡侍御出刺连州》。刘禹锡离京赴连州，与柳宗元同行，至衡阳分手，途中与宗元唱和诗有《再授连州至衡阳酬柳柳州赠别》《重答柳柳州》《答柳子厚》。沿途禹锡所作诗尚有《赴连州途经洛阳诸公置酒相送张员外贾以诗见赠率尔酬之》《赴连州途次德宗山陵寄张员外》《望衡山》《度桂岭歌》等篇。

元稹出为通州司马。留新、旧文二十六轴与白居易。是月未，居易等送稹至鄠县蒲池村。

五月十一日，刘禹锡到达贬所连州。泛南海时作《踏潮歌》并引。

六月三日，宰相武元衡被刺身死，年五十八。有《临淮集》十卷。《旧唐书·宪宗纪》下：元和十年六月"癸卯，镇州节度使王承宗遣盗夜伏于靖安坊，刺宰相武元衡，死之"。《旧唐书·武元衡传》："元衡宅在静安里，九（十）年六月三日，将朝，出里东门……贼射之中肩。又有匿树阴突出者，以棓击元衡左股……持元衡马，东南行十余步害之，批其颅骨怀去。……年五十八。"《新唐书·艺文志》四："《武元衡集》十卷。"《郡斋读书志》卷十七："武元衡《临淮集》二卷，唐元衡伯苍也。……元衡工五言诗，好事者传之，被于管弦，尝夏夜作诗曰：'夜久喧暂息，池台惟月明。无因驻清景，日出事还生。'翌日遇害。……议者谓唐世工诗宦达者惟高适，达宦诗工者惟元衡。"

白居易上疏请缉捕武元衡凶手。宰相以宫官先台谏言事，恶之。忌之者复诬言居易母看花坠井死，而作《赏花》及《新井》诗，有伤名教。诏捕获刺杀武元衡凶手者赏钱万缗，官五品。神策将王士则捕获河北王承宗部卒张宴等八人，以为刺杀元衡者。后斩宴等五人，杀其党十四人。士则等捕贼，朝廷未赐赏钱，韩愈以为号令不信，因上《论捕贼行赏表》。按：武元衡实为李师道将訾嘉珍、门察等所害，张宴诛斩后，宪宗未赐赏钱或已悟其所获非人，而韩愈尚未之知也。

柳宗元到达柳州贬所。同至者有宗元从弟宗直、宗一。作《登柳州城楼寄漳汀封连四州》《古东门行》等诗。刘禹锡闻武元衡被刺，作《有感》及《代靖安佳人怨二首并引》。

闰六月，元稹至通州司马任。时通州刺史为李进贤。稹"染瘴"，白居易为寄役衫、纱袴，并有诗《寄生衣与微之因题封上》；稹作《酬乐天寄生衣》。

夏韩愈重新刊正《顺宗实录》毕，进之。翌月，宰臣以间有错误，重令修订。愈添改讫，复进之，有《进顺宗皇帝实录表状》。

元稹西归长安，过蓝田，有诗留呈刘禹锡、柳宗元、李景俭。《元稹集》卷一九《留呈梦得子厚致用》注："飞题蓝桥驿。"诗云："泉溜才通疑夜磬，烧烟余暖有春泥。……心知魏阙无多地，十二琼楼百里西。"致用，李景俭字。元稹、刘禹锡、柳宗元、李景俭均自贬所召还，稹先至，故有此作。同前同卷《西归绝句十二首》，为沿途所作组诗。

八月，白居易被贬为江州司马。元稹病重，托熊孺登带信给白居易。

十月，李逊为襄州刺史、襄复郢均房节度使。韩愈作《送李尚书赴襄阳八韵》，李益作《送襄阳李尚书》诗。权德舆奏请用新删定《敕格》三十卷，从之。

十一月，严绶为太子少保。

十二月，白居易自编诗集十五卷，凡八百首。白居易与元稹书，畅论诗歌应以反映民生疾苦为主旨。

是年，韩愈在长安，任考功郎中知制诰。有诗《寒食直归遇雨》《春雪》《戏题牡丹》《示儿》等十四首。所作文有《与鄂州柳中丞（公绰）书》《论淮西事宜状》等。张籍为国子助教。沈亚之、庞严、封敖、张正谟、吕让登进士第。礼部侍郎崔群知贡举。吴武陵自永州进京后留于京，曾为柳宗元在裴度前说情。贾岛在张籍题诗秘书郎杨巨源新居，在本年前后。独孤郁卒（776—　），年四十。贞元进士。文学有父风，尤为舍人权德舆所称，以女妻之。贞元末，为监察御史。元和初，应制举才识兼茂、明于体用，策入第四等，拜左拾遗。俄兼史馆修撰，进右补阙。寻召充翰林学士，迁起居郎。德舆辅政，以嫌去内职，拜考功员外郎，仍兼修撰、判馆事，预修《德宗实录》。

【宗元事迹】

正月，崔能修万石亭。《柳宗元集》卷《永州崔中丞万石亭记》："御史中丞清河男崔公来莅永州。……乃立游厅，以宅厥中。"末署："时元和十年正月五日记。"

宗元登程赴长安，沿途皆有诗。自零陵西，浮湘北行，至界围岩，有界围岩水帘诗，《柳宗元集》卷四十二《界围岩水帘》："界围汇湘曲，青壁环澄流。……楚臣昔南逐，有意仍丹丘。今我始北旋，新诏释缧囚。"按：《元和郡县志》二十九："湘水西南自永州、祁阳，入衡阳。"又云："湘水经〔永〕州西十余里。"宗元当在零陵西登舟北返。诗称："界围汇湘曲"，知界围岩在湘江岸。诗有"今我始北旋，新诏释缧囚"之语，知为是年正月北返时所赋之作。

途中，宗元有诗寄零陵亲故。过衡山，见花开，有诗寄弟。按：贞元廿一年随子厚至永州者有从弟宗玄、宗直（已见前）。此诗题云："过衡山见新花开却寄弟"，弟指从弟宗玄、宗直，尚在永州未随子厚北返。

渡汨罗江遇风，有诗。按：汨罗江又称汨水。《元和郡县志》："汨水东北自洪州建昌县西，巡罗县故城，又西入湘。"又《大清一统志》湖南长沙府山川条："汨水在湘阴县北七十里。自岳州府平江县流入，西注湘水，亦名汨罗江。"子厚北返盖经潭州（长沙），至湘阴，渡汨罗至岳州。

时朗州（今湖南常德）司马刘禹锡（梦得）亦奉诏北归。子厚见朗州刺史宝常有诗寄梦得促行，因走笔酬赠。按：《柳宗元集》卷四十二《朗州窦常员外寄刘二十八诗见促行骑走笔酬赠》云："投荒垂一纪，新诏下荆扉，疑比庄周梦，情如苏武归。"窦常以元和七年冬自水部员外郎出为朗州刺史。是年正月刘梦得奉诏赴都，窦常以诗促行，子厚在途中见其诗，因有此作。

至汉阳北原临川驿，有题诗。至襄州南宜城北之善谑驿，与刘梦得会合，有和刘梦得酹淳于先生诗。按：汉阳，唐属鄂州。刘梦得原诗作题淳于髡墓。（见《刘梦得文集》外集七）《大清一统志》湖北襄阳府古迹条："善谑驿在宜城县北二十里。舆地记胜：在宜城县北，即淳于髡放处。"据罗联添《刘梦得年谱》（台大文史哲学报8期）梦得诏追赴都，自朗州经江陵、纪南城（湖北江陵县北）荆门、宜城、至顺阳抵京师。而宗元系取道岳州、武昌、汉阳，北上至宜城。其与刘梦得会和偕行，地点殆在宜城北至善谑驿。

柳宗元至灞亭有诗。《柳宗元集》卷四十二《诏追赴都二月至灞亭上诗》云："十一年前南渡客，四千里外北归人。诏书许逐阳和至，驿路开花处处新。"刘梦得有《余自武陵赴京宿于都亭有怀续来诸君子》一诗云："云雨江湘起卧龙，武陵樵客蹑仙踪。十年楚水枫林下，今夜初闻长乐钟。"按：梦得所谓都亭，即宗元所谓之灞亭。卷一："白鹿原在'万年'东二十里，亦谓之灞上，汉文帝葬其上，谓之灞陵。"又云："灞水在'万年'系东二十里。灞桥，隋开皇三年造。"灞亭当在灞陵上。

二月，至长安。《旧唐书》（卷十五）载：元和十年三月，"以虔州司马韩泰为漳州刺史，永州司马柳宗元为柳州刺史，饶州司马韩晔为汀州刺史，朗州司马刘禹锡为播州刺史，台州司马陈谏为封州刺史"。盖贞元二十一年与宗元同贬之七司马，除韦执谊卒于崖州（见《新唐书》卷一六八本传），凌准卒于连州（《连州司马凌君权厝志》），程异已迁官（元和四年异得监铁转运使李巽之荐为扬子留后，后迁侍御史，见《新唐书》卷一百六十八传及《通鉴》卷二百三十七《宪宗纪》）外，是时，五司马皆已迁为刺史，官虽进而地愈远。《通鉴》卷二百三十九《宪宗纪》记其故曰："王叔文之党坐谪宦者，凡十年，不量移，执政有惜其才欲渐进之者，悉召至京师，谏官争言其不可，上与武元衡亦恶之，三月乙酉，皆以为远州刺史。"

三月，刘禹锡、柳宗元等复出为远州刺史。柳宗元出为柳州刺史；刘禹锡本出为播州刺史。刘禹锡授播州刺史，宗元以播州（今贵州遵义县）地远，刘禹锡母老不能远行，欲请以柳易播，会裴度亦奏其事，刘禹锡遂改授连州。《昌黎集校注》七《柳子厚墓志》："其召至京师而复为刺史也，中山刘禹锡亦在遣中，当诣播州。子厚泣曰：'播州非人所居，而梦得亲在堂。不忍梦得之穷，无辞以白其大人，且万无母子俱往理。请于朝，将拜疏以柳易播，难得重罪死不恨。'遇有以梦得事白上者，梦得于是改刺连州。"《资治通鉴》考异：（元和）十年三月刘禹锡为播州刺史改连州条云："实录曰：中丞裴度奏：'其母老，必与子为死别，臣恐伤陛下孝礼之风。'宪宗曰：'为子尤须谨慎，恐贻亲之忧，禹锡更合重于他人，卿岂可以此论之！'裴度无以对。良久，帝改容而言曰：'朕所言是责人子事，然终不欲伤其所亲之心。'明日，改授禹锡连州。"唐赵璘《因话录》卷一："宪宗除征柳宗元、刘禹锡至京，到达后以柳为柳州刺史、刘为播州刺史。柳以刘须待亲，播州最为恶处，请以柳州换。上不许，宰相对曰：禹锡有老亲。上曰：但要与恶郡，岂系母在？裴晋公曰：陛下方待太后，不合发此言。上有愧色，既而语左右曰：

裴度终爱我切。刘遂改授连州。"《旧唐书》卷一百六十《刘禹锡传》：
"元和十年，自武陵召还，宰相复欲置之郎署。时刘禹锡作游玄都咏看花
君子诗，语涉讥刺，执政不悦，复出为播州刺史。诏下，御史中丞裴度
曰：'刘禹锡有老母，年八十余，今播州西南极远，猿狄所居，人迹罕
至。禹锡诚合得罪，然其老母必去不得，则与此子为死别。臣恐伤陛下
孝理之风。伏请屈法，稍移近处。'宪宗曰：'夫为人子，每事尤须谨慎，
常恐贻亲之忧。今禹锡所坐，更合重于他人，卿岂可以此论之？'度无以
对。良久，帝改容而言曰：'朕所言，是责人子之事，然终不欲伤其所亲
之心。'乃改授连州刺史。"《新唐书》一百六十八《刘禹锡传》："久之，
召还，宰相欲任南省郎，而禹锡作玄都观看花君子诗，语讥忿，当路者
不喜，出为播州刺史。诏下，御史中丞裴度为言：'播极远，猿狄所宅，
禹锡母八十余，不能往，当与其子死诀。恐伤陛下孝治，请稍内迁。'帝
曰：'为人子者宜慎事，不贻亲忧，若禹锡望他人，尤不可赦。'度不敢
对，帝改容曰：'朕所言，责人子事，终不欲伤其亲。'乃易连州。"《旧
唐书》一百六十《柳宗元传》："元和十年，例移为柳州刺史。时朗州司
马刘禹锡得播州刺史。制书下，宗元谓所亲曰：'禹锡有母年高，今为郡
蛮方，西南绝域，往复万里，如何与母偕行。如母子异方，便为永诀。
吾与禹锡执友，胡忍见其若是？'即草奏章，请以柳州授禹锡，自往播
州。会裴度亦奏其事，禹锡终易连州。"《新唐书》一百六十八《柳宗元
传》："元和十年，徙柳州刺史，时刘禹锡得播州。宗元曰：'播非人所
居，而禹锡亲在堂，吾不忍其穷，无辞以白其大人。如不往，便为母子
永决。'即具奏欲以柳州授禹锡而自往播。会大臣亦为禹锡请，因改连
州。"按：墓志、实录暨新旧唐书皆谓子厚草奏未上时，裴度已言其事。
《因话录》谓宗元"请以柳易，上不许"，据墓志可见刘柳二人情谊之厚。
时刘禹锡授播州刺史，宗元为柳州刺史，禹锡母老，宗元力请互易；适

裴度为禹锡请移近处，改授连州。此可见宗元与刘禹锡交谊之笃。韩愈《柳子厚墓志铭》评曰："呜呼！士穷乃见节义。今夫平居里巷相慕悦，酒食游戏相征逐，诩诩强笑语以相取下，握手出肺肝相示，指天日涕泣，誓生死不相背负，真若可信，一旦临小利害，仅如毛发比，反眼若不相识，落陷阱不一引手救，反挤之，又下石焉者，皆是也。此宜禽兽夷狄所不忍为，而其人自视以为得计，闻子厚之风，亦可以少愧矣。"三月，宗元自长安赴柳州，与刘禹锡同行。行商州，上湘江，至长沙驿，抵衡阳，临湘水与梦得别，五月再至界围岩，六月二十七日至柳州。

　　赴柳州与刘禹锡偕行，至商州，有诗抒感。《柳宗元集》卷四十二《商山临路有孤松往来斫以为明好事者怜之编竹成援遂其生植感而赋》诗："孤松停翠盖，托根临广路。不以险自防，遂为明所误。幸逢仁惠意，重此藩篱护，犹有半心存，时将承雨露。"按：商州治今陕西商县，在蓝田县东南。宗元参与王叔文集团，韩愈所作墓志尝论之曰："勇于为人，不自贵重顾藉，谓功业可立就，故坐废退。"即此"不以险自防，遂为明所误"之意。

　　至长沙驿，登驿前南楼，有感旧诗。《柳宗元集》卷四十二《长沙驿前南楼感旧》："海鹤一为别，存亡三十秋，今来数行泪，独上驿南楼。"按：德宗贞元一年至二年子厚尝至长沙别德公于南楼，见前。

　　五月，抵衡阳，与刘禹锡临湘水为别，有诗。按：刘禹锡《重至衡阳伤柳仪曹序》云："元和乙未岁与故人柳子厚临湘水为别，柳浮舟适柳州，余登陆赴连州。"《柳宗元集》卷四十二《衡阳与梦得分路赠别诗》云："十年憔悴到秦京，谁料翻为岭外行。……今朝不用临河别，垂泪千行便濯缨。"梦得有《再授连州至衡阳酬赠别》云："去国十年同赴诏，渡湘千里又分歧。……桂江东过连山下，相望长吟有所思。"（《刘梦得文集》外集七）感伤之情充溢篇章，与诏追赴京时之喜悦形成对比。子厚又有重别梦得云："二十年来万事同，今朝歧路忽西东。皇恩若许归田去，晚岁当为邻舍翁。"《与三赠刘员外》云："信书成自误，经事渐知非。今日临歧别，何年待汝归。"柳宗元与刘禹锡均有诗赠。柳宗元六月二十七日到达柳州，推知柳、刘同至衡阳相别约在五月。

上湘江，五月再至界围岩，有诗。按：《柳宗元集》卷四十二《再至界围岩水帘遂宿岩下》诗云："发春念长违，中夏欣再睹。"知在本年五月。

至桂州望秦驿，有诗留待徐容州。《柳宗元集》卷四十二诗题：《桂州北望秦驿手开竹迳至钓矶留待徐容州》韩醇云："旧史：元和十年以长安令徐俊为容管经略使……公是年三月出为柳州，而徐之除在公后，故公先至桂州，留诗以待之。"同卷又有《酬徐二中丞普宁郡内池馆即事见寄》一诗，韩醇注云："徐中丞，即前望秦驿诗云徐容州者也。按地理志，容州普宁郡防御经略。而徐俊为容管经略，当是俊也。"

按：普宁郡为容州旧称，韩醇注谓徐中丞即徐容州。然考《旧唐书》卷十五，元和十年"三月……壬戌，以长安县令徐俊为邕管经略使"（据二十史朔闰表，元和十年三月壬申朔。是月无壬戌。四月壬寅朔，壬戌为二十一日。旧纪"壬戌"上当脱"四月"二字）。是徐俊经略邕管，不为容管，韩醇注未是。又据唐方镇年表，元和十年至十五年七月容管经略使为阳旻，不及徐俊。但凡出现此类混淆，当以时人所记为确。而子厚诗题一云容州，一云普宁，反复陈述徐某经略容管不应有误。只有一种可能，《旧唐书》"邕"为"容"之讹，方镇表因未细考而漏列。

下漓水，上柳江，作《岭南江行诗》（《柳宗元集》卷四十二）："瘴江南去入云烟，望尽黄茆是海边。山腹雨晴添象迹，潭心日暖长蛟涎。射工巧伺游人影，飓母偏惊旅客船。从此忧来非一事，岂容华发待流年。"按：卷四十二《答刘连州邦字诗》云："崩云下漓水，劈箭上浔江。"《大清一统志》广西桂林府山条:"漓江之源出兴安县阳海山。至汉潭与众流汇,乃分湘漓二流,南流为漓水。由灵渠经灵川县东北,会众水南注府城,绕城东北流,又南经阳朔县。"《元和郡县志》:桂江一名漓水,经临桂县东,去县数十步。"又柳州府山川条:"柳江,上流即贵州黎平府福禄,自永从县流入怀远县西北……谓之大江,即古谭水也。《元和郡县志》:马平县潭水,东去县二百步,柳江在县南三十步。《太平寰宇记》:"浔江在柳州南三十步,亦名柳江。"又:"浔江,在怀远县东北,自湖南靖州界流入,绕县东西南流入大江。"据此知漓水与湘水同源,而浔江乃柳州上流之一支。子厚盖由湘水下漓水,经桂州,再辗转上柳江(子厚诗云:上"浔江"知系自柳江逆流而上至柳州。其所谓浔江,非指柳江上流之浔江,而是指浔江下游之柳江)而至柳州,诗题云:"岭南江行",自是入桂赴柳途中所作。

六月二十七日至柳州,有谢表。《柳宗元集》卷三十八《谢除柳州刺史表》云:"臣以不慎交友,旋及祸讪,圣恩弘贷、谪在善地……亲受朝命,牧入远方,渐轻不宥之辜,特奉分忧之寄,铭心镂骨,无报上天。谨当宣布诏条,尽竭驽蹇。皇风不异于遐迩,圣泽无间于华夷,庶答鸿私,以塞余罪。"六月三日,京师盗杀宰相武元衡,子厚至柳闻变后,作《古东门行》(《柳宗元集》卷四十二)。"汉家三十六将军,东方雷动横阵云。鸡鸣函谷客如雾,貌同心异不可数。赤丸夜雨飞电光,缴巡司隶眠如羊。当街一叱百吏走,冯敬胸中函匕首。凶徒侧耳潜悢心,悍臣破瞻皆杜口。魏王卧内藏兵符,子西掩袂真无辜。羌胡毂下一朝起,敌国舟中非所拟。安陵谁辨削砺功,韩国诅明深井里,绝膑断骨那下补,万金宠赠不如土。"按:武元衡以力主用兵淮蔡,为刺客所害。《旧唐书》卷十五《宪宗纪》,元和十年六月"癸卯,镇州节度使王承宗遣盗夜伏于靖安坊,刺宰相武元衡,死之。……是日,京城大骇"。同书一百五十八

《武元衡传》云："王承宗遣使奏事，请赦宰相吴元济……辞礼悖慢，元衡叱之……怨咎颇结。元衡宅在静安里……六月三日，将朝，出里东门，有暗中叱使灭烛者，导骑诃之，贼射之中肩，又有匿树阴突出者，以棓击元衡左股。其徒御已为贼所格奔逸，贼乃持元衡马，东南行十余步害之，批其颅骨怀去。"（《通鉴》二百三十九）《唐纪》元和十年："六月戊辰斩〔张〕晏等五人，斩其当事人十四人，李师道客竟潜溺亡去。"考异云："按旧史吕元膺传，获訾嘉珍、门察皆称害武元衡者，然则武元衡之死，必师道所为也。"当从《通鉴》，《旧唐书》未是。宗元此诗正与史事相合，诗题东门，亦明为此事而作。末云："绝膑断骨那下补、万金宠赠不如土"，有讥元衡之意。是时，刘禹锡在连州亦有代靖安佳人怨诗二首，序云："靖安，丞相武公居里名也。元和十年六月，公将朝，夜漏未尽三刻，骑出里门遇盗，薨死墙下。初公为郎，余为御史，繇是有旧。今守于远服，贱不可以诔，又不得为歌诗声于楚挽，故代作佳人怨，以裨于乐府云。"其诗曰："适来行哭里门外，咋夜华堂歌舞人。"亦有讥刺之意，殆因元衡素恶党人，阻其复起。

七月，从父弟宗直南来，道染疟寒，卧病数日方起。十六日，子厚与谒雷塘神所祈雨。《柳宗元集》卷四十一《雷塘祷雨文》："某自朝受命，临兹裔壤。莅政方初，庶无淫枉，廉洁自持，忠信是仗，苟有获戾，神其可罔。擢擢嘉生，惟天之养。岂使粢盛，夷于草莽。腾波通气，出地奋响。钦若成功，惟神是奖。"按：刺史守土，须祭祀山川神邸，求其护佑境内安宁。子厚为文谒神祈雨，乃当时刺史应尽之职责，亦当时之风习。

十七日宗直病卒，二十四日出殡，子厚为作祭文，并志其殡。

《柳宗元集》卷十二《志从父弟宗直殡》："元和十年，宗元始得召为柳州刺史。七月，南来从余，道加疟寒，数日良已。又从谒雨雷塘神所，还戏灵泉上，洋洋而归。卧至旦，呼之无闻，就视，形神离矣。……是月二十四日，出殡城西北若干尺，死七日矣。"《柳宗元集》卷四十一《祭弟宗直》："吾门凋丧，岁月已久，但见祸谪，未闻昌延。使尔有志，不得存立。延陵已上，四房子姓，各为单子，恺恺早夭，汝又继终。雨房祭祀，今已无主。吾又未有男子，尔曹则虽有如无，一门嗣续，不绝如线。仁义正直，天竟不知，理极道乖，无所告诉。汝生有志气，好善嫉邪，勤学成癖，攻文致病，年才三十，不禄命尽。苍天苍天，岂有真宰？如汝德业，尚早合出身，由吾被谤年深，使汝负才自弃，志愿不就，罪非他人，死丧之中，益复为愧。汝墨法绝代，知音尚稀，及所著文，不令沉没，吾皆收录，以授知音。文类之功，更亦广布，使传于世人，以慰汝灵。知在永州，私有孕妇，吾专优恤，以俟其期。男为小宗，女亦当爱，延子长大，必使有归，抚育教示，使如己子，吾身未死，如汝存焉。炎荒万里，毒瘴充塞，汝已久病，来此伴吾，到未数日，自云小差，雷塘灵泉，言笑如故，一寐不觉，便为古人，茫茫上天，岂知此痛。郡城之隅，佛寺之北，饰以殡引，寄于高原。死生同归，誓不相弃，庶几有灵，知我哀恳。"按：宗元贬永州，宗直即随之南来；复刺柳州，宗直亦随后至柳，患难与共，手足情深，一旦卒于蛮荒，子厚伤痛可知。宗直为文淡泊尚古，掌编西汉文类四十卷，《柳宗元集》卷二十一有《柳宗直西汉文类序》云："文之近古而尤壮丽，莫若汉之西京。班固书传之，吾赏病其畔散不属，无以考其变。欲采比义，会年长疾作，弩堕愈日甚，未能胜也。幸吾弟宗直，爱古书，乐而成之。……首纪殷周之前，其文简而野，魏晋以降则荡而靡，得其中者汉氏，汉氏之东则既衰矣。"观此可知宗直亦好古文，深受宗元影响。

登柳州城楼，有时寄韩泰、韩晔、陈谏、刘禹锡。《柳宗元集》卷四十二《登柳州城楼寄漳汀封连四州诗》云："城上高楼接大荒，海天愁思正茫茫。惊风乱飐芙蓉水，密雨斜侵薜荔墙。岭树重遮千里目，江流曲似九回肠。共来百越文身地，独自音书滞一乡。"按：漳、汀、封、连，谓漳州刺史韩泰、汀州刺史韩晔、封州刺史陈谏、连州刺史刘禹锡。四人皆与子厚同时再贬。芙蓉秋日开花，诗云："惊风乱飐芙蓉水"，当为是年秋作。

八月，柳州文宣王庙（孔庙）屋坏，丁未（九日）征工重修，十月乙丑（二十八日）修峻，作庙碑。《柳宗元集》卷五《柳州文宣王新修庙碑》："仲尼之道，与王化远迩。惟柳州古为南夷，椎髻卉裳，攻劫斗暴，虽唐虞之仁不能柔，秦汉之勇不能威。至于有国，始循法度，置吏奉贡，咸若采卫，冠带宪令，进用文事，学者道尧舜孔子，如取诸左右。执经书，引仁义，旋辟唯诺，中州之士，时或病焉，然后知唐之德大以遨，孔氏之道尊而明。元和十年八月，州之庙屋坏，几毁神位，刺史柳宗元始至，大惧不任，以坠教基。丁未奠荐法齐时事……取土木金石，征工僦功，完旧益新。十月乙丑，王宫正室成，乃安神栖，乃正法庭，只会群史，卜日之吉，虔告于王灵曰：昔者夫子，尝欲居九夷，其时门人犹有惑圣言，今夫子代千有余载，其孝始行，至于是邦，人去其陋，而本于儒……惟夫子以神道设教，我今罔敢知。钦若兹教，以宁其神……居而不陋，罔贰昔言。"按：宗元至柳州后不久，即修缮孔庙，可见其弘扬儒教，化夷去陋之心志。

柳州民俗，贫者以儿女为质，富者没为奴婢。子厚既至，遂设方计，悉令赎归。韩愈《柳子厚墓志铭》云："子厚得柳州，既至，叹曰：'是岂不足为政耶！'因其土俗，为设教禁，州人顺赖。其俗以男女质钱，约不时赎，子本相侔，则没为奴婢。子厚与设方计，悉令赎归。其尤贫力不能者，令书其佣，足相当，则使归其质。观察使下其法于他州，比一岁，免而归者且千人。"《昌黎集校注》卷七《罗池庙碑》："先时民贫，以男女相质，久不得赎，尽没为隶。我侯之至，按国之故，以佣除本，悉夺归之。"

柳民迷信巫鬼，桀骜而好杀牲，宗元以为浮图可佐教化，因逐淫神，修佛寺。后二年十月寺修成，有文记事。《柳宗元集》卷二十八《柳州复大云寺记》云："越人信祥而易杀，傲化而偭仁。病且忧，则聚巫师，用鸡卜。始则杀小牲，不可则杀中牲，又不可则杀大牲，而又不可则诀亲戚饬死事，曰：'神不置我已矣。'因不食蔽面死。以故户易耗，田易荒，而畜字不孳。董之礼则顽，束之则逃，唯浮图事神而语大，可因而入焉，有以佐教化。……大云寺焚而不复且百年，三百室之人失其所依归，复立神而杀焉。元和十年，刺史柳宗元始至，逐神于隐远而取其地。其傍有小僧舍，辟之广大，陆达横术，北属之江，告于大府，取寺之故名。作大门，以字揭之，立东西序，崇佛庙，为学者居。会其徒而委之食，使击磬鼓钟，以严其道而传其言，而人始复去鬼息杀，而务趣于仁爱。病且忧，其有告别焉而顺之，庶乎教夷之宜也。凡立屋大小若干极，凡辟地南北东西若干亩，凡树木若干本，竹三万竿，圃百畦，田若干塍……后二年十月某日，寺皆复就。"

按：观此可知子厚着意改善民俗，用佛蛮夷，以庙为学。筑室规模宏大，设计周全，为宗元莅任后另一要务。

十月十三日有诏至岭南，追谥旧溪第六祖慧能为大鉴禅师，择《曹溪第六祖赐谥大鉴禅师碑》（《柳宗元集》卷六）："扶风公（马总）廉问岭南三年，以佛氏第六祖未有称号，疏闻于上。诏谥大鉴禅师，塔曰：'灵照之塔。'元和十年十月十三日下尚书祠部，符到都府。公命部吏泪州司功掾，告于其祠，幢盖钟鼓，增山盈谷，万人咸会，若闻鬼神。……因言曰：自有生物，则好斗夺相贼杀，丧其本实，悖怪淫流，莫克返于初。孔子无大位，没以余言持世，更杨墨黄老益杂，其术分裂。而吾浮图说后出，推离还原，合所谓生而静者。梁氏好作有为，师达摩讥之，空术益显。六传至大鉴。大鉴始以能劳苦服役，一听其言，言希以究，师用感动，遂受信具。遁隐南海上，人无闻知。又十六年，度其可行，乃居曹溪，为人师，会学去来尝数千人。其道以无为为有，以空洞为实，以广大不荡为归。其教人，始以性善，终以性善，不假耘锄，本其静矣。中宗闻名，使幸臣再征，不能致，取其言以为心术。其说具在，今布天下，凡言禅皆本曹溪。大鉴去世百有六年，凡治广部而以名闻者以十数，莫能揭其号。乃今始告天子，得大谥，丰佐吾道，其可无辞。"按：大鉴即慧能大师，俗姓卢氏，其先范阳人，父行瑶武德中仕于南海之新州，遂为新州人。《全唐文》刘禹锡《曹溪六祖大鉴师第二碑序》云："元和十一年某月日诏书追褒曹溪第六祖能公，谥曰大鉴。实广州牧马总以疏闻，由是可其奏。……马公敬其事且谨始以垂后，遂咨于文雄今柳州刺史河东柳君为前碑。……大鉴生新州，三十出家，四十七年而殁，既殁百有六年而谥。"此云元和十一年诏赐大鉴于子厚碑相差一年。据《景德传灯录》卷五，慧能以先天二年（即玄宗开元元年，713）八月卒，柳碑云："去世百有六年……的大谥。"刘碑云："既殁百有六年而谥。"则慧能得谥，当在元和十三、十四年。然刘柳二碑皆云"百有六年"，似不应有误，自元和十年或十一年上溯百零六年，慧能当卒于中宗景能三年或四年，疑传灯录不确。

是年冬，贾鹏山人至柳，有诗酬赠。柳集卷二十五《送贾山人南游序》云："传所谓学以为己者，是果有其人乎？……及见逐于尚书，居永州，刺柳州，所见学者益稀少，常以为今之世无是决也。居数月，长乐贾景伯来，与之言，邃于经书，博取诸史群子昔之为文章者。毕贯统，言未尝诐，行未尝怪……使吾取乎今之世，贾君果其人乎？"按：宗元以元和十年六月二十七日至柳。居数月，当为是年冬。《柳宗元集》卷四十二《雨中赠仙人山贾山人诗》云："寒江夜雨声潺潺"，明为冬季所作。另有《酬贾鹏山人郡内新栽松寓与见赠》二首。

宗元善书，是年刘禹锡家子弟殷贤寄书宗元，宗元处批书后，寄诗与刘禹锡其二子，往复酬赠。按：《柳宗元集》卷三十二《与李睦州书》云："及年已长则嗜书"，唐赵璘《因话录三》云："元和中，柳柳州书后生多师效，就中尤长于章草，为时所宝，湖湘以南，童稚悉学其书，颇有能者。"是宗元在当代以书法名家，刘家子弟殷贤亦效其书，遂有此番酬赠之作。诗云："书成欲寄于安西，纸背应劳手自题。闻道近来诸子弟，临池寻已厌家鸡。"乃借王羲之与于翼故事相戏，而以右军自况。梦得答诗云："日日临池弄小雏，还思写论付官奴，柳家新样元和脚，且尽姜芽敛手徒。"官奴为右军女，梦得以此戏宗元无子。宗元《重赠二首》云："闻说将雏向墨池，刘家还有异同词，如今试遣隈墙问，已道世人那得知。""世上悠悠不识真，姜芽尽是捧心人，若道柳家无子弟，往年何事乞西宾？"此谓梦得之子不服父教，并戏其往年乞书于己。梦得再答云："小儿弄笔不能嗔，涴壁书窗且赏勤。闻彼梦熊犹未兆，女中谁是卫夫人？""昔日慵工记姓名，远劳辛苦写西京。近来渐有临池兴，为报元常欲抗行。"此谓其子勤于为书，来日当有大名。宗元之女能否承继家声则未可知，并告以书兴渐增，欲与宗元相抗。宗元后寄二诗曰："小学新翻墨沼波，羡君琼树散枝柯。在家弄土唯娇女，空觉庭前鸟迹多。"颇以无子为憾。又云：事业无成耻艺成，南宫起草旧连名。劝君火急添功用，趁取当时二妙声。勉梦得学艺早成，亦憾彼此事业无成。观此数诗，可见刘柳之风趣及彼此交谊之笃厚。宗元卒于元和十四年，墓志云："子男二人，长曰周六，始四岁。"逆推之当生于十一年，故之诸诗为十年所作。

桂管观察使崔咏请朝观，宗元为代作请朝观表状。按：《柳宗元集》

卷三十八有《为崔中丞请朝观表》，卷三十九有《为桂州崔中丞上中书门下乞朝观状》。崔中丞谓崔咏。《旧唐书》十五《宪宗纪》：《元和八年十二月以邕管经略使崔咏为桂管观察使》表云：及移临桂，星纪屡周，状云："自领桂管，又逾再周。"又云："况正月会朝，远夷皆至"，当元和十年冬作。柳州属桂管。宗元为崔咏僚属，为作表状固宜。

柳宗元在柳州，游近治山水，作记刻石。《柳宗元集》卷二十九《柳州山水近治可游者记》。《宝刻丛编》卷十九柳州："唐《柳州山水记》，唐柳宗元撰，元和十年立。"

【诗文系年】

作《永州万石亭记》。

正月，宗元奉诏赴长安。五日为崔能作《永州万石亭记》（《柳宗元集》卷二十七）云："御史中丞清河男崔公，来莅永州。闲日，登城北墉，临于荒野有蒹葭之隙，见怪石特出，度其下必有殊胜。步自西门，以求其墟。伐竹披奥，欹侧以入。……宗元尝以骈奏隶尚书，敢专笔削，以附零陵故事。时元和十年正月五日记。"崔公，名崔能。元和九年为永州刺史。宗元尝作《湘源二妃庙碑》（《柳宗元集》卷五）云："元和九年八月二十日，湘源二妃庙灾。……告于州刺史御史中丞清河崔公能。"记当系于元和十年。

作《唐故岭南经略副使御史马君墓志》。

柳宗元《唐故岭南经略副使御史马君墓志》（《柳宗元集》卷十）云："元和九年月日，扶风马君卒。……卜葬明年某月庚寅亦食，其孤使来以状谒铭，宗元删取其辞曰：……"墓志当系于元和十年。

作《朗州窦员外寄刘二十八诗见促行骑走笔酬赠》诗。

宗元在永州，旋奉诏归京，时朗州（今湖南常德）司马刘禹锡也奉诏北归。得窦常寄刘禹锡诗促行，柳宗元以《朗州窦员外寄刘二十八诗见促行骑走笔酬赠》(《柳宗元集》卷四十二)诗酬赠。诗云:"投荒垂一纪,新诏下荆扉。疑比庄周梦,情如苏武归。赐环留逸响,五马助征靯。不羡衡阳雁,春来前后飞。"宗元自永贞元年谪永州司马,至元和十年为十一个年头,故云"垂一纪"。窦员外即窦常,元和七年冬,自水部员外郎为朗州刺史。元和十年例召至京师,窦常有此寄,宗元酬赠。久谪得还,欣喜之情可知也。故诗作于元和十年新诏下时。

作《离殇不醉至驿却寄相送诸公》。

柳宗元《离殇不醉至驿却寄相送诸公》(《柳宗元集》卷四十二):"无限居人送独醒,可怜寂寞到长亭。荆州不遇高阳侣,一夜春寒满下厅。"作于初离永州时。"居人"指永州故旧,"荆州",永州古属荆州。

作《北还登汉阳北原题临川驿》。

作《追诏赴都回寄零陵亲故》。

后自零陵浮湘北上,柳宗元作《追诏赴都回寄零陵亲故》(《柳宗元集》卷四十二):"每忆纤鳞游尺泽,翻愁弱羽上丹霄。岸傍古堠应无数,次第行看别路遥。"从题"追诏回"和诗中"别路遥"句可知,此诗当作于离开永州零陵时。

作《界围岩水帘》。

自零陵西,浮湘北行,至界围岩,柳宗元有《界围岩水帘》(《柳宗元集》卷四十二)诗:"界围汇湘曲,青壁环澄流。……楚臣昔南逐,有意仍丹丘,今我始北旋,新诏释缧囚。"《元和郡县志》(二十九)载:"湘水西南自永州祁阳,入衡阳。"又云:"湘水经永州西十余里。"宗元当在零陵西登舟北返。诗称:"界围汇湘曲"界围岩在湘江岸。诗有"今我始北旋,新诏释缧囚"之语,知为是年正月北返时经岩下时作。

作《过衡山见新花开却寄弟》。

过衡山,柳宗元作《过衡山见新花开却寄弟》(《柳宗元集》卷四十二）："故国名园久别离，今朝楚树发南枝。晴天归路好相逐，正是峰前回雁时。"孔安国《尚书注》："鸿雁之属，九月而南，正月而北。"此诗系宗元正月过衡山时作。按，此诗题云："过衡山见新花开却寄弟"，弟指从弟宗直。宗直时尚在永州未随宗元北去。

作《汨罗遇风》。

过汨罗，柳宗元作《汨罗遇风》（《柳宗元集》卷四十二）诗："南来不作楚臣悲，重入修门自有期。为报春风汨罗道，莫将波浪枉明时。"按：汨罗江又称汨水。《元和郡县志》："汨水东北自洪州建冒县西，经罗县故城，又西入湘。"又《大清一统志》湖南长沙府山川条："汨水在湘阴县北七十里。自岳州府平江县流入，西注湘水，亦名汨罗江。"宗元北返盖经潭州（长沙），至湘阴，渡汨罗至岳州。十年前，宗元南贬有《吊屈原文》。今方召回，故云"不作楚臣悲"。

作《北还登汉阳北原题临川驿》。

至汉阳，柳宗元作《北还登汉阳北原题临川驿》（《柳宗元集》卷四十二）："驱车方向阙，回首一临川。多垒非余耻，无谋终自怜。乱松知野寺，余雪记山田。惆怅樵渔事，今还又落然。"点明北还，诏追赴都途中作。

作《善谑驿和刘梦得酹淳于先生》。

当朗州司马刘禹锡奉诏北上，二人相会至襄州宜城北之善谑驿，柳宗元作《善谑驿和刘梦得酹淳于先生》（《柳宗元集》卷四十二）诗，《刘禹锡集》卷三十七有《题淳于髡墓》诗，二人同行至善谑驿吊淳于髡而作。注引孙曰："驿在襄州之南，即淳于髡放鹄之所，今讹为善谑驿。"按：汉阳，唐属郢州，《大清一统志》湖北襄阳府古迹条："善谑驿在宜城县北二十里。兴地纪胜：在宜城县北，即淳于髡放鹄处。"据罗联添《刘梦得年谱》（台大文史哲学报八期），梦得诏追赴都，自朗州经江陵、纪南城（湖北江陵县北）、荆门、宜城至顺阳，抵京师。而宗元系道岳州、武昌、汉阳、北上至宜城。其与刘梦得会合偕行，地点殆在宜城北之善谑驿。

作《商山临路孤松》。

据尚永亮先生考证，诗作于永州贬所返京途经商山之时，诗云"犹有半心存，时将承雨露"，抒发了返京的欣喜情怀，可信。三月，宗元自长安赴柳州，与刘禹锡同行。行商州，作《商山临路孤松》（《柳宗元集》卷四十二）。《旧唐书·刘禹锡传》："元和十年，自武陵召还，宰相复欲置之郎署，时禹锡作《游玄都观咏看花诸君子》诗，语涉讥刺，执政不悦，复出为播州刺史。诏下，御史中丞裴度奏曰：……乃改授连州刺史。"《刘禹锡集》卷二十四《元和十年自朗州承召至京戏赠看花诸君子》："紫陌红尘拂面来，无人不道看花回。玄都观里桃千树，尽是刘郎去后栽。"按此未必有所讥刺，但写诸人来京后兴情之盛，当亦为人所忌。故此诗作于是年。

作《诏追赴都二月至灞亭上》。

二月至灞亭，柳宗元作《诏追赴都二月至灞亭上》（《柳宗元集》卷四十二）诗："十一年前南渡客，四千里外北归人。诏书许逐阳和至，驿路开花处处新。"灞水在京城之左，是其年二月抵达长安。《刘禹锡集》卷二十四《元和甲午岁诏书尽征江湘逐客余自武陵赴京宿于都亭有怀续来诸君子》："雷雨江湘起卧龙，武陵樵客蹑仙踪。十年楚水枫林下，今夜初闻长乐钟。"禹锡言宿都亭，应指灞亭。诸君子，指柳宗元、韩泰、韩晔、陈谏等。

作《再上湘江》。

上湘江，作《再上湘江》（《柳宗元集》卷四十二）："好在湘江水，今朝又上来。不知从此去，更遭几时回？"应为从长安赴柳州经湘江时作。

作《长沙驿前南楼感旧》。

至长沙驿，访驿南楼，作《长沙驿前南楼感旧》（《柳宗元集》卷四十二）；"海鹤一为别。存亡三十秋。今来数行泪，独上驿南楼。"柳宗元自诗云：昔与德公别于地。贞元元年，宗元年十三，其父柳镇任鄂岳沔都团练判官，与德公相识，至今三十秋。应为从长安赴柳州经长沙时作。

作《衡阳与梦得分路赠别》《重别梦得》《三赠刘员外》。

柳宗元抵衡阳，临湘水与刘禹锡道别，作《衡阳与梦得分路赠别》（《柳宗元集》卷四十二）、《重别梦得》（《柳宗元集》卷四十二）、《三赠刘员外》（《柳宗元集》卷四十二）。《赠别》云："十年憔悴到秦京，谁料翻为岭外行？伏波故道风烟在，翁仲遗墟草树平。直以慵疏遭物议，休将文字占时名。今朝不用临河别，垂泪千行便濯缨。"宗元与禹锡分别之余，心绪凄恻，此时心情远非赴长安之喜跃可比。按：柳州在唐属岭南道，为下州，领马平、龙城、象、洛容、洛漕五县，治龙城（《新唐书》卷四十三上："地理志"）。《刘禹锡集》卷三十七《再授连州至衡阳酬柳柳州赠别》云："去国十年同赴召，渡湘千里又分歧。"《柳河东集》《重别梦得》《三赠刘员外》后附刘禹锡答诗二首，亦同时互赠答作。柳宗元六月二十七日到达柳州，推知柳、刘同至衡阳相别应在是年五月。

施子愉《柳先生年谱》云：随宗元至柳者，有宗元从弟宗直、宗一。笔者认为宗直当时未至柳州，因有宗元《志从弟宗直殡》为证："元和十年宗元始得召为柳州刺史，七月、南来从余。道加虐寒数日，良久又从谒谪雨雷塘神所，还戏灵泉上，洋洋而归，卧至旦，呼之、无闻，就视、形神离矣。……知在永州，私有孕妇，吾专优恤，以俟其期；男为小宗，女亦当延，子女长大，必使有归，抚育教视，使如己子。"从"南来从余""知在永州，私有孕妇"句可知。宗元奉召去长安，宗直仍留在永州。宗元六月至柳州，宗直七月从永州去柳州。

作《再至界围岩遂宿岩下》。

五月，柳宗元再至界围岩，作《再至界围岩遂宿岩下》（《柳宗元集》卷四十二）："发春念长违，中夏欣再睹。是时植物秀，杳若临玄圃。"应为出刺柳州返回界围岩下时作。六月二十七日柳宗元至柳州。

补正：无法系年但作于永州期间的诗文。

作《断刑论下》。

此《断刑论下》（《柳宗元集》卷三）是针对"赏以春夏，而刑以秋冬"的"天人感应论"进行批驳的，与《天说》同一主旨，当作于永州。

作《设渔者对智伯》。

《设渔者对智伯》（《柳宗元集》卷十四）此文是针对类似智伯的藩镇、宦官和豪门贵族而发，当作于永州。

作《李赤传》。

《李赤传》（《柳宗元集》卷十七）云："李赤之传不诬矣！……今世皆知笑赤之惑也，及至是非取与，向背决不为赤者，几何人耶？"当在永州有为而发。

作《蝜蝂传》。

柳宗元《蝜蝂传》（《柳宗元集》卷十七）云："今世之嗜取者，遇货不避……"当在永州有感而作。

作《哀溺文》。

柳宗元《哀溺文》（《柳宗元集》卷十八）序曰："永之氓咸善游。一日，水暴甚，有五六氓乘小船绝湘水。""湘水"，实指潇水，"永"指永州，此文永州作无疑。

作《招海贾文》。

《柳宗元集》卷十八《招海贾文》韩注："此文，晁无咎取以续《楚辞》，系之曰：昔屈原不遇于楚，彷徨无所依，欲乘云骑龙，遨游八极，以从己志而不可，犹怛然忿其故国。至于将死，精神离散，四方上下，无所不往。又有众鬼虎豹怪物之害，故大招其魂而复之，言皆不若楚国之乐者。《招海贾文》虽变其义，盖取诸此也。宗元以谓崎岖冒利，远而不复，不如己故乡常产之乐，亦以讽世之士行险侥幸，不如居易以俟命云。"晁说是。当在永州作。

作《三戒》。

柳宗元《三戒》（《柳宗元集》卷十九）文云："吾恒恶世之人，不推己之本，而乘物以逞，或依势以干非其类，出技以怒强，窃时以肆虐，然卒迫于祸。有客谈麋、驴、鼠三物，似其事，作《三戒》。"又有《永某氏之鼠》一戒，永州作无疑。

作《敌戒》。

柳宗元《敌戒》（《柳宗元集》卷十九）文末云："我作戒诗，思者无咎。"又《寄许京兆孟容书》云："以此大罪之外，互诃万端，旁午构扇，尽为敌仇。"文旨与《书》相近，应为永州作。

作《谤誉》。

柳宗元《谤誉》（《柳宗元集》卷二十）云："苟不知我而谓我盗跖，吾又安取惧焉？"当是贬永州后有感而发。《与萧翰林俛书》："圣朝弘大，贬黜甚薄，不能塞众人之怒。谤语转侈，嚣嚣嗷嗷，渐成怪民。"两文意近，可与印证。

作《咸宜》。

柳宗元《咸宜》（《柳宗元集》卷二十）"兴王之臣，多起污贱，人曰'幸也'；亡王之臣，多死寇盗，人曰'祸也'。余咸宜之。"从议论的情况来看，以系于永州作为宜。

作《鞭贾》。

《鞭贾》（《柳宗元集》卷二十）文云："今之柜其貌，蜡其言，以求贾技于朝……"韩醇注："此篇端以讽空空于内者，贾技于朝，求过其分，而实不足赖云。"《寄许京兆孟容书》云："射利求进者填门排户，百不一得……"两文有相近之处，以系于永州作为宜。

作《柳宗直西汉文类序》。

柳宗元《柳宗直西汉文类序》（《柳宗元集》卷二十一）云："故删取其叙，系于左，以为《西汉文类》首纪。"《志从弟宗直殡》云："撰汉书文章为四十卷。"宗直南去柳州不久而亡。韩醇注："公尝志宗直殡，谓其撰汉书文章为四十卷，歌谣言议，纤悉备具，连累贯统，好文者以为工。此序盖公在永州未召时作。"韩说是。

作《序棋》。

《序棋》（《柳宗元集》卷二十四）文末云："余墨者徒也，观其始与末，有似棋者，故叙。"《答周君巢饵药久寿书》云："宗元以罪大摈废，居小州，与囚徒为朋，行则若带缧索，处则若关桎梏。"与"余墨者徒"同，以系于永州作为宜。

作《送徐从事北游序》。

柳宗元《送徐从事北游序》（《柳宗元集》卷二十五）云："生北游，必至通都大邑，通都大邑，必有显者，由是其果闻传于世欤？"永州位于楚之南，文称"生北游，必至通都大邑"，以系于永州作为宜。

作《送琛上人南游序》。

柳宗元《送琛上人南游序》（《柳宗元集》卷二十五）云："自京师而来，南出乎桂林，未知其极也。"永州位于京师南、桂林北，以系于永州作为宜。

作《送文郁师序》。

《送文郁师序》（《柳宗元集》卷二十五）韩醇注："文郁师，公之族。《序》云：'挟海拆江，独行山水间'，盖公时在永州而师来也。"韩说是。

作《送玄举归幽泉寺序》。

柳宗元《送玄举归幽泉寺序》（《柳宗元集》卷二十五）云："今所谓玄举者，其视瞻容体，未必尽思迹佛；而持诗句以来求余，夫岂耻制于世而有志乎物外者耶？……既曰为予来，故于其去，不可以不告也。"应属永州作。

作《与邕州李域中丞论陆卓启》。

柳宗元《与邕州李域中丞论陆卓启》（《柳宗元集》卷三十五）云："伏惟不弃狂瞽，特赐裁量。幸甚幸甚！"应属永州作。

作《为薛中丞浙东奏五色云状》。

薛苹元和元年继杨凭任湖南观察使，元和三年移为浙东观察使。《为薛中丞浙东奏五色云状》（《柳宗元集》卷三十九）当在永州作。

作《龟背戏》《浑鸿胪宅内闻歌效白纻》。

所谓"魏宫妆奁世所弃""天高地迥凝日晶""摇荡春光千万里"等句，都寄寓着贬谪情怀，《龟背戏》（《柳宗元集》卷四十三）、《浑鸿胪宅内闻歌效白纻》（《柳宗元集》卷四十三）以系于永州作为宜。

作《吾子》。

从《吾子》（《柳宗元集》外集卷上）文中设问及所答来看，以系于永州作为宜。

作《河间传》。

柳宗元《河间传》（《柳宗元集》外集卷上）云："柳先生曰：'天下之士为修洁者，有如河间之始妻妇者乎？……朋友固如此，况君臣之际，尤可畏哉！余故私自列云。'"明刘定之《皇明文衡》卷五十六云："……后又托河间淫妇无卒者以诋宪宗，得免于戮为幸。"当作于永州。

作《永州司功参军谭随亡母毛氏志文》。

柳宗元《永州司功参军谭随亡母毛氏志文》（《柳宗元集》外集补遗）题称"永州"，永州作无疑。

元和十一年　丙申（816）　四十四岁

【时事述要】

正月，发河东、幽州等六道兵讨王承宗。削王承宗官爵，时唐军与李师道、吴元济、王承宗军相持，师久无功。

二月，中书舍人李逢吉为门下侍郎、同中书门下平章事，主和派势力大增，吐蕃赞普族，新赞普可黎可足立。

三月，皇太后死于兴庆宫之钱宁殿。

四月，西川节度使李夷简遣使告哀于南诏。

五月，宥州军乱，逐刺史骆怡，旋平。云南，"蛮"扰安南。

六月，随唐节度使高霞寓与吴元济战于铁城，败绩。

七月，贬高霞寓为归州刺史，韩弘与吴元济战于郾城，败之。

八月，以宰臣韦贯之为吏部侍郎，罢知政事，西原"蛮"陷宾、峦二州。容州奏飓风海水。昭义军节度使郗士美与王承宗战于柏乡，败之。（《旧唐书·宪宗纪》）。

九月，新除礼部侍郎韦贯之再贬为湖南观察使。贬吏部侍郎韦觊为陕州刺史，刑部郎中李正辞为金州刺史，考功郎中韦处厚为开州刺史，并为补阙张宿所构，言与贯之朋党故也。蔡州军前奏拔凌云栅。

十一月，黄洞蛮起事（《资治通鉴》）。

十二月，以闲厩宫苑使李愬检校左散骑常侍、兼邓州刺史、充随唐节度使（《旧唐书·宪宗纪》）

【文坛纪事】

正月，钱徽、萧俛因主战征讨淮西吴元济，罢翰林学士。韩愈以考功郎中知制诰迁中书舍人。

二月，白居易赴庐山，游东林、西林寺，访陶潜旧宅，作诗《访陶公旧宅》。时居易在江州司马任。李绛以华州刺史为兵部尚书。

五月，韩愈因主战遭李逢吉、韦贯之排斥，降为右庶子。元稹与裴淑自涪州同归通州。

八月，韦贯之罢相，为吏部侍郎。

九月，韦贯之再贬湖南观察使。李正辞、李宣、韦处厚、崔韶因系贯之同党，皆贬为远州刺史。李宣由西京赴忠州刺史任，途经元兴，与元稹相会，元稹托寄书与白居易。李正辞赴金州刺史任，贾岛作诗《赠李金州》。秋，白居易送客湓浦口，夜闻舟中弹琵琶者，作《琵琶引》。

十月，郑余庆任满，权德舆检校吏部尚书，兼兴元尹，充山南西道节度使。

十二月，王涯为中书侍郎，同中书门下平章事。

是年，刘禹锡四十五岁，在连州刺史任。元稹在通州，作诗《酬乐天得稹所寄托纻丝布白轻庸制成衣服以诗报之》；居易作诗《元九以绿丝布白轻裕见寄制成衣服以诗报知》。

姚合、皇甫曙登进士第。李贺卒（790—　），年二十七。贺为唐宗室远支，家世早已衰落。因父名晋肃，避"晋""进"同音家讳，被迫不得应进士举，官仅至奉礼郎。早岁即工诗，见知于韩愈、皇甫湜，并与沈亚之友善。灵澈卒（746—　），年七十一。本姓汤，字源澄。后出家为僧。虽受经纶，偏好篇章，吟咏性情，尤见所长。少从严维学为诗，后至吴兴与皎然游。贞元中，皎然荐之包佶，又荐之李纾，名振辇下。刘长卿、皇甫曾等亦曾有诗其往来。有文集二十卷，刘禹锡为作序，称其"以文章接才子，以禅理悦高人，风仪甚雅，谈笑多味"。

是年，韩愈迁为中书舍人。武陵遗工部孟简书，为子厚请命。

【宗元事迹】

为柳州刺史。

柳宗元从弟宗一离柳州，柳宗元作诗《别舍弟宗一》，并抒"投荒十二年"之悲愤。《柳宗元集》卷四十二《别舍弟宗一》："零落残魂倍黯然，双垂别泪越江边。一身去国六千里，万死投荒十二年。桂岭瘴来云似墨，洞庭春尽水如天。欲知此后相思梦，长在荆门郢树烟。"宗元自永贞元年遭贬，至本年十二年。

三月，于州治城北凿井，极利于民，作《井铭并序》《祭井文》，并鼓励当地人民开荒，多种树木。种柳树江边。作《种柳戏题》。又种柑二百株于城西北隅。

四月庚戌（十五日），户部侍郎、判度支杨于陵因供军有阙，贬为郴州刺史（《旧唐书·宪宗纪》），宗元有诗酬赠。

五月，韩愈以考中郎、知制诰迁为中书舍人；五月癸未，降为太子右庶子（朱熹校注《昌黎先生集传》注引洪兴粗《年谱》）。

十月，宗元给刘禹锡寄《治霍乱盐汤方》。明年正月、二月又寄《治疗疮方》《治脚气方》（见《政和证类本草》）。

秋，韩泰自漳州书报灵澈上人亡，有诗。按：刘禹锡澈上人文集序云："上人生于会稽，本汤氏子……号灵澈……贞元中西游京师、名振辇下……元和十一年终于宜州开元寺。"《柳宗元集》卷四十二《韩漳州书报彻上人亡因寄二绝》诗云："早岁京华听越吟，闻君江海分逾深。他时若写兰亭会，莫画高僧支道林。频把琼书出袖中，独吟遗句立秋风。桂江日夜流千里，挥泪何时到甬东。"知子厚与灵澈贞元中相识于京城，闻耗在元和十一年秋。又有"闻澈上人亡寄侍郎杨丈"一诗。

是年，周六生（据韩愈《柳子厚墓志铭》逆推）。据墓志，元和十四年子厚卒，长子周六，始四岁，其生当在元和十一年。明年子厚祭杨凭文云："家缺主妇"，则周六殆非子厚正式妻室所生。时吴武陵自永州北返，尝为子厚陈情，俾迁近地。《新唐书》《吴武陵传》云：自永州北还，其为宰相裴度器遇，常以子厚无子说度曰："西原蛮未平，柳州与贼犬牙，宜用武人以代宗元，使得优游江湖。"又吴武陵遗工部孟简书云："古称一世三十年，子厚之斥十二年，殆半世矣！霆砰电射，天怒也，不能终朝；圣人在上，安有毕世而怒人臣耶？且程刘二韩皆已拔拭，或处大州剧职，独子厚与猿鸟为伍，诚恐霣露所婴，则柳氏无后矣！"（《全唐文》卷七百一十八）

【诗文系年】

作《柳州二月榕叶落尽偶题》。

依《柳州二月榕叶落尽偶题》题意推之，当是子厚抵柳后翌年春作。

作《井铭并序》《祭井文》。

柳宗元《井铭并序》（《柳宗元集》卷二十）："始州之人，各以罂瓶负江水，莫克井饮。崖岸峻厚，旱则水益远，人陟降大艰，雨多，涂则滑而颠，恒为咨嗟，怨惑讹言，终不能就。元和十一年三月朔，命为井城北隍上，未晦，果寒食洌而多泉，邑人以灌，其土坚垍，其利悠久。……其深八寻有二尺。"《祭井文》（《柳宗元集》卷四十一）："……惟古有制，八家所共。是邦阙焉，官守斯恐。蕴利滋久，阆灵则深。爰告有神，惟恻我心。"按：柳民汲水于江，陟降为难。子厚以库藏罚金，雇工凿井，解决柳民用水问题，施为如此，可谓善矣。二诗文当在柳州时三月作。

作《别舍弟宗一》诗。

三月末，从父弟宗一离柳州，柳宗元有《别舍弟宗一》（《柳宗元集》卷四十二）诗赠别："零落残魂倍黯然，双垂别泪越江边。一身去国六千里，万死投荒十二年。桂岭瘴来云似墨，洞庭春尽水如天。欲知此后相思梦，长在荆门郢树烟。"去年七月子厚从弟宗直至柳州，宗一或亦在是时至柳。诗有"残红""春尽"语，宗一离柳当在三月底。诗云"荆门郢树"宗一殆往江陵一带从事。诗云，"一身去国六千里，万死投荒十二年"，自永贞元年至元和十一年，为十二年也。

作《韩漳州书报澈上人亡因寄诗》《闻澈上人亡寄杨侍郎丈》。

按：刘禹锡《澈上人文集序》云："上人生于会稽，本汤氏子……号灵澈……贞元中西游京师、名振辇下……元和十一年终于宜州开元寺。"《柳宗元集》卷四十二《韩漳州书报澈上人亡因寄诗》诗云："早岁京华听越吟，闻君江海分逾深。他时若写兰亭会，莫画高僧支遁林。频把琼画出袖中，独吟遗句立秋风。桂江日夜流千里，挥泪何时到甬东。"知宗元与灵澈贞元中相识于京城，闻耗在元和十一年秋。又有《闻澈上人亡寄侍郎杨丈》（《柳宗元集》卷四十二）一诗。刘梦得《灵澈集》序云，元和十一年，终于宜州开元寺。

作《奉和杨尚书郴州追和故李中书夏日登北楼十韵之作依本诗韵次用》《杨尚书寄郴笔知是小生本样令更商榷使尽其功辄献长句》。

杨尚书元和十一年四月，自户部侍郎判度支贬郴州刺史。按：杨于陵为宗元父之友。《柳宗元集》卷十二《先君石表阴先友记》云："杨于陵，弘农人。善吏，敏秀者也。"《旧唐书》十五《宪宗纪》："元和十一年四月，贬户部侍郎判度支杨于陵为郴州刺史，坐供军有阙也。"《柳宗元集》卷四十二有《奉和周二十二丈酬郴州侍郎衡江夜泊得韶州书并附当州生黄茶一封率然成篇代意之作》。诗云："天路下征骓"，知为于陵赴郴途中泊于衡江时作。另有《奉和杨尚书郴州追和故李中书夏日登北楼十韵之作依本诗韵次用》（《柳宗元集》卷四十一）、《杨尚书寄郴笔知是小生本样令更商榷使尽其功辄献长句》（《柳宗元集》卷四十二）两首，则为到郴后酬赠作品。

作《为崔中丞请朝觐表》。

崔中丞乃桂管观察使崔咏。柳宗元《为崔中丞请朝觐表》（《柳宗元集》卷三十八）曰："臣历刺三州，连总二府，外任逾纪，入觐无阶，就日望云，魂飞心注。"崔咏累迁邓州刺史。《旧唐书·宪宗纪》：宪宗元和五年八月，以邓州刺史崔咏为邕管经略使。八年十二月，复自邕管移桂管。易新鼎注："至十一年，方以裴行立代咏为桂管观察使。"是文为元和十一年作也。

作《与浩初上人同看山寄京华亲友》。

柳宗元《与浩初上人同看山寄京华亲友》（《柳宗元集》卷四十二）："海畔尖山似剑芒，秋来处处割愁肠。若为化得身千亿，散上峰头望故乡。"按：刘禹锡海阳湖别浩初师引云："前年省柳仪曹于龙城……今复来连山。诗云：'野香春未阑。'"浩初离连州至迟在十四年春。其来连州或为十三年，访子厚为十一年或十二年，姑系于此。

元和十二年　丁酉（817）　四十五岁

【时事述要】

正月，以讨吴元济不力，癸未（二十一日）贬义武军节度使浑镐为循州刺史，甲申（二十二日）贬唐邓节度使袁滋为抚州刺史（《旧唐书·宪宗纪》）。

二月，李愬谋袭蔡州。丁酉（初七日）擒吴元济捉生虞候丁士良；戊申（十八日）擒吴元济将领陈光洽（《资治通鉴》）。

三月壬戌（初二日），吴元济将领吴秀琳、李忠义降李愬。己丑（二十九日）擒柳子野。闰五月癸巳（初四日），李愬擒吴元济将领李佑（《旧唐书·宪宗记》《资治通鉴》）。

四月，以六镇讨王承宗无功，庚子（十一日）诏罢河北行营，专讨淮蔡（《旧唐书·宪宗纪》）。六月，吴元济见其部下效叛，兵势感蹙，壬戌（初四日）上表谢罪，愿束身归朝。诏许以不死，但制于左右，故不果行（《旧唐书·宪宗纪》）。

七月甲辰（十七日），岭南节度使崔泳卒。庚戌（二十三日）以国子祭酒孔戣为广州刺史、岭南节度使（《旧唐书·宪宗纪》）。诸军讨伐淮蔡，四年不克，宰相李逢吉等以师老财竭，屡议罢兵。裴度力排众议，请亲自督师。七月丙辰（二十九日）制以为守门下侍郎、同平章事、使持节蔡州诸军事、蔡州刺史，兼彰义军节度使、申光蔡观察处置等使、淮西宣慰处置便；以刑部侍郎马总兼御史大夫、淮西行营诸军宣慰副使；以太子右庶子韩愈兼御史中丞，彰义军行军司马。

八月庚申（初三日），裴度率师赴淮西行营，进驻郾城（《旧唐书·宪宗纪》），十月己卯（二十三日），李愬率师入蔡州，擒吴元济，申、光二州降，淮西平。

十一月丙戌（初一日），宪宗御兴安门受俘，斩吴元济，赏诸将破贼之功；以李愬检校尚书左仆射、襄州别史、兼山南东道节度使、襄邓随唐复郢均房等州观察处置等使，赐爵凉国公；以裴度守本官，赐爵上柱国、晋国公；以韩愈为刑部侍郎。其余从征将领，赏赐皆有等差（《旧唐书·宪宗纪》《资治通鉴》）。

十二月，裴度还朝，马总为彰义军节度使。

是年，河南、河北水灾。

【文坛纪事】

三月，白居易建庐山草堂成，始居之。夏秋之间，元稹在通州司马任，全家仍寓兴元。稹见刘猛、李余，所作古乐府诗，选而和之。并撰《乐府古题序》，阐明"古今歌诗同异之音"，以贻猛、余。在此前后，稹曾以诗、文献权德舆，有《上兴元权尚书启》。

七月，韩愈为彰义军行军司马，随裴度出征淮西。冯宿以都官员外郎兼侍御史，为判官书记，亦从裴度出征。是年七月，裴度率师讨淮西，韩愈为刑部侍郎。十月蔡州平，韩愈回朝迁刑部侍郎。裴行立为桂管观察使。

八月，裴度出征淮西，过河南府福昌县（宜阳县）女几山下，曾题诗一首，韩愈有《奉和裴相公东征途径女几山下作》一诗。

九月，元稹离兴元回通州，独孤朗、刘猛以诗送行。

秋冬间，李景俭为忠州刺史，由唐州赴忠州，至通州访问元稹。

十月，内出《元和辨榜略》三卷付史馆。

十一月，韩愈从裴度自蔡州回朝，副使马总为蔡州留后，愈作《酬别留后侍郎》诗。

十二月，韩愈过郾城，次襄城，有《同李二十八员外从裴相公野宿西界》《过襄城》诗三首。

令狐楚奉敕勒编选《预览诗》（一名《唐新诗》，一名《元和御览》）。李益诗入选最多，计三十六首。

吴武陵自北边入京，本月前后上书崔群求荐；遗书孟简，为柳宗元述不平；上书韩愈献平淮西策。《全唐文》卷七百一十八吴武陵《上崔相公书》："始从北来，得边隅之事，谨条别状。"崔相公，崔群，群于本年七月由户部侍郎拜相。同前同卷《遗孟简书》："古称一世三十年，子厚之斥十二年，殆半世矣。霆砑电射，天怒也，不能终朝，圣人在上，安有毕世而怒人臣邪？且程、刘、二韩皆已拔擢，或处大州剧职，独子厚与猿鸟为伍，诚恐雾露所婴，则柳氏无后矣！"同前同卷有《上韩舍人行军书》。韩愈于本年七月授彰义军行军司马，八月初出征。吴书当作于愈离京前。

【宗元事迹】

为柳州刺史。

六月，甥女崔媛卒，有祭文。卷四十一《祭崔氏外甥女文》："凡我诸甥，惟尔为首……汝及诸弟，流离莫从。幸获我依，以慰困穷。归之令族，有蔚其容。"

按：崔媛，崔简长女。其父亡后，以子厚之命归于薛巽。墓志云："元和十二年五月二十八日，既乳，病……期月之日，洁服饰容而终。"知其卒在六月。

七月，次姊婿裴墐卒，有墓碣、祭文。按：据《柳宗元集》卷九《裴府君墐墓碣》：墐以元和十二年七月卒于吉州（今江西庐陵）。次年归葬，子铣以文书来柳州，请子厚为碣。子厚姊先卒于贞元十六年（800），已见前。

九月，筑东亭于柳州南城门外，有文纪事。《柳宗元集》卷二十九《柳州东亭记》云："出州南谯门，左行二十六步，有弃地在道南。……东曰东馆，其内草木猥奥……始命披制蠲疏，树以竹箭松。柽桂桧柏杉，易为堂亭。……元和十二年九月某日柳宗元记。"

筝师郭无名至柳，居数日病卒。为作墓志。《柳宗元集》外集卷上《筝郭师墓志》云："郭师名无名……能鼓十三弦，其为事天姿独得……使木声丝声均其所自出，屈折愉绎，学者无能知。……张诚副岭南，又强与偕。诚死，至是抵余，时已得骨髓病，日犹鼓音四五行。居数日，益笃。……死三日，葬州北岗西。其词曰：……天与之音今止矣。丁酉之年秋既季，月阙其团于是始。心为浮图形道士，仁人我哀埋勿弃。"按：本年岁在丁酉，季秋即九月。子厚幼好琴，尝学之十年（见建中三年）。筝郭师自岭南赴柳，盖以子厚为知音者也。此志尝寄连州刘禹锡，《刘梦得文集》十四《与柳子厚书》云："间发书得筝郭师墓志一篇。……

能令鄙夫冲然南望，如闻善音，如见其师。寻文寤事，神鹜心得，徜徉伊郁，久而不能平。……余之伊郁也，岂独为郭师发也，想足下因仆书，重有概耳。"刘柳感慨郭师世无知音，哀郭师亦以自哀也。

妻父杨凭卒，有祭文。按：《柳宗元集》卷四十《祭杨凭詹事文》云："早丧淑人……迨今挈然，十月八祀，家缺主妇，身迁万里。谤言未明，黜伏逾纪。"子厚妻贞元十五年卒，至今十有八祀，当为元和十二年。又子厚贞元廿一年贬谪，至今前后为十三载，固有"黜伏逾纪"之语。

宗元因水土不宜得霍疾，有诗寄韦珩。《柳宗元集》卷四十二《寄韦珩》："初拜柳州出东郊，道旁相送皆贤豪，回眸炫晃别群玉，独赴异城穿蓬蒿。炎烟六月咽口鼻，胸鸣肩举不可逃。桂州西南又千里，漓水斗石麻兰高。阴森野葛交蔽日，悬蛇结虺如蒲萄。到官数宿贼满野，缚壮杀老啼且号。饥行夜坐设方略，龙铜炮鼓手所操。奇疮钉骨状如箭，鬼手脱命争纤毫。今年噬毒得霍疾，支心搅腹戟与刀。迩来气少筋骨露，苍白涕泪盈颠毛。君今矻矻又窜逐，辞赋已复穷诗骚。神兵庙略频破虏，四溟不日清风涛。圣恩傥忽念行苇，十年践踏久已劳。幸因解网入鸟兽，毕命江海终游遨。愿言未果身益老，起望东北心滔滔。"

按，诗云："神兵庙略频破虏，四溟不日清风涛"当为元和十二年所作。是年王诗屡破淮蔡贼兵，宗元冀望淮西平后，可逢恩赦北迁，故有"圣恩当忽念行苇""起望东北心滔滔"之语。

十月，衡次公为淮南节度使，有《与卫淮南石琴荐启》（《柳宗元集》外集下）。"叠石琴荐一。右见琴荐，躬往采获，稍以珍奇，特表殊形，自然古色。伏惟阁下禀夔、旦之至德，蕴牙、黄之玄踪。人文合宫徵之深，国器书瑚琏之重……愿以顽璞，上奉徽音……沉沦虽久，提拂未忘，倘垂不彻之恩，敢效弥坚之用。"按：旧纪十五，元和十二年"十月……甲申（二十八日）……以左丞衡次公代〔李〕墉为淮南即度使"。据《旧唐书》一百五十九《衡次公传》，次公善操琴。子厚献琴盖投其所好，冀其提拂。又元和十二年十月壬申（十六日）擒淮西吴元济。平淮之后，朝廷必有大赦，子厚投文献琴，意在乞请次公趁时为之拔擢。

子厚善书，是年书龙城石刻十八字。《柳宗元集》卷三十二《与李睦州论服气书》云："及年已长，则嗜书。"唐赵璘《因话缘三》云："元和中，柳柳州书，后生多师效，就中尤长于章草。为时所重，湖湘以南，童稚悉学其书，颇有能者。"是宗元在当代以书法名家。今存残石（叶奕苞）《金石录补》卷十九云："唐罗池石刻。右刻石云：龙城柳，神所守，骟厉鬼，出匕首，福四民，制九鬼。元和十二年□月□日柳宗元书。"王昶《金石萃编》卷一百零七称：柳宗元龙城石刻。石残缺，仅存横广一尺九寸，高八寸三分。八行，行四字，行书，在广西马平县。（施子愉年谱）

柳州旧有大云寺。燃于火，百年无复。宗元刺柳州始，即筹复造，至本月复就（《柳宗元集》卷二十八《柳州复大云寺记》）。

是年，柳宗元在柳州刺史任，因俗施政，解放奴隶，推行文教，大修孔庙。兴利除弊，庶政多有兴革（《柳子厚墓志铭》）。制定释放奴隶的办法，行之收效甚大，这是柳宗元在柳州最为突出的政绩。

【诗文系年】

作《祭崔氏外甥女文》《郎州员外司户薛君妻崔氏墓志》。

《柳宗元集》卷四十一《祭崔氏外甥女文》云："汝自艰酷，二弟继终，海门之哀，今古罕同。骈也英文，敷畅洽通，实期振耀，弘我儒风。又兹夭阏，神理何蒙？"所谓"二弟"，即崔简之子守道、处讷，以元和七年溺海死（见前）。

崔氏，即简之女，名媛，嫁郎州员外司户河东薛巽，元和十二年五月二十八日卒。"祭文"云："前岁诏追，廷授远牧。"指元和十年宗元自永州司马移柳州刺史事。"祭文"当作于本年。《郎州员外司户薛君妻崔氏墓志》（《柳宗元集》卷十三）："元和十二年五月二十八日，既乳，病肝气逆肺，牵拘左腋，巫医不能已。""墓志"当是年作。

作《祭万年裴令文》。

据"唐故万年令裴府君墓碣"，裴堮卒于元和十二年七月。《祭万年裴令文》（《柳宗元集》卷四十）"祭文"当是年作。

作《柳州东亭记》。

九月，柳宗元在柳州城南门外所筑东亭完工，作《柳州东亭记》（《柳宗元集》卷二十九），当十二年九月作。

作《与卫淮南石琴荐启》。

卫名次公，以检校工部尚书为淮南节度使。据《旧唐书》卷一百五十九本传，其为淮南节度使在元和十三年以前。姑定为是年作。

作《柳州复大云寺记》。

按：柳州旧有大云寺，毁于火，百年无复。宗元至柳，即筹复造，本月复就。十二年十月作《柳州复大云寺记》（《柳宗元集》卷二十八）。

作《祭杨凭詹事文》。

柳宗元《祭杨凭詹事文》云："黜伏逾纪。"宗元于贞元二十一年被贬，至是已逾十二年也。

作《筝郭师墓志》。

来访之筝师卒于柳，《筝郭师墓志》（《柳宗元集》外集上）云："丁酉之年秋既"，即是年九月十六日也。

作《祭独孤氏丈母文》。

独孤丈母者，独孤申叔之母也。《祭独孤氏丈母文》（《柳宗元集》卷四十一）云："某襄与子重，道契义均……竟罹祸谪，逾纪漂沦。"宗元以贞元二十一年至永，至是年已十二年也。

元和十三年　戊戌（818）　四十六岁

【时事述要】

正月乙酉（初一日），大赦天下（《旧唐书·宪宗纪》）。李师道献沂、密、海三州。

三月，以御史大夫李简夷为门下侍郎、同平章事；七月，又检校左仆射、同平章事，兼扬州大都督府长史、淮南节度使（《旧唐书·宪宗纪》）。宰相李墉守护部尚书，罢知政事。

前东都留守许孟容卒。

四月，王承宗献德、二州。赦承宗。

五月，以山南东道节度使李愬为凤翔尹、凤翔陇节度使。

以彰义军节度使马总为许州刺史、忠武军节度使、陈许澉蔡观察使。

以孟简检校工部尚书，襄州刺史、山南东道节度使。

六月，湖南观察使袁滋卒。

程权为邠州刺史、邠宁节度使。

七月乙酉（初三日），诏削淄青节度使李师道在身盲爵，仍令宣武、魏博、义成、武宁、横海五镇分路进讨（《旧唐书·宪宗纪》）。因李师道反复，发宣武、魏博、义成、武宁、横海等五道兵讨之。以宰相李夷简检校左仆射、同平章事、扬州大都督府长史、淮南节度使。

九月，程异为工部侍郎、同中书门下平章事。诏下，宰臣裴度，崔群极谏，不纳。二人请退。

十月，吐蕃扰宥州，灵武兵破之于定远城。

十一月，以山人柳泌为台州刺史，求长生药。制下，谏官论之，不纳。

夏州破吐蕃五万。

河阳节度使乌重胤为沧州刺史、衡海军节度、沧景德棣观察使等使。

十二月，遣中使迎凤翔法门寺佛指骨。

是年，回纥、南诏、渤海、高丽、吐蕃、奚、契丹、诃陵国并朝贡。

【文坛纪事】

正月，元稹闻下诏大赦，作《上门下裴相公书》致裴度，要求召用。韩愈奉诏撰《平淮西碑》。献上。旋以多叙裴度事，为李愬妻所诉，诏令磨去，令翰林学士段文昌重撰。

三月，元稹以通州司马权知州务。

四月，崔韶使者自果州至通州，白居易托其携书信与诗于元稹。李景信校书自忠州至通州，访元稹。

六月，刘禹锡在连州，因江华守河东薛景晦之请，编集《传信方》二卷。按：禹锡曾与景晦通信讨论医方及焙药法，禹锡《答道州薛侍郎论方书书》《传信方述》二文，即为讨论医方之作。

八月，宰相王涯为兵部侍郎，罢知政事。

权德舆卒（759—　），年六十。德舆四岁能诗。十五岁为文数百篇，编为《童蒙集》十卷，名声日著。德宗闻其才，召为太常博士，改左补阙兼制造，进中书舍人，历礼部侍郎，三知贡举。宪宗时官至礼部尚书、同中书门下平章事，参与朝政。著述甚多，有《权文公集》。清人据宋本编校为《叔载之文集》五十卷。《全唐诗》编录其诗十卷。《全唐诗》小传谓"其文雅正赡缛，动止无外饰，而酝籍风流，自然可慕，为贞元、元和间缙绅羽仪"。

十一月，令狐楚为怀州刺史，充河阳三城怀孟节度使。

十二月二十日，白居易得崔群相助，代李景俭为忠州刺史。冬，元稹为虢州长吏。稹在通州司马任共四年，与白居易唱和之诗，"里巷相传，为之纸贵"。

是年，桂管观察使裴行立作訾家洲亭，柳宗元应邀至桂州宴游，受裴行立嘱托作《訾家洲亭记》。十二月二十日，白居易除忠州刺史（白居易《忠州刺史谢上表》）。

【宗元事迹】

正月，大赦天下，作平淮夷二篇，献宪宗皇帝、宰相裴度暨襄阳节度使李愬。《柳宗元集》卷一《献平淮夷雅表》："臣负罪窜伏，违尚书笺奏十有四年，圣恩宽宥，命守遐壤，怀印曳绂，有社有人。……伏惟睿圣文武皇帝陛下，天造神断，克清大憝，金鼓一动，万方毕臣。太平之功，中兴之德，推校千古，无所与让。臣伏自忖度，有方钢之力，不得借戎行，致死命，况今已无事，思报国恩，独惟文章。伏见周宣王时称中兴……宣王之形容与其辅佐，由今望之，若神人然，此无他，以《雅》故也。……谨撰《平淮夷雅》二篇……庶施诸后代，有以佐唐之光明。"《柳宗元集》卷三十六《上裴晋公度献唐雅诗启》："伏惟相公天授皇家，圣贤克合，谋协一德，以致太平。入有申、甫、魏、邴之勤，出兼方、召、辛、赵之事，东取淮右，北服恒阳。略不代出，功无与让。……宗元虽败辱斥逐，守在蛮裔，犹欲振发枯槁……少佐毫发。谨撰平淮夷雅二篇……庶宥罪庆，以明其心。"《柳宗元集》卷三十六《上襄阳李愬仆射献唐雅诗启》："昔周宣中兴，得贤臣召虎，师出江汉，以平淮夷。……今天子中兴而得阁下，亦出江汉以平淮夷；克承于先西平王，其事正类。然而未有嗣大雅之说，以布天下……宗元身虽陷败，而其论者往往不为世屈，意者殆不可自薄自匿以坠斯时……谨撰平淮夷雅二篇。"按：表云"违尚书笺奏十有四年"知为本年作。平淮夷雅序云："皇武，命丞相度董师，集大功也。""方城，命愬守也，卒入蔡，得其大丑以平淮右。"二篇分美裴、李，冀望拔擢。

薛巽遇赦自朗州北迁，妻崔氏柩迁洛，宗元为作墓志。《柳宗元集》卷十三《朗州员外司户薛君妻崔氏墓志》云："巽始佐河北军食有劳，未及录，会其长以罪闻，因从贬。更大赦，方北迁，而其室已祸。"按：薛巽，子厚甥女崔媛夫婿。媛卒于元和十二年六月，大赦在十三年正月。五百家注引宋孙汝听云："元和初，讨成德节度使王承宗，已于皋谟，董溪为河北行营粮料使，崔元受、韦岵、薛巽、王相等为判官，分给供馈。既罢兵，皋谟等坐赃罪数千缗，敕代其死。六年五月，流皋谟春州，溪封州。行至潭州赐死。元受等从坐，皆逐岭表。"据此知薛巽贬岭表当在元和六年五月间。又《柳宗元集》卷二十三《送薛判官量移序》云："朝廷施恩泽，凡受谪者，罪得而未薄，乃命以近壤，薛君去连而吏于朗，是其渐于显欤？"可知薛巽乃自岭表连州量移朗州。《柳宗元集》卷四十一《祭崔氏外甥女文》云："前岁诏追，廷授远牧，武陵便道，往来信宿，幸兹再见，缓我心曲，犹且轻别，瞻程务速，孰知自此，遂间幽躅。"武陵即朗州。元和十年子厚赴柳时，薛巽已在朗州。巽自连移朗时当在元和八年至九年。

治柳三年，因俗施教，政绩卓著。《昌黎集校注》卷七《柳州罗池庙碑》："柳侯为州，不鄙夷其民，动以礼法，三年，民自矜奋。老少相教语，莫违侯令。凡有所为，于其乡闾，及于其家，皆曰：'吾侯闻之，得无不可于意否？'莫不恃度而后从事。凡令之期，民劝趋之，无或先后，必以其时。于是民业有经，公无负租，流逋四归，乐生兴事。宅有新屋，步有新船。池园浩修，猪牛鸭鸡，肥大蕃息。子严父诏，妇顺夫指，嫁娶葬送，各有条法。……大修孔子庙，城郭巷道，皆治使端正，树以名木，柳民既皆悦喜。"按，《柳宗元集》卷二十八《柳州复大云寺记》云："越人信祥而易杀，傲化而偭仁，病且忧，则聚巫师用鸡卜。"又《柳宗元集》卷四十一《柳州峒氓诗》云："郡城南下接通津，异服殊音不可亲。……鹅毛御腊缝山蔚。鸡骨占年拜水神，愁向公庭问重译，欲投章甫作文身。"《柳宗元集》卷四十二《寄韦珩诗》云："阴森野葛交蔽日，县蛇结虺如蒲萄。到官数宿贼满野，缚壮杀老啼且号。饥行夜坐设方略，笼铜枹鼓手所操。"可知柳州文化落后，盗贼盈野。子厚莅任三年，使柳州"民业有经，乐生兴事，宅有新屋，步有新船"，真可谓不常者矣。

是年桂管观察使裴行立作訾家洲亭，宗元尝自柳赴桂参与游宴，受命撰訾家洲亭记。《柳宗元集》卷二十七《桂州裴中丞作訾家洲亭记》："桂州多灵山，发地峭坚，林立四野。署之左曰漓水，水之中曰訾氏之洲。……元和十二年，御史中丞裴公来莅兹邦。……期年政成，而当天子平淮夷，定河朔，告于诸侯。公既施庆于下，乃合僚吏，登兹以嬉。……乃经工庀材，考极相方，南为燕亭。……既成以燕，欢极而贺。……"又《柳宗元集》卷三十六《上裴行立撰訾家洲亭记启》："……今是亭之胜，甲于天下，而猥顾鄙陋，使为之记。……累奉游宴，窃观物象，涉旬模拟，不得万一。……谨修撰讫，上献。"

在柳州，喜种花木、果树，有诗记事。按：子厚当在柳江边种柳，城西北种甘树二百株，庭前种木槲花。有《柳宗元集》卷四十二《种柳戏题》云："柳州柳刺史，种柳柳江边。谈笑为故事，推移成昔年。垂阴当覆地，耸干会参天。好作思人树，惭无惠化传。"又《柳宗元集》卷四十二《种木槲花诗》云："上苑年年重物华，飘零今日在天涯。只因长作龙城守，剩种庭前木槲花。"又《柳宗元集》卷四十二《柳州城西北隅种甘树》诗云："手种黄柑二百株，春来新叶遍城隅，方同楚客怜皇树，不学荆州利木奴。几岁开花闻喷雪，何人摘实见垂珠？若教坐待成林日，滋味还堪养老夫。"

尚书宰相李夷简陈情，请求拔擢。《柳宗元集》卷三十四《上门下李夷简相公陈情书》："宗元……废为孤囚，日号而望者十四年矣。……及今阁下以仁义正直，入居相位，宗元实拊心自庆，以为获其所望。……优惟念坠者之至穷，锡乌获之余力，舒千寻之绠，垂千仞之艰。……以卒成其幸。"按：据《旧唐书》本纪，李夷简以元和十三年三月拜相，七月出为淮南节度使。子厚上书当在本年三月至七月。

与部将魏忠、谢宁、欧阳翼饮酒驿亭，自谓明年将死。韩愈《柳州罗池庙碑》："尝与其部将魏忠、谢宁、欧阳翼饮酒驿亭，谓曰：'吾弃于时，而寄于此，与若等好也。明年吾将死，死而为神。后三年，为庙祀我。'及期而死。"

【诗文系年】

作《献平淮夷雅表》。

《柳宗元集》卷一《献平淮夷雅表》曰："臣负罪窜伏，违尚书笺奏十有四年。"是元和十三年也。与韩文《平淮西碑》同时作。先儒穆伯长云，韩元和圣德平淮西，柳雅章之类，皆辞岩义伟，制述如经，能萃然耸唐德于盛汉之表。谈数云，谓柳文者，皆以谓封建论退之无，淮西雅韩文不逮。

作《上裴晋公度献唐雅诗启》。

《柳宗元集》卷三十六《上晋公度献唐雅诗启》："宗元虽败辱斥逐，守在蛮裔，犹欲振发枯槁，决疏潢污，馨效蚩鄙，少佐毫发。"时柳宗元为柳州刺史，守住在蛮夷之地，仍想重新振作，文中表明诚信。

作《上襄阳李仆射启》。

柳宗元《上襄阳李仆射启》（《柳宗元集》卷三十六），一作《上襄阳李愬仆射献唐雅诗启》。李愬，字元直，既平淮右，元和十二年十一月，有诏检校尚书右仆射，襄州刺史。文曰："宗元身虽陷败，而其论著往往不为世屈。意者殆不可自薄自匿以坠斯时，苟有辅万分之一，虽死不憾。"据文意，姑系是年。

作《与邕管李中丞启》。

柳宗元《与邕管李中丞启》（《柳宗元集》卷三十五），作启之年月不可考，文安礼柳谱列于此年，姑仍之。

作《唐故万年令裴府君墓碣》。

柳宗元有《唐故万年令裴府君墓碣》（《柳宗元集》卷九）"唐故"二字。裴府君死于元和十二年七月，公有祭文，葬在元和十三年，碣是时作。

作《襄阳丞赵君墓志》。

柳宗元作《襄阳丞赵君墓志》（《柳宗元集》卷十一），一本襄上有故字。又作《桂州裴中丞作訾家洲亭记》（《柳宗元集》卷二十七），裴行立元和十二年，徙桂州刺史桂管观察使。记曰，"元和十二年，裴公来莅兹邦"，又曰，"其年政成，是元和十三年也"，柳谱列为十四年作，不确。

作《上门下李夷简相公陈情书》《桂州裴中丞作訾家洲亭记》《上裴行立中丞撰訾家洲亭记启》。

柳宗元作《上门下李夷简相公陈情书》（《柳宗元集》卷三十四），按《新唐书》《夷简传》，元和十三年召为御史大夫，进门下侍郎同中书门下平章事。《上门下李夷简相公陈情书》云："宗元曩者齿少心锐，经行高步，不知道之艰，以陷于大阨，穷蹶陨坠，废为孤囚，日号而望者十四年矣。"永贞元年至元和十三年，为十四年矣。又作《桂州裴中丞作訾家洲亭记》（《柳宗元集》卷二十七）、《上裴行立中丞撰訾家洲亭记启》（《柳宗元集》卷三十六），裴行立元和十二年，徙桂州刺史桂管观察使。记曰，元和十二年，裴公来莅兹邦。又曰，其年政成，是元和十三年也，故三篇同年作。

按：《柳州寄京中亲故》（《柳宗元集》卷四十二）、《种柳戏题》（《柳宗元集》卷四十二）、《种木槲花》（《柳宗元集》卷四十二）、《柳州城西北隅种甘树》（《柳宗元集》卷四十二）、《摘樱桃赠元居士时在望仙亭南楼与泰道士同处》（《柳宗元集》卷四十二）、《献平淮夷雅表》（《柳宗元集》卷一）、《上裴晋公献唐雅诗启》（《柳宗元集》卷三十六）、《上襄阳李愬仆射献唐雅诗启》（《柳宗元集》卷十三）、《朗州员外司户薛君妻崔氏墓志》（《柳宗元集》卷十三）、《故襄阳丞赵君墓志》（《柳宗元集》卷十一）、《与邕州李中丞论陆卓启》（卷三十五）施子愉《柳宗元年谱》列于此年，姑仍之。

元和十四年　己亥（819）　四十七岁

【时事述要】

　　正月，迎凤翔法门寺佛骨至京师，留禁中三日，乃送诣寺。王公士族奔走施舍唯恐在后，百姓有废业破产烧顶灼背而求供养者。田弘正破李师道军万余于阳穀。

　　二月，李师道部将刘悟杀师道，师道所管十二州平。田弘正加检校司徒、同中书门下平章事。

　　三月，宪宗以齐、鲁初平，宴群臣于麟德殿。分李师道所据十二州为三镇，各置节度使。

　　四月，诏诸道节度、都团练、都防御，经略等使所统支郡兵马，并令刺史领之。工部侍郎、同平章事、诸道盐铁转运等使程异卒。

　　五月，韩弘进助平淄青绢二十万匹，女乐十人。女乐还之。

　　七月，大赦。沂州军乱，杀观察使王遂。

　　八月，吐蕃扰庆州。韩弘为中书令。

　　九月，兖海沂密观察使曹华到任，诈杀郓州降卒一千二百人。

十月，安南牙将土人杨清以都护李象古苛暴，杀之；寻赦清以为琼州刺史，清不受。吐蕃扰盐州。

十一月，领舞大将史敬奉破吐蕃于盐州城下。宪宗服方士柳泌金丹药，起居舍人裴潾上表切谏，宪宗怒，贬裴潾为江陵令。

十二月，崔群为皇甫镈所潜，罢相，贬潭州刺史，人皆切齿与。

是年，新罗曾应唐命，派兵助讨李师道。

【文坛纪事】

正月丁亥（初八日），迎凤翔法门寺佛骨至京师，留禁中三日，乃送诣寺，王公士庶奔走施舍如不及。刑部侍郎韩愈上疏极陈其弊，宪宗怒，癸巳（十四日）贬为潮州刺史。十月丙寅（二十一日）移为袁州刺史（《旧唐书·宪宗纪》）。

二月九日，淄青都知兵马使刘悟斩李师道并男二人首请降，师道所管十二州平（《旧唐书·宪宗纪》）。乙丑（十七日），以户部侍郎杨於陵为淄青宣抚使，并使之分李师道。杨於凌按图籍，视土地远迩，计士马众寡，校仓库虚实，分为三道，使之均适：以郓、曹、濮为一道；淄、青、齐、登、莱为一道；兖、海、沂、密为一道（《资治通鉴》）。

春，白居易离江州赴忠州刺史任，弟白行简随行。途中，会鄂岳观察使李程（表臣）于武昌。

元稹离通州赴虢州长史任。

三月，白居易与元稹相遇于峡州，停舟夷陵，置酒赋诗，三日而别。刘禹锡在连州，作《贺平淄青表》。韩愈自清远县至广州。白居易至忠州。

四月，韩愈到达贬所潮州。作《潮州刺史谢上表》。宪宗得表，欲复用愈，宰相皇甫镈谏止之。刑部尚书李愿为凤翔尹，充凤翔陇右节度使。裴度罢。

五月，柳公绰充盐铁转运等使。

六月，李绛检吏部尚书、河中尹，充河中晋绛慈隰观察使。

七月辛巳（初五日，《通鉴》作"己丑"，为十三日），群臣上尊号曰"元和圣文神武法天应道皇帝"，大赦天下（《旧唐书·宪宗纪》）。

令狐楚为中书侍郎、同中书门下平章事。

八月，白行简受李公佐鼓励撰《汧国夫人传》。稍后，改为《李娃传》。

韩愈改授袁州刺史。

十月，杜温夫自荆来柳，致书宗元，欲请谒求教，宗元复书（《柳宗元集》卷三十四《复杜温夫书》）。

【宗元事迹】

在柳州刺史任。

二月，平淄青，赦天下，子厚有贺表、贺状。又有《代桂管观察使裴行立撰贺表》、贺状。

按：《旧唐书》卷十五《宪宗纪》，元和十四年二月，淄青节度使李师道伏诛，降其所辖十二州之地，大赦天下。《资治通鉴》卷二百四十一《唐纪》，元和十四年二月，户部侍郎杨於陵为淄青宣扬使，分李师道所辖十二州为三道。宗元表状当在二三月所上。

七月，宪宗再加尊号，宗元作《贺册尊号表》（见《柳宗元集》三十七）。按《旧唐书》十五《宪宗纪》，元和十四年七月"辛巳（五日）群臣上尊号曰：元和圣文神武法天应道皇帝"。《贺册尊号表》云："元和……应道皇帝"知是年在柳州任上。

是年，桂管观察使裴行立请伐黄洞蛮，宗元《代裴中丞作上裴相乞讨黄贼状》《代裴中丞谢讨黄少卿贼表》《为裴中丞举人自代伐黄贼表》《为裴中丞伐黄贼转牒》。并有《祭纛表》《祃牙文》。按：《柳宗元集》卷三十八《谢讨黄少卿贼表》有"元和圣文神武法天应道皇帝"之尊号，知为本年七月以后作。另据韩愈《黄家贼事宜状》云："臣去年贬岭外刺史……见往来过客，并谙知岭外事。……其贼并是夷獠，亦无城郭可居，依山傍险，自称洞主，衣服言语，都不似人。寻常亦各营生，急则屯聚相保。比缘邕管经略使多不得人，德既不能绥怀，威又不能临制，侵欺虏缚，以致怨恨。……近者征讨，本起于裴行立、阳旻。此两人者本无远虑深谋，意在邀功求赏……自用兵已来，已经二年，前后所奏杀获，计不下一、二万，倘皆非虚，贼已寻尽，至今贼犹依旧，足明欺罔朝廷。邕容两管，因此凋弊……百姓怨嗟，如出一口。"韩愈深以裴行立用兵事为非。然子厚为行立僚属，代作诸表状请伐黄贼，乃情理之常，非子厚赞许之也。

杜温夫来柳，屡投书文请谒，子厚复书，终不肯见。《柳宗元集》卷三十四《复杜温夫书》云："两月来三辱生书，书皆逾千言。意若相望仆以不对答引誉者，然仆诚过也。而生与吾文又十卷，噫！亦多矣。文多而书频，吾不对答引誉，宜可自反，而来征不肯相见，亟拜亟问，其得终无辞乎？凡生十卷之文，吾已略观之矣，吾性骏滞，多所未甚谕……书抵吾必曰周、孔，周、孔安可当也？……来柳州，见一刺史，即周、孔之；今而去我，道连而谒于潮。之二邦，又得二周、孔；去之京师……又宜得周、孔千百，何吾生胸中扰扰焉多周、孔哉！……今生年非甚少，而自荆来柳，自柳将道连而谒于潮，途远而深矣，则其志果有异乎？"按，书云："道连而谒于潮"，是欲经连州谒刘禹锡，而后往潮州谒韩愈。韩愈贬潮州刺史在本年正月，知书必本年作。

十一月八日，宗元病卒。年四十七。按：是年，宗元在柳州刺史任，多病。尝病重时遗书刘禹锡、韩愈，托以编集抚孤诸事（韩愈《祭柳子厚文》、刘禹锡《祭柳员外文》）。

十一月，刘禹锡因母丧，奉柩返洛阳，途径衡阳，得柳宗元卒讣书，悲痛号叫，"如得狂病"。《刘禹锡集》卷四十《祭柳员外文》："维元和十五年，岁次庚子，正月戊戌朔日，孤子刘禹锡衔哀扶力，谨遣所使……敬祭于亡友柳君之灵。呜呼子厚……嗟余不天，甫遭闵凶。未离所部，三使来吊。忧我衰病，谕以苦言。情深礼至，款密重复。期以中路，更申愿言。"同前卷三十《重至衡阳伤柳仪曹·引》："元和乙未岁，与故人柳子厚临湘水为别，柳浮舟适柳州，余登陆赴连州。后五年，余从故道出桂岭，到前别处，而君没于南中，因赋诗以投吊。"诗云："千里江蓠春，故人今不见。"

补正：关于宗元卒日。朱子考异云："或卒于十月五日"；按，《旧唐书》一百六十本传：宗元元和十四年十月五日卒，时年四十七；吴文治《中国文学史大事年表》（上）："十月五日，柳宗元卒于柳州。"此说不确。而方崧卿《韩集举正》及《文苑英华》作卒于十一月八日。文安礼《柳宗元谱》："子厚以元和十四年十一月八日，卒于柳州。"关于柳宗元的卒日，依据韩愈的《柳子厚墓志铭》的记载，通行本（世采堂本，东雅堂本）写为："子厚以元和十四年十一月八日卒，年四十七。以十五年七月十日归葬万年先人墓侧。"此为确证。

是年宗元病且亟，有书致刘禹锡（是书不见于集）托遗嗣事，刘禹锡《河东先生集序》曰，"公为柳州刺史，五岁，不得召归。病且革（音亟，急也）。留书抵其友中山刘禹锡曰：'我不幸，卒以谪死，以遗草累故人。'禹锡执书以泣，遂编次为三十通，行于世。刘禹锡《祭柳员外文》亦曰，途次衡阳，云有柳使，谓复前约，忽承讣书，惊号大叫，如得狂病，良久问故，百哀攻中，涕泣迸落，魂魄震越，伸纸穷竟，得君遗书，绝弦之音，悽怜彻骨，初托遗嗣，知其不孤，末言归辆，从祔先域，凡此数事，职在吾徒。又曰，誓使周六，同于己子"。

明年七月十日归葬子厚万年先人墓侧。遗二子，长曰周六，始四岁，季曰周七，子厚卒乃生。女子二人，皆幼。"初柳人以男女贸钱，过期不赎，子本均，则没为奴婢，宗元设方计悉赎归之，尤贫者令书庸视直足相当，还其贸，已没者，出已钱助赎。南方为进士者，走数千里从宗元游，经指授者，为文辞皆有法，世号柳柳州。既没，柳人怀之，托言降于州之堂，人有慢者辄死，庙于罗池，愈并因碑以实之云（以上见唐书本传）。子厚其才实高，名盖一时，昌黎韩退之以书吊曰，哀哉若人之不淑，吾当评其文，雄深雅健，似司马子长，崔蔡不足多也。安定皇甫湜于文章少推许，亦以退之之言为然（以上见刘禹锡《河东先生集序》）。是年正月韩愈以疏谏宪宗迎佛骨，贬为潮州刺史。

【诗文系年】

作《为裴中丞贺破东平表》，表见《柳宗元集》外集卷下。李师道元和十四年诛，表应为十四年。

作《为裴中丞贺克东平赦表》，裴中丞，桂管观察使裴行立也。二月，淄青都知兵马使刘悟，斩其节度使李师道以降。诏天下囚死罪降从流，流已下放。

作《贺平淄青后肆赦状》。

作《贺东平赦表》，此表不见于公集，文安礼柳谱列是年作，姑系之。

作《为裴中丞上裴相贺破东平状》《柳宗元集》卷三十九。

作《柳州贺破东平表》《柳宗元集》卷三十八，一无柳州二字。

作《贺诛淄青逆贼李师道状》，《柳宗元集》卷三十九，次前柳州贺破东平表作，元和十四年三月初三日也。

作《代裴中丞贺分淄青为三道节度表》《柳宗元集》卷三十八。

作《贺分淄青诸州为三道节度状》《柳宗元集》卷三十九。

作《代裴中丞谢讨黄少卿贼表》。《柳宗元集》卷三十八。按贞元十五年，黄洞首领黄少卿攻邑管等州，经略使孙公器请发岭南并计之，德宗不许。曰黄承庆，曰黄少度，曰黄昌沔昌权，皆迭起为患，桂管观察使裴行立，与容管经略使阳旻争欲攻讨，宪宗许之，实元和十四年也，表是时作。《新唐书·裴行立传》，谓黄家洞贼叛，行立讨平之，而《资治通鉴》则曰，行立旻竟无功，其抵牾如此。韩文公当有论黄家贼事宜状，其别白利害，正罪裴阳之轻用兵，诚得之矣。

作《为裴中丞上裴相乞讨黄贼状》（《柳宗元集》卷三十九），韩本标曰，赵本与上裴相状合为一篇，次前谢讨贼表作。

作《为裴中丞伐黄贼转牒》（《柳宗元集》卷三十九），次前谢表作，柳谱系为十三年作，恐非。

作《为裴中丞奏邕管黄家贼事宜状》（《柳宗元集》卷三十九）。

作《为裴中丞举人自代伐黄贼表》（《柳宗元集》卷三十八）。

作《答郑员外贺启》（《柳宗元集》启见外集）。注云，一作状，在前集，按前集并无此文。

作《答诸州贺启》（《柳宗元集》启见外集）。注云，一作状，在前集，按前集并无此文。

作《上裴中丞状》，此状见于文安礼柳谱而不见于《柳宗元集》。吴文治诠订以为柳州上本府状，盖即此文，状云，伏以中丞慈惠化人云云，故文谱作上裴中丞状也。

作《祭纛文》（《柳宗元集》卷四十一）。元和十四年，裴中丞行立讨黄贼时，公代之作。

作《祃牙文》（《柳宗元集》卷四十一），与前篇同作。

作《韦夫人坟记》（《柳宗元集》卷十三）。

作《岭南盐铁院李侍御墓志》（《柳宗元集》卷十）。

作《邕州刺史李公志》，内题《唐故邕管经略招讨等使朝散大夫持节都督邕州诸军事守邕州刺史兼御史中丞赐紫金鱼袋李公墓志》（《柳宗元集》卷十）。

作《处士裴君墓志》（《柳宗元集》卷十），内题前有"故"字。

作《大理评事裴君墓志》（《柳宗元集》卷十），内题前有"故试"。

作《秘书郎姜君志》（《柳宗元集》卷十一），内题为《故秘书郎姜君墓志》。

作《礼部贺册尊号表》（《柳宗元集》卷三十七），古今序中皆题云礼部贺册尊号表，非也。宪宗元和三年，初加尊号睿圣文武皇帝，至元和十四年七月己丑，再上元和圣文神武法天应道皇帝，公是时己为柳州刺史，当题云柳州贺册尊号表。

作《贺皇太子笺》（《柳宗元集》外集卷下），皇太子，乃元和七年所立遂王宥，既立，更名恒，宪宗第三子。笺为十四年八月间作。文安礼柳谱认为七年作，非。盖笺有云，元和圣文神武法天应道皇帝光受徽号，盖指元和十四年七月群臣上尊号元和圣文神武法天应道皇帝事也。《柳宗元集》中有两篇题为《贺皇太子笺》此篇外集，还有一篇在卷三十七，是贺李纯。韩醇注曰：皇太子，宪宗也。时公尚在南宫，代一潘臣作。

元和十五年　庚子（820）　卒后一年

柳宗元是年七月十日归葬于万年县先人墓侧。舅弟卢遵治其丧事，桂管观察使裴行立资助归葬。韩愈作《柳子厚墓志铭》，云："……以十五年七月十日归葬万年先人墓侧……其得归葬也，费皆出观察使河东裴君行立。行立有节概，重然诺，与子厚结交，子厚亦为之尽，竟赖其力。葬子厚于万年之墓者，舅弟卢遵。遵，涿人，性谨顺，学问不厌；自子厚之斥，遵从而家焉，逮其死不去；既往葬子厚，又将经纪其家，庶几有始终者。"

遗腹子周七生。墓志云："子厚有子二人……季曰周七，子厚卒乃生。"刘禹锡《祭柳员外文》："维元和十五年岁次庚子正月戊戌朔日，孤子刘禹锡衔哀扶力，谨遣所使黄孟苌具清酌庶羞之奠，敬祭于亡友柳君之灵。……'誓使周六，同于己子。'"文作于元和十五年正月。按：子厚托孤于韩愈、梦得二人，刘梦得不及周七，次子周七或由韩愈抚养，则其生当在元和十五年正月以后也。

韩愈在袁州，作文祭柳宗元。《韩昌黎文集校注》卷五《祭柳子厚文》，注谓《文苑英华》首句作"维某年岁次庚子五月壬寅朔五日景午"。清方成珪《昌黎先生诗文年谱》亦据此系于元和十五年。时韩愈尚在袁州。云："凡今之交，观势厚薄。余岂可保，能承子托。非我知子，子实命我。"当为柳宗元卒前曾托韩愈为其作墓志者。

八月，韩愈在袁州，作《柳子厚墓志铭》。《韩昌黎文集校注》卷七《柳子厚墓志铭》云："以（元和）十五年七月十日归葬万年先人墓侧。"注引何焯云："此文亦在远贬后作，故尤淋漓感慨。"韩愈于本年九月召为国子祭酒。文中"士穷乃见节义"，"平居里巷相慕悦"，一旦"临小利害"，即落井下石一段，与祭文中"凡今之交，观势厚薄"，语意相连，当仍在袁州时作，其时当在八月间。

刘禹锡于本年撰《吕温集纪》。《刘禹锡集》卷十九《唐故衡州刺史吕君集纪》："东平昌和叔……年四十而殁。后十年，其子安衡，泣奉遗草来谒，咨予叙之，成一家言，凡二百篇，勒成十卷。"吕温卒于元和六年，"后十年"为本年。

刘禹锡七月作《重祭柳员外文》："呜呼，自君之没，行已八月。每一念至，忽忽犹疑。今以丧来，使我临哭……幼稚在侧，故人抚之。敦诗、退之，各展其分（崔群，字敦诗。韩愈，字退之）。"刘禹锡携带子厚长子周六，重作祭文为子厚归葬送行。崔群作《祭柳州柳员外文》，韩愈作《柳子厚墓志铭》。

柳宗元为书，有文集三十卷。刘梦得《唐故柳州刺史柳君集》序先生集曰："为柳州刺史五岁，不得召归，病且卒，留书抵其友中山刘禹锡曰，我不幸卒以谪死，以遗草累故人，禹锡执书以泣，遂编次为三十通，行于世。刘禹锡所编次也。"可惜刘禹锡本现只留残卷。宋天圣间，穆修郑条之徒唱之，欧阳公尹师鲁和之，格力始复。政和间，胥山沈晦，参考各本，络绎互证，以穆家四十五卷本为正，以诸本所余作外集，分上下两卷。淳熙间，临邛韩醇，以公文虽屡经名儒手，稽之史籍，舛误尚多，乃更以诸本所余，编为一卷，附于外集之末，曰补遗。子厚所为书之存于今者，计有正集四十五卷、外集两卷、补遗一卷。

《祭柳子厚文》

韩 愈

维年月日，韩愈谨以清酌庶羞之奠，祭于亡友柳子厚之灵。

嗟嗟子厚，而至然邪！自古莫不然，我又何嗟？人之生世，如梦一觉；其间利害，竟亦何校？当其梦时，有乐有悲。及其既觉，岂足追惟。凡物之生，不愿为材；牺樽青黄，乃木之灾。子之中弃，天脱罻羁。玉佩琼琚，大放厥词。富贵无能，磨灭谁纪？子之自著，表表愈伟。不善为斫，血指汗颜。巧匠旁观，缩手袖间。子之文章，而不用世；乃令吾徒，掌帝之制。子之视人，自以无前。一斥不复，群飞刺天。

嗟嗟子厚，今也则亡。临绝之音，一何琅琅？遍告诸友，以寄厥子。不鄙谓余，亦托以死。凡今之交，观势厚薄。余岂可保？能承子托。非我知子，子实命我。犹有鬼神，宁敢遗堕？念子永归，无复来期。设祭棺前，矢心以辞。呜呼哀哉，尚飨！

《柳子厚墓志铭》

韩 愈

　　子厚讳宗元。七世祖庆，为拓跋魏侍中，封济阴公。曾伯祖奭，为唐宰相，与褚遂良、韩瑗俱得罪武后，死高宗朝。皇考讳镇，以事母弃太常博士，求为县令江南；其后以不能媚权贵，失御史；权贵人死，乃复拜侍御史；号为刚直，所与游皆当世名人。

　　子厚少精敏，无不通达。逮其父时，虽少年，已自成人，能取进士第，崭然见头角，众谓柳氏有子矣。其后以博学宏词授集贤殿正字，俊杰廉悍，议论证据今古，出入经史百子，踔厉风发，率常屈其座人，名声大振，一时皆慕与之交。诸公要人争欲令出我门下，交口荐誉之。

　　贞元十九年，由蓝田尉拜监察御史。顺宗即位，拜礼部员外郎。遇用事者得罪，例出为刺史。未至，又例贬州司马。居闲益自刻苦，务记览，为辞章，泛滥停蓄，为深博无涯涘，而自肆于山水间。

　　元和中，尝例召至京师，又偕出为刺史，而子厚得柳州。既至，叹曰："是岂不足为政邪？"因其土俗，为设教禁，州人顺赖。

　　其俗以男女质钱，约不时赎，子本相侔，则没为奴婢。子厚与设方计，悉令赎归。其尤贫力不能者，令书其佣，足相当，则使归其质。观察使下其法于他州，比一岁，免而归者且千人。衡、湘以南为进士者，皆以子厚为师。其经承子厚口讲指画为文辞者，悉有法度可观。其召至京师而复为刺史也，中山刘梦得禹锡亦在遣中，当诣播州。子厚泣曰："播州非人所居，而梦得亲在堂，吾不忍梦得之穷，无辞以白其大人，且万无母子俱往理。"请于朝，将拜疏，愿以柳易播，虽重得罪，死不恨。遇有以梦得事白上者，梦得于是改刺连州。

呜呼！士穷乃见节义。今夫平居里巷相慕悦，酒食游戏相征逐，诩诩强笑语以相取下，握手出肺肝相示，指天日涕泣，誓生死不相背负，真若可信；一旦临小利害，仅如毛发比，反眼若不相识，落陷阱不一引手救，反挤之，又下石焉者，皆是也。此宜禽兽狄夷所不忍为，而其人自视以为得计，闻子厚之风，亦可少愧矣。

子厚前时少年，勇于为人，不自贵重顾藉，谓功业可立就，故坐废退，故卒死于穷裔。材不为世用，道不行于时也。使子厚在台省时，亦自不斥。斥时，有人力能举之，且必复用不穷。然子厚斥不久，穷不极，虽有出于人，其文学辞章，必不能自力以致必传于后如今无疑也。虽使子厚得所愿，为将相于一时，以彼易此，孰得孰失，必有能辨之者。

子厚以元和十四年十一月八日卒，年四十七。以十五年七月十日归葬万年先人墓侧。子厚有子男二人：长曰周六，始四岁；季曰周七，子厚卒乃生。女子二人，皆幼。其得归葬也，费皆出观察使河东裴君行立。行立有节概，重然诺，与子厚结交，子厚亦为之尽，竟赖其力。葬子厚于万年之墓者，舅弟卢遵。遵，涿人，性谨慎，学问不厌。自子厚之斥，遵从而家焉，逮其死不去。既往葬子厚，又将经纪其家，庶几有始终者。铭曰：是谓子厚之室。既固既安，以利其嗣人。

《柳州罗池庙碑》

韩　愈

　　罗池庙者，故刺史柳侯庙也。柳侯为州，不鄙夷其民，动以礼法。三年，民各自矜奋，曰："兹土虽远京师，吾等亦天氓，今天幸惠仁侯，若不化服，则我非人。"于是老少相教语，莫违侯令。凡有所为，于其乡闾，及于其家，皆曰："吾侯闻之，得无不可于意否？"莫不忖度而后从事。凡令之期，民劝趋之，无或后先，必以其时。于是民业有经，公无负租，流逋四归，乐生兴事，宅有新屋，步有新船，池园洁修，猪牛鸭鸡，肥大蕃息。子严父诏，妇顺夫指，嫁娶葬送，各有条法，出相弟长，入相慈孝。先时，民贫以男女相质，久不得赎，尽没为隶。我侯之至，按国之故，以佣除本，悉夺归之。大修孔子庙，城郭巷道，皆治使端正，树以名木，柳民既皆悦喜。

　　尝与其部将魏忠、谢宁、欧阳翼饮酒驿亭，谓曰："吾弃于时，而寄于此，与若等好也。明年吾将死，死而为神。后三年，为庙祀我。"及期而死。三年孟秋辛卯，侯降于州之后堂，欧阳翼等见而拜之。其夕梦翼而告曰："馆我于罗池。"其月景辰，庙成。大祭，过客李仪醉酒，慢侮堂上，得疾，扶出庙门即死。明年春，魏忠、欧阳翼使谢宁来京师，请书其事于石。余谓柳侯生能泽其民，死能惊动福祸之，以食其土，可谓灵也已。作迎享送神诗遗柳民，俾歌以祀焉，而并刻之。

柳侯，河东人，讳宗元，字子厚。贤而有文章，尝位于朝光显矣，已而摈不用。其辞曰：荔子丹兮蕉黄，杂肴蔬兮进侯堂。侯之船兮两旗，度中流兮风泊之，待侯不来兮不知我悲。侯乘驹兮入庙，慰我民兮不嚬以笑。鹅之山兮柳之水，桂树团团兮白石齿齿。侯朝出游兮暮来归，春与猿吟兮秋鹤与飞。北方之人兮为侯是非，千秋万岁兮侯无我违。福我兮寿我，驱厉鬼兮山之左。下无苦湿兮高无干秔，秅充羡兮蛇蛟结蟠。我民报事兮无怠其始，自今兮钦于世世。

《祭柳员外文》

刘禹锡

维元和十五年岁次庚子正月戊戌朔日，孤子刘禹锡衔哀扶力，谨遣所使黄孟苌具清酌庶羞之奠，敬祭于亡友柳君之灵。

呜呼子厚！我有一言，君其闻否？惟君平昔，聪明绝人。今虽化去，夫岂无物！意君所死，乃形质耳；魂气何托？听余哀词。

呜呼痛哉！嗟余不天，甫遭闵凶。未离所部，三使来吊。忧我衰病，谕以苦言。情深礼至，欸密重复。期以中路，更申愿言。途次衡阳，云有柳使。谓复前约，忽承讣书。惊号大叫，如得狂病。良久问故，百哀攻中。涕泪迸落，魂魄震越。伸纸穷竟，得君遗书。绝弦之音，凄惨彻骨。初托遗嗣，知其不孤。末言归輤，从祔先域。凡此数事，职在吾徒。永言素交，索居多远。鄂渚差近，表臣分深。想其闻讣，必勇于义。已命所使，持书径行。友道尚终，当必加厚。退之承命，改牧宜阳。亦驰一函，候于便道。勒石垂后，属于伊人。安平、宣英，会有远使。悉已如礼，形于具书。呜呼子厚！此是何事？朋友凋落，从古所悲。不图此言，乃为君发。自君失意，沉伏远郡。近遇国士，方伸眉头。亦见遗草，恭辞旧府。志气相感，必越常伦。顾余负衅，营奉方重。犹冀前路，望君铭旌。古之达人，朋友则服。今有所厌，其礼莫申。朝晡临后，出就别次。南望桂水，哭我故人。孰云宿草，此恸何极！呜呼子厚！卿真死矣！终我此生，无相见矣。何人不达？使君终否。何人不老？使君夭死。皇天后土，胡宁忍此！知悲无益，奈恨无已。君之不闻，余心不理。含酸执笔，辄复中止。誓使周六，同于己子。魂兮来思，知我深旨。呜呼哀哉！尚飨。

《为鄂州李大夫祭柳员外文》

刘禹锡

呜呼！至人以在生为传舍，以轩冕为倘来。达于理者，未尝惑此。昔余与君，谕之详熟。孔子四科，罕能相备。惟公特立秀出，几于全器。才之何丰，运之何否。大川未济，乃失巨鉴。长途始半，而丧良骥。搢绅之伦，孰不堕泪？昔者与君，交臂相得。一言一笑，未始有极。驰声日下，骛名天衢。射策差池，高科齐驱。携手书殿，分曹蓝曲。心志谐同，追欢相续。或秋月衔觞，或春日驰毂。甸服载期，同升宪府。察视之列，斯焉接武。君迁外郎，予侍内闱。出处虽间，音尘不亏。势变时移，遭罹多故。中复赐环，上京良遇。曾不逾月，君又即路。远持郡符，柳水之壖。居陋行道，疲人歌焉。予来夏口，忽复三年。离索则久，音睨屡传。箧盈草隶，架满文篇。钟、索继美，班、扬差肩。贾谊赋鹏，屈原问天。自古有死，奚论后先？痛君未老，美志莫宣。遭回世路，奄忽下泉。呜呼哀哉！令妻蚤谢，稚子四岁。天丧斯文，而君永逝。翩翩丹旐，来自遐裔。闻君旅榇，既及岳阳。寝门一恸，贯裂衷肠。执绋礼乖，出疆路阻。故人奠觞，莫克亲举。驰神假梦，冀动晤语。平生密怀，愿君遗吐。遗孤之才与不才，敢同己子之相许。呜呼哀哉！尚飨。

《重祭柳员外文》

刘禹锡

　　呜呼，自君之没，行已八月。每一念至，忽忽犹疑。今以丧来，使我临哭。安知世上，真有此事？既不可赎，翻哀独生。呜呼！出人之才，竟无施为。炯炯之气，戢于一木。形与人等，今既如斯。识与人殊，今复何托？生有高名，没为众悲。异服同志，异音同叹。唯我之哭，非吊非伤。来与君言，不言成哭。千哀万恨，寄以一声。惟识真者，乃相知耳。庶几倘闻，君倘闻乎？呜呼痛哉！君有遗美，其事多梗。桂林旧府，感激主持。俾君内弟，得以义胜。平昔所念，今则无违。旅魂克归，崔生实主。幼稚在侧，故人抚之。敦诗、退之，各展其分（崔群，字敦诗。韩愈，字退之）。安平来赗，礼成而归。其他赴告，咸复于素。一以诚告，君倘闻乎？呜呼痛哉！君为已矣，余为苟生。何以言别，长号数声。冀乎异日，展我哀诚。呜呼痛哉！尚飨。

《唐故柳州刺史柳君集》

刘禹锡

八音与政通，而文章与时高下。三代之文，至战国而病，涉秦、汉复起。汉之文，至列国而病，唐与复起。夫政庞而土裂，三光五岳之气分，太音不完，故必混一而后大振。初，贞元中，上方向文章，昭回之光，下饰万物；天下文士，争执所长，与时而奋，粲焉如繁星丽天。而芒寒色正，人望而敬者，五行而已。河东柳子厚。斯人望而敬者欤！子厚始以童子有奇名于贞元初，至九年，为名进士。十有九年，为材御使。二十有一年，以文章称首，入尚书，为礼部员外郎。是岁，以疏隽少检获讪，出牧邵州，又谪佐永州。居十年，诏书征，不用，遂为柳州刺使。五岁，不得召归。病且革，留书抵其友中山刘禹锡曰："我不幸，卒以谪死，以遗草累故人。"禹锡执书以泣。遂编次为三十通，行于世。子厚之丧，昌黎韩退之志其墓，且以书来吊曰："哀哉，若人之不淑！吾尝评其文，雄深雅健似司马子长，崔、蔡不足多也。"安定皇甫湜，是于文章少所推让，亦以退之言为然。凡子厚名氏与仕与年暨行已之大方，有退之之志若祭文在，今附于第一通之末云。

《祭柳子厚文》

皇甫湜

呜呼柳州！秀气孤禀。弱冠游学，声华籍甚。肆意文章，秋涛瑞锦。吹回虫滥，王风凛凛。连收甲科，骤阅班品。青衿缙绅，属目敛衽。公卿之禄，若在仓廪。至骏难驭，太白易惨。华钟始撞，一顿声寝。梧山恨望，桂水愁饮。郁郁群议，悠悠积稔。竟奄荒獐，遂绝羁枕。

呜呼柳州！命实在天。贤不必贵，寿不必贤。虽圣与神，无如命何。自古以然，相视咨嗟。归葬秦原，即路江皋。声容蔑然，相叹增劳。惟有令名，日远日高。式荐诚词，以佐羞醪。尚飨。

《祭柳州柳员外文》

崔 群

惟灵天资秀异，才称隽杰。早著嘉名，远播芳烈。总六艺之要妙，践九流之治切。镆铘锋利，浮云可决。骐骥逸步，飞尘可绝。闭匣不用，伏枥何施？才命罕并，今古同悲。五岭三湘，寒暑潜推。乐道忘忧，襟灵甚夷。掞藻挥毫，骞翔是期。奈何终否，神也我欺。呜呼！雕飞半空，羊角中戾。彼苍难诘，善人斯逝。群宿受交兮，行敦情契。遗文在箧，赠言犹佩。抚孤追往，泫然流涕。子子丹旒，翩翩素帷。鹏吊是月，龟从有时。路出长阡，将赴京师。旨酒一觞，哭君江湄。往矣子厚，魂其来斯。尚飨。

《旧唐书·柳宗元传》

刘　昫

　　柳宗元，字子厚，河东人。后魏侍中济阴公之系孙。曾伯祖奭，高宗朝宰相。父镇，太常博士，终侍御史。宗元少聪警绝众，尤精西汉诗骚。下笔构思，与古为侔。精裁密致，璨若珠贝。当时流辈咸推之。登进士第，应举宏辞，授校书郎、蓝田尉。贞元十九年，为监察御史。

　　顺宗继位，王叔文、韦执谊用事，尤奇待宗元，与监察吕温密引禁中，与之图事。转尚书礼部员外郎。叔文欲大用之，会居位不久，叔文败，与同辈七人俱贬。宗元为邵州刺史，在道，再贬为永州司马，即罹窜逐，涉履蛮瘴，崎岖堙厄，蕴骚人之郁悼，写情叙事，动必以文。为骚文十数篇，览之者为之凄恻。

　　元和十年，例移为柳州刺史。时郎州司马刘禹锡得播州刺史，制书下，宗元谓所亲曰："禹锡有母年高，今为郡蛮方，西南绝域，往复万里，如何与母偕行？如母子异方，便为永诀。吾与禹锡为执友，何忍见其若是？"即草章奏，请以柳州授禹锡，自往播州。会裴度亦奏其事，禹锡终易连州。

　　柳州土俗，以男女质钱，过期则没入钱主。宗元革其乡法，其以没者，仍出私钱赎之，归其父母。江岭间为进士者，不远数千里皆随宗元师法；凡经其门，必为名士。著述之盛，名动于时，时号"柳州"云。有文集四十卷。元和十四年十月五日卒，时年四十七。子周六、周七，才三、四岁。观察使裴行立为营护其丧及妻子还于京师，时人义之。

《新唐书·柳宗元传》

欧阳修　宋　祁

柳宗元，字子厚，其先盖河东人。从曾祖奭为中书令，得罪武后，死高宗时。父镇，天宝末遇乱，奉母隐王屋山，常闲行求养，后徙于吴。肃宗平贼，镇上书言事，擢左卫率府兵曹参军。佐郭子仪朔方府，三迁殿中侍御史。以事触窦参，贬夔州司马。还，终侍御史。

宗元少精敏绝伦，为文章卓伟精致，一时辈行推仰。第进士、博学宏辞科，授校书郎，调蓝田尉。贞元十九年，为监察御史里行。善王叔文、韦执谊，二人者奇其才。及得政，引内禁近，与计事，擢礼部员外郎，欲大进用。俄而叔文败，贬邵州刺史，不半道，贬永州司马。既窜斥，地又荒疠，因自放山泽间，其堙厄感郁，一寓诸文。仿《离骚》数十篇，读者咸悲恻。

元和十年，徙柳州刺史。时刘禹锡得播州，宗元曰："播非人所居，而禹锡亲在堂，吾不忍其穷，无辞以白其大人，如不往，便为母子永诀。"即具奏欲以柳州授禹锡而自往播州。会大臣亦为禹锡请，因改连州。

柳人以男女质钱，过期不赎，子本均，则没为奴婢。宗元设方计，悉赎归之。尤贫者，令书庸，视直足相当，还其质。已没者，出己钱助赎。南方为进士者，走数千里从宗元游，经指授者，为文辞皆有法。世号"柳柳州"。十四年卒，年四十七。

参考文献

（唐）杜佑：《通典》中华书局 1984 年影印本。

（唐）李吉甫撰：《元和郡县图志》中华书局 1984 年版。

（唐）李林甫等：《唐六典》，中华书局 1992 年版。

（唐）李肇撰：《唐国史补》，上海古籍出版社 1979 年版。

（唐）《吕衡州文集》，《丛书集成初编》本。

（唐）《吕叔文集》，《四部丛刊》本。

（唐）马其昶校注：《韩昌黎文集校注》，古典文学出版社 1957 年版。

（唐）钱仲联集释：《韩昌黎诗系年集释》，古典文学出版社 1957 年版。

（唐）瞿蜕园笺证：《刘禹锡集笺证》，上海古籍出版社 1989 年版。

（唐）王国安笺释：《柳宗元诗笺释》，上海古籍出版社 1993 年版。

（唐）吴文治等点校：《柳宗元集》中华书局 1979 年版。

（唐）赵璘撰：《因话录》，上海古籍出版社 1979 年版。

（后晋）刘昫等撰：《旧唐书》，中华书局 1975 年版。

（宋）晁公武：《郡斋读书记》，《续古逸丛书》本。

（宋）陈振孙：《直斋书录解题》，上海古籍出版社 1987 年版。

（宋）洪迈：《容斋随笔》，上海古籍出版社 1978 年版。

（宋）李昉等编：《文苑英华》，中华书局 1966 年影印本。

（宋）欧阳修宋祁撰：《新唐书》，中华书局 1975 年版。

（宋）司马光：《资治通鉴》，中华书局 1956 年版。

（宋）孙甫：《唐史论断》，《四库全书》本。

（宋）王溥：《唐会要》，中华书局 1955 年版。

（宋）王钦若等编：《册府元龟》，中华书局 1960 年影印本。

（宋）文安礼：《柳先生年谱》（粤雅堂丛书）（影印清光绪元年（1875）刊本）。

（宋）严羽：《沧浪诗话校释》，郭绍虞校释，人民文学出版社 1961 年版。

（元）辛文房：《唐才子传校笺》，傅璇琮等校笺 中华书局 1989 年版。

（明）胡应麟：《诗薮》，上海古籍出版社 1979 年版。

（明）胡震亨：《唐音癸签》，上海古籍出版社 1981 年版。

（清）爱新觉罗·弘历编：《唐宋诗醇》，《四库全书》本。

（清）丁福保：《历代诗话续编》，中华书局 1983 年版。

（清）董诰等：《全唐文》，中华书局 1983 年影印本。

（清）何焯：《义门读书记》，中华书局 1987 年版。

（清）何文焕：《历代诗话》，中华书局 1981 年版。

（清）辉发：《柳先生年谱正误》《柳文惠公全集》，邵懿辰《增订四库简明目录标注》，中华书局 1959 年版。

（清）纪昀等：《四库全书总目提要》，中华书局 1965 年版。

（清）彭定求等：《全唐诗》，中华书局 1960 年版。

（清）沈德潜：《唐诗别裁集》，中华书局 1975 年版。

（清）王昶：《金石萃编》，北京中国书店影印本。

（清）徐松：《登科记考》，中华书局 1984 年版。

《柳宗元年谱》，《山西师院学报》，山西师大学报（社会科学版）1974 年 3 期。

《柳宗元年谱》，柳州拖拉机厂工人理论小组、柳州市博物馆写作小组《唐代杰出法家柳宗元》广西人民出版社 1975 年版。

卞孝萱：《刘禹锡丛考》，巴蜀出版社 1988 年版。

卞孝萱：《刘禹锡年谱》，中华书局 1963 年版。

卞孝萱：《刘禹锡评传》，南京大学出版社 1997 年版。

卞孝萱：《元稹年谱》，齐鲁书社 1980 年版。

岑仲勉：《隋．唐史》，高等教育出版社 1957 年版。

岑仲勉：《唐集质疑》，中华书局上海编辑所 1962 年版。

岑仲勉：《唐人行第录》，上海古籍出版社 1978 年版。

岑仲勉：《元和姓纂四校记》，《历史语言研究所专刊》之二十九。

陈伯海主编：《唐诗汇评》，浙江教育出版社 1995 年版。

陈松柏、蔡自新主编：《柳宗元与永州山水》，湖南文艺出版社 2002 年版。

陈寅恪：《陈寅恪读书札记·旧唐书新唐书之部》，上海古籍出版社 1989 年版。

陈寅恪：《唐代政治史述论稿》，河北教育出版社 2002 年版。

陈寅恪：《唐代政治史述论稿》，上海古籍出版社 1982 年版。

程千帆：《唐代进士行卷与文学》，上海古籍出版社 1980 年版。

戴伟华：《唐方镇文职僚佐考》，天津古籍出版社 1994 年版。

范文澜：《中国通史》，人民出版社 1978 年版。

傅璇琮：《李德裕年谱》，齐鲁书社 1984 年版。

傅璇琮主编：《唐五代文学编年史》，辽海出版社 1998 年版。

高文、何法周：《唐文选》，人民文学出版社 1987 年版。

高志忠：《刘禹锡诗文系年》，广西人民出版社 1988 年版。

高步瀛：《唐宋诗举要》，中华书局 1959 年版。

高步瀛：《唐宋文举要》，中华书局 1963 年版。

郭预衡主编：《中国古代文学史》，上海古籍出版社 1998 年版。

郭预衡主编：《中国古代文学史长编》，北京师范学院出版社 1993 年版。

韩国盘：《隋唐五代史纲》，人民出版社 1977 年版。

何书直：《柳宗元永州十年纪略》，《零陵师专学报》1981 年第 2 期。

侯外庐主编：《中国思想通史》，人民出版社 1957 年版。

［日］户崎哲彦：《柳宗元在永州》，滋贺大学经济学部 1995 年版。

黄云眉：《韩愈柳宗元文学评价》，山东人民出版社 1957 年版。

霍旭东、谢汉强：《柳宗元年表》，吴文治、谢汉强《柳宗元大辞典》黄山书社 2004 年版。

霍旭东：《柳宗元柳州诗文谱》，梁超然、谢汉强《国际柳宗元研究撷英》，广西人民出版社 1994 年版。

翦伯赞主编：《中国史纲要》，人民出版社 1979 年版。

［日］久保天随：《柳宗元年谱》，久保天随《柳宗元》，新声社明治三十三年出版。

李道英：《唐宋古文研究》，北京师范大学出版社 1992 年版。

李军《柳柳州年谱》，武汉大学图书馆存。

林纾：《韩柳文研究法》，商务印书馆，1914 年版。

刘德重：《吕温生平事迹考辨》，《文史》第二十七辑。

刘开扬：《唐诗通论》，巴蜀书社 1998 年版。

柳州市柳宗元学术研究会编：《柳宗元研究文献集目》，广西人民出版社 1993 年版。

罗联添：《柳子厚年谱》，台湾《学术季刊》六卷四期 1958 年版。

罗宗强：《隋唐五代文学思想史》，上海古籍出版社 1986 年版。

吕国康、杨金砖：《柳宗元永州诗歌赏析》，湖南文艺出版社 2002 年版。

吕思勉：《隋唐五代史》，上海古籍出版社 1984 年版。

任继愈主编：《中国哲学史》，人民出版社 1979 年版。

尚永亮：《唐五代逐臣与贬谪文学》，武汉大学出版社 2007 年版。

施子愉撰《柳宗元年谱》，湖北人民出版社 1958 年版。

孙昌武：《柳宗元传论》，人民文学出版社 1982 年版。

谭其骧主编：《中国历史地图集》，中华地画学社 1975 年版。

唐晓敏：《中唐文学思想研究》，北京师范大学出版社 2000 年版。

陶敏：《全唐诗人名考证》，陕西人民教育出版社 1996 年版。

佟培基：《全唐诗重出误收考》，陕西人民教育出版社 1996 年版。

王韶生：《柳柳州年谱补订》，文海出版社 1974 年版，《近代中国史料丛刊编辑》第 30 集。

王运熙、杨明：《隋唐五代文学批评史》，上海古籍出版社 1996 年版。

吴汝煜、胡可先：《全唐诗人名考》，江苏教育出版社 1990 年版。

吴汝煜：《刘禹锡传论》，陕西人民出版社 1988 年版。

吴廷燮：《唐方镇年表》，中华书局 1980 年版。

吴文治、谢汉强主编：《柳宗元大辞典》，黄山书社 2004 年版。

吴文治：《柳宗元年谱》，《柳宗元评传》，中华书局 1962 年版。

吴文治：《中国文学史大事年表》，黄山书社 1987 年版。

吴文治：《古代文学研究资料汇编·柳宗元卷》，中华书局 1964 年版。

章士钊：《柳文指要》，中华书局 1971 年版。

［日］下定雅弘：《柳宗元简略年谱》，下定雅弘《柳宗元诗选》，岩波文库 2011 年版。

萧涤非等：《唐诗鉴赏辞典》，上海辞书出版社 1983 年版。

许总：《唐诗史》，江苏教育出版社 1995 年版。

严徽青《柳宗元世系补正》，《山东师范大学学报》1957 年 1 期。

严寅春：《柳镇年谱》，《柳宗元研究》2007 年 9 月第 6 期。

余恕诚：《唐诗风貌》，安徽大学出版社 1997 年版。

郁贤皓：《唐刺史考》，江苏古籍出版社 1987 年版。

［日］斋藤正谦：《柳柳州年谱》，《日本学者中国文章学论著选》卷四《拙堂续文话》，上海古籍出版社 1994 版。

翟满桂：《柳宗元永州事迹与诗文考论》，上海三联书店 2015 年版。

翟满桂：《一代宗师柳宗元》，岳麓书社 2002 年版。

赵继红、严寅春：《柳宗元研究资料汇编》，延边文学出版社 2005 年

赵荣蔚：《吕温年谱》，三秦出版社 2003 年版。

周绍良主编：《唐代墓志汇编》，上海古籍出版社 1992 年版。

周勋初：《唐诗大辞典》，江苏古籍出版社 1990 年版。

周勋初主编：《唐人轶事汇编》，上海古籍出版社 1996 年版。

后　记

著作付梓之际，颇感几分惆怅和激动。回顾我的求学，先后不停顿地走过学士、硕士、博士之路，尽管标志成果甚微，而关乎为学三大阶梯的论文，都是在做柳宗元研究。唐代政治改革家、思想家、文学家柳宗元，曾经就在我的家乡永州谪居十年，给我们留下了宝贵的文化遗产。我作为一个永州学人，学习研究柳宗元责无旁贷。因为学习研究柳宗元之故，我先后八次参加了柳宗元国际学术研讨会，得以结识了海内外一些著名柳学专家，如吴文治、孙昌武、尚永亮、霍旭东、王国安、王基伦等，日本户崎哲彦、下定雅弘、小池一郎等，韩国赵殷尚等。通过广泛交流，常学常新，弥久不竭。尤其是在努力寻访境内外柳宗元年谱的过程里，有两件事情忝述其间。一件事情就是我的博士学位论文《柳宗元永州事迹与诗文考论》，再一件事情就是吴文治关于柳宗元年谱的未完稿。

我于 2007 年考入华中师范大学戴建业先生门下攻读博士。因年龄相近，业师待我亦生亦友，倾情指导帮助。他得知我的学士论文、硕士学位论文均在做柳宗元研究，以为柳宗元与永州确实值得好好研究。古人将贬所出文学精品的现象归结为"江山之助"，其实更重要的还是人生遭际的巨变，极有才华的人对社会、对人生有了更新更深的体悟，在没有以往羁绊的情况下得以爆发，如柳宗元之于永州，又如苏轼之于黄州，就是所谓的"诗穷后工"。在业师的指导下，我的博士学位论文借助地缘优势，选题为柳宗元与永州事迹与诗文的考辩。2008 年暑假，我和吕国康、杨金砖等永州柳学会同仁去南京看望吴文治先生，这位耄耋长者仍坚持在满屋子书的书海中遨游写作，令人感慨不已。当他听说知天命的我在读博士，选题为柳宗元永州事迹与诗文考论，便笑着告诉我们，他正在考虑做柳宗元年谱长编，永州部分将来就让你们来做吧。未料先生一语成谶，2009 年 6 月吴文治先生因病辞世，噩耗传来，我们永州柳学会同仁赶赴南京吊唁。当时我的博士学位论文基本成题，企盼在送审答辩前请吴文治先生给予指导，惜乎已经天人相隔。次年秋天，我的博士学位论文《柳宗元永州事迹与诗文考论》，通讯评审和论文答辩均获全优成绩，中国社会科学院文学研究所刘跃进教授担任答辩主席，武汉大学熊礼汇教授，华中师范大学周光庆教授、张三夕教授、谭邦和教授出席答辩委员会。答辩过后入选当年华中师范大学优秀博士论文。也是这年秋天，吴文治老伴儿赵琴老师电话邀约我们前去其南京家中，将吴先生关于年谱的遗稿交付我们，嘱托完成先生的未竟事业。2013 年 9 月凤凰出版社出版的《吴文治文存》中，赵琴老师在集后感言："文治已经远去了，你所钟爱的事业，自有后来之人薪火相传，绵延不绝地进行下去，你未能完稿的遗著《柳宗元年谱长编》，已遵嘱交于永州柳学会会长翟满桂教授，请她组织人力，共同完成。"检视吴文治遗存手稿，粗略写了长安时期。先生所列柳宗元今存年谱仅为九种：宋文安礼《柳先生年谱并序》、清杨希闵《柳柳州年谱》、王韶生《柳柳州年谱》、施子愉《柳宗元年谱》、吴文治《柳宗元年谱》、罗联添《柳子厚年谱》、严薇青《柳宗元世系补正》、山西大学历史系柳宗元编写组《柳宗元生平大事纪要》、霍旭东和谢汉强《柳宗元年表》。至于境外的柳宗元年谱和境内历代诸种柳宗元年谱，遗稿未涉及。2012年，我以此申报教育部人文社科规划课题且获得批准立项。课题组成员蔡自新、杨金砖、杨再喜、周玉华等各位同仁协助查询资料，为文稿的整理考订提出了诸多好的意见，发表了几篇有分量的文章。我的本科生罗福纳努力协助查阅录入文献资料。2017年3月，我与蔡自新、吕国康等三人东渡日本，得到下定雅弘等诸多日本朋友的热情帮助，寻访包括年谱在内的历代柳宗元著作各种版本，颇有收获。

　　自己多年来从事文献整理考订工作，为学虽勉力专注，但尚欠通识。本题研究前后八年虽已完成，然与前辈的要求和期望相差很远，希望方家和读者不吝赐教。写作本书借鉴和利用了海内外学者的研究成果。不敢掠人之美，尽可能以脚注和参考文献形式注明，在此谨一并致谢。

　　2017年，此教育部人文社科规划项目通过评审顺利结题。这本书就是在此基金资助下出版的。我的工作单位湖南科技学院为课题的开展提供了科研配套资金，这也是本书得以出版的经济条件。在此一并表示诚挚的感谢！

　　感谢中国社会科学出版社慨允出版此书，主任编辑郭晓鸿过手操劳，惠予良多，特此并志谢忱。

翟满桂

2018 年 6 月

于湖南科技学院柳宗元研究所